Das Buch

Zwischen 1974 und 1989 gab es unter der Schirmherrschaft des MfS etwa 3.500 Besuche bei Gefangenen. Mitarbeiter der Ständigen Vertretung der BRD bei der DDR trafen sich mit inhaftierten Bundesbürgern und Westberlinern. Das waren Schleuser, Spione oder Mörder, eben Menschen, die gegen die Gesetze der DDR oder gegen deutsche-deutsche Vereinbarungen, etwa das Transitabkommen, verstoßen hatten.
Von diesen Diplomaten, vielleicht 130 bis 140 Personen, hat nie einer über diese Gespräche öffentlich Mitteilung gemacht. Vor allem seit 1990 schweigen sie beharrlich. Denn: Ihre Aussagen, wenn sie denn ehrlich wären, stützten die umlaufenden Legenden über die Stasi-Knäste nicht. Sie müßten lügen, bestätigten sie all den Unsinn. Also ziehen sie es vor, nichts zu sagen.
Pfütze war bei etwa zweieinhalbtausend Gesprächen dabei. Im Unterschied zu seinen damaligen Partnern beendet er nach 15 Jahren das Schweigen. Er berichtet sachlich, was war. Und liefert damit ein Dokument deutsch-deutscher Geschichte.

Der Autor

Peter Pfütze, Jahrgang 1933, geboren und aufgewachsen in Leipzig. Bautischlerlehre und Abitur an der Arbeiter- und Bauernfakultät (ABF) 1953 in Leipzig.
Im Mai 1953 vom MfS geworben, Besuch eines Jahreslehrganges und Einsatz in der Untersuchungsabteilung der Bezirksverwaltung als Untersuchungsführer/Vernehmer. Einsatz in Rostock (1955-60) und danach in Berlin in der Hauptabteilung IX (Untersuchung). Bis 1967 in Ermittlungsverfahren gegen Spione, Menschenhändler, Grenzverletzer und Brandstifter involviert, danach zuständig für die Rückführung von im Ausland straffällig gewordener DDR-Bürger, ab 1974 auch für Organisation und Betreuung von Diplomatenbesuchen in DDR-Haftanstalten.
Fernstudium an der Humboldt-Universität zu Berlin in den 70er Jahren und Abschluß als Diplomkriminalist.
Peter Pfütze schied im Dezember 1989 als Oberst und Abteilungsleiter aus dem Dienst. Danach arbeitslos, seit 1996 Rentner. Er ist seit 1955 verheiratet und lebt in Berlin.

Peter Pfütze

Besuchszeit

Westdiplomaten in besonderer Mission

edition ost

ISBN-10: 3-360-01073-6
ISBN-13: 978-3-360-01073-5

Neue Grünstraße 18, 10179 Berlin

Titel: ansichtssache – Büro für Gestaltung, Berlin
Druck und Bindung: fgb · freiburger graphische betriebe, Freiburg i. Br.

Die Bücher der edition ost und des Verlags Das Neue Berlin erscheinen in der Eulenspiegel Verlagsgruppe

www.edition-ost.de

Inhalt

Vorbemerkung

In der DDR existierten wie in jedem anderen Staat Gefängnisse. Es gab wie überall Gesetze und verbindliche Regeln, auf die sich das Gemeinwesen verständigt hatte, sowie Institutionen, die über deren Einhaltung wachten und sie notfalls durchsetzen. Mit Gewalt, natürlich. Wer mit Vorsatz gegen geltendes Recht verstieß – egal, ob nun In- oder Ausländer – mußte mit den angekündigten Konsequenzen rechnen. Eigentlich eine Binsenweisheit. Dennoch löste etwa die Erklärung des Österreichers Hannes Sieberer, der für US-Nachrichtendienste in der DDR spionierte, 1982 verhaftet und zu 15 Jahren Haft verurteilt wurde, noch immer Erstaunen aus. Er sagte 2005 nämlich: Die DDR hat mich zurecht eingesperrt! Schließlich habe ich gegen die DDR gearbeitet, und die DDR hat sich dagegen gewehrt. Das war legitim. Dieser Staat war ein anerkanntes Völkerrechtssubjekt. Es gehörte der UNO an und unterhielt zu über 100 Staaten diplomatische Beziehungen. Zu Österreich wie zu den USA …

Zu jener Normalität gehörte es auch, daß ausländische Staatsbürger, wenn sie denn – mit Vorsatz oder unfreiwillig – in Not gerieten, von der Botschaft ihres Heimatlandes betreut wurden. Das war so, und das ist noch immer so. Die Obhutspflicht für Landsleute endete nicht vor den Gefängnistoren. Diese wurde, auch das gehört zur historischen Wahrheit, in unterschiedlichem Maße wahrgenommen. Die USA beispielsweise »vergaßen« ihre verurteilten Spione in aller Regel. Es ist bekannt, daß Rechtsanwalt Wolfgang Vogel Washington verschiedentlich an seine in der DDR einsitzenden Agenten erinnern mußte.

Die Ständige Vertretung der BRD bei der DDR (StäV) hingegen machte von dieser Möglichkeit der Betreuung intensiv Gebrauch. Das war sowohl der Tatsache geschuldet, daß aus naheliegenden Gründen die meisten Inhaftierten aus der Bundesrepublik und aus Westberlin kamen, als auch dem Umstand, daß es sich um einen äußerst sensiblen Bereich der deutsch-deutschen Beziehungen handelte. Jede Unregelmäßigkeit, jeder Übergriff, jeder Willkürakt hinter den Gefängnismauern hätte Anlaß geliefert, die DDR an den internationalen Pranger zu stellen. Denn trotz aller Entspannungsbemühungen auf beiden Seiten fand die Auseinandersetzung der Systeme unverändert statt. Auf allen Ebenen und allen Feldern. Es herrschte Kalter Krieg.

Deshalb hatte die DDR großes Interesse daran, der Gegenseite keine politische Munition zu liefern, hingegen die Bundesrepublik, beachtliches, eben solche zu finden. Bonn bediente sich nämlich nicht nur der »stillen Diplomatie«, sondern durchaus auch großkalibriger Propaganda-Geschütze, wenn man denn glaubte, der DDR etwas am Zeug flicken zu können.

Gleichwohl: Vergleichbar dramatische Feldzüge wie jener Wirbel zu Beginn der 80er Jahre, als ein Transitreisender bei einer Vernehmung zu Tode kam und unisono von Konstanz über Kreuzberg bis Kiel skandiert wurde: Mörder, Mörder!, hat es bei Inhaftierten nie gegeben. Es fand sich kein Anlaß, die DDR und ihren Strafvollzug zu attackieren – alles bewegte sich »im grünen Bereich«.

Nach 1990 jedoch sah das plötzlich ganz anders aus.

Da sollten sich auf einmal bis 1989 Dinge in »Stasi-Knästen« zugetragen haben, deren Mitteilung einem den Atem stocken ließ – bei den Beteiligten, mehr noch bei den Unbeteiligten. Gummi- und Wasserzellen, Strahlenkanonen, Psychopharmaka, Gehirnwäsche, Schläge und Folter ... Der Grusel erhielt seine Kabinette, Gedenkstätten genannt, sowie Propagandainstitutionen, Bundesbehörden und Aufarbeitungsgremien. Sie alle hatten und haben ein Ziel: den untergegangenen Staat im Nachgang zu diskreditieren, ihn zu kriminalisieren und damit zu delegitimieren. Das läßt die herrschende Klasse der Bundesrepublik sich einiges kosten.

Selbst die eigene Glaubwürdigkeit.

Die Folgen sind allenthalben zu besichtigen.

Mich als unmittelbar Beteiligten macht jedoch auch persönlich betroffen, daß jene, die es eigentlich besser wissen müßten, dazu schweigen. Etwa die 130 diplomatischen Mitarbeiter der Ständigen Vertretung, die im Laufe von anderthalb Jahrzehnten einige Tausend Häftlingsbesuche unternahmen. Bei mehr als der Hälfte war ich selbst involviert. Nicht einer dieser StäV-Mitarbeiter hat sich seither öffentlich als Zeuge erklärt oder gar Darstellungen widersprochen.

Ihr Schweigen ist beredt. Ich unterstelle dennoch Ehrlichkeit. Sie müßten nämlich lügen, bestätigten sie all den Unsinn, der seit dem 3. Oktober 1990 in die Welt gesetzt wurde. Und die Wahrheit zu sagen, verbietet ihnen die Loyalität gegenüber ihrem damaligen und vielleicht noch aktuellen Dienstherrn.

Ich bin in einer anderen Situation und verspüre auch eine Pflicht, Rechenschaft abzulegen. Dennoch wird mancher fragen: Warum erst jetzt? Warum überhaupt? Und wie glaubwürdig ist jemand, der doch »einer von denen« war? (Wir wissen ja, daß in unserer schnellebigen, oberflächlichen Zeit das Kainsmal das einzig zulässige Charakteristikum von Menschen ist. Lothar Bisky zum Beispiel wurde deshalb kein Bundestagsvizepräsident, weil, wie »Demokraten« erklärten, man schon aus Prinzip keine Kommunisten wähle.) Ich war Offizier des Ministeriums für Staatssicherheit. Also habe ich bis ans Ende meiner Tage gefälligst die Klappe zu halten.

Ich halte mich nicht an dieses Verdikt.

Von 1974 bis 1989 gewährleistete die DDR eine konsularische Betreuung von in der DDR inhaftierten BRD-Bürgern, Einwohnern Westberlins sowie ausländischen Staatsbürgern. Das geschah reibungslos und ohne Störungen. Diese Praxis war wesentlicher Bestandteil der Umsetzung und strikten Einhaltung international anerkannter Grundsätze auf diesem Gebiet. Sie fußte auf diesbezüglichen bilateralen Vereinbarungen der DDR mit der BRD (Grundlagenvertrag vom 21. Dezember 1972) und anderen kapitalistischen Staaten (Konsularverträge). Da die vom MfS inhaftierten Personen aus jenen Staaten wegen Spionage, staatsfeindlichem Menschenhandel, Verletzungen der Staatsgrenze der DDR und andere Staatsschutzdelikte verurteilt worden waren – das waren Vergehen, die die Sicherheitsinteressen der DDR oft unmittelbar und nachhaltig tangierten –, konnte schon aus objektiven Gründen die konsularische Betreuung nicht ohne die Mitwirkung des Ministeriums für Staatssicherheit der DDR erfolgen.

Deshalb nehme ich für mich persönlich wie für meine damaligen Mitarbeiter ausdrücklich in Anspruch, einen meßbaren Beitrag geleistet zu haben bei der Umsetzung staatlicher Vorgaben zur Normalisierung der Beziehungen zur Bundesrepublik und anderen kapitalistischen Staaten.

Unsere gesamte Tätigkeit erfolgte im Kontakt mit den westlichen Diplomaten und damit unter deren ständiger Kontrolle. Sie wußten und wissen, daß die Beschuldigten in den Vernehmungen weder geschlagen oder gefoltert noch in den Untersuchungshaftanstalten von Mitarbeitern des MfS mißhandelt worden sind. Ich selbst war oft genug Zeuge, wie Diplomaten bei ihrem ersten Besuch verängstigte Landsleute beruhigten. Diese hatten gewisse Vorstellungen und antikommunistische Zerrbilder im Kopf. Ihnen wurde aber gesagt: »Sie brauchen keine Angst zu haben, Ihnen wird keine Gewalt angetan. Sie sind zwar im Gefängnis, aber nicht außerhalb der Zivilisation.«

Daß natürlich jedes Eingesperrtsein, egal, wo dies geschieht, subjektiv als psychische Ausnahmesituation empfunden wird, sollte als bekannt vorausgesetzt werden. Da ist es völlig unerheblich, welche Fahne auf den Gefängniszinnen weht: Knast ist Knast. Wenn sich die Zellentür hinter einem schließt, beginnt eine quälende Zeit. Das ist aber keine vorsätzliche Psycho-Folter von jenen, die *vor* dieser Tür wachen.

Doch im Nachhinein wird das anders gesehen – zumal die kollektive Autosuggestion genau dies bestätigt: Es sei blanke Willkür gewesen, überhaupt eingesperrt gewesen zu sein! Das führt zur Überdramatisierung und Selbsterhöhung. Nicht jedes »Opfer« war auch tatsächlich eines. Doch mit Opferlegenden läßt sich nun einmal Geld verdienen. Nur die Wahrheit ist wohlfeil.

Im Bundestag wurde 1974/76 einige Male von Abgeordneten angefragt, ob die in der DDR inhaftierten Bundesbürger konsularisch betreut werden. Offenbar nicht sachkundige Staatsbedienstete aus dem Bundeskanzleramt gaben lapidare, nichtssagende Antworten. Das war alles.

Mithin droht in Vergessenheit zu geraten, daß die mit diesen Aufgaben betrauten Angehörigen der Hauptabteilung Untersuchung des MfS einige tausend Begegnungen mit Mitarbeitern der Ständigen Vertretung der BRD in der DDR sowie Botschaften anderer westlicher Staaten hatten.

Wir schüttelten uns bei jeder Begrüßung und jeder Verabschiedung die Hände und wünschten uns gegenseitig erholsame Wochenenden und Urlaube. Wir hatten jederzeit – wie es im Amtsdeutsch heißt – korrekte und normale menschliche Kontakte miteinander. Vor Beendigung der Tätigkeit in Berlin und

Rückkehr ins Heimatland dankte man mir für die konstruktive Zusammenarbeit. Das war mehr als nur eine Höflichkeitsfloskel.

Über diese Form der Zusammenarbeit des MfS und den Westdiplomaten in besonderer Mission wurde bislang nie berichtet. Selbst im zweibändigen Sammelband »Die Sicherheit. Zur Abwehrarbeit des MfS« finden sich lediglich der Hinweis: »Mitarbeiter von Auslandsvertretungen, ab 1974 auch der Ständigen Vertretung der BRD in der DDR, führten eine Vielzahl von Gesprächen mit den von ihnen konsularisch betreuten Beschuldigten in den Untersuchungshaftanstalten des MfS. Von 1974 bis 1989 erfolgten durch die Mitarbeiter der Ständigen Vertretung der BRD etwa 3.400 Besuche.«

Auch wenn nach anderthalb Jahrzehnten inzwischen viel Gras über die Sache gewachsen zu sein scheint, worüber namentlich die eine Seite nicht unfroh ist – denn wer läßt sich heute schon gern nachsagen, er habe sich mit der »Stasi« eingelassen (bei Ostdeutschen führt das noch immer zur Entlassung, mindestens aber zu öffentlicher Denunziation) –, muß daran erinnert werden.

Ich leitete als Oberst die Hauptabteilung IX/10. Ich war seit dem ersten Diplomatenbesuch 1974 bis zum letzten 1989 mit sämtlichen Vorgängen auf diesem Gebiet vertraut und besitze vermutlich als einziger einen Gesamtüberblick wie auch hinlängliches Detailwissen.

Peter Pfütze
Berlin, im Winter 2006

Politisches Tauwetter und die staatliche Sicherheit der DDR

Die BRD und die DDR entstanden in der Folge des Zweiten Weltkrieges. Die Siegermächte hatten Deutschland in Besatzungszonen und Einflußgebiete geteilt. In der Auseinandersetzung der Systeme, der als Kalter Krieg bezeichnet wurde, hatten die beiden deutschen Staaten ihren Platz. Die Vorgänge können als bekannt vorausgesetzt werden und müssen nicht mehr repetiert werden.

Ein Vierteljahrhundert nach Kriegsende und Potsdamer Abkommen, vor dem Hintergrund des atomaren Patts der Großmächte, begannen beide Seiten ihre Beziehungen neu zu regeln. Im Frühjahr 1970 nahmen die Sowjetunion, die USA, Großbritannien und Frankreich Verhandlungen über (West-)Berlin auf, die im September 1971 mit der Unterzeichnung eines »Vierseitigen Abkommens« ihren Abschluß fanden. Am 3. September 1971 blinzelte der sowjetische Botschafter der UdSSR in der DDR, Pjotr Abrassimow, unter seinem lilafarbenen Tolle in die Berliner Sonne und erklärte freudig: »Ende gut – alles gut«.

Ich konnte nicht ahnen, daß das unterzeichnete Papier auch für mich bald Konsequenzen haben würde.

Noch im gleichen Jahr wurden das Post- und Fernmeldeabkommen sowie ein Transitabkommen zwischen der DDR und der BRD respektive Westberlin abgeschlossen. Nach weiteren intensiven Verhandlungen der Vertreter beider deutscher Staaten wurde am 21. Dezember 1972 der Grundlagenvertrag zwischen der DDR und der BRD unterzeichnet. Damit war die Isolierung der DDR in der Welt endgültig zu Ende. Innerhalb von zwei Jahren nahmen 80 Staaten mit der DDR diplomatische Beziehungen auf.

Damit war jedoch der Kalte Krieg keineswegs erledigt.

Die Kehrseite der Medaille, die für uns als Mitarbeiter des MfS im Vordergrund stand, bestand darin, daß sich damit für die der DDR nicht freundlich gesonnenen Staaten, insbesondere für die BRD, auch völlig neue, legale Möglichkeiten der Beeinflussung der politischen Lage ergaben. Die SPD-geführte Regierungskoalition hatte sich auf ihre Fahnen den »Wandel durch Annäherung« geschrieben. Den angekündigten »Wandel« empfanden wir Mitarbeiter des MfS als Versuch, die Gesellschaftsordnung in der DDR zu verändern. Sanft, aber stetig. Und im Sinne der kapitalistischen Bundesrepublik. Nicht in unserem Sinne. Insofern nahmen wir es als Konzept der Konterrevolution.

Um die Jahreswende 1972/73 telefonierte der Minister für Staatssicherheit mit dem Leiter der Hauptabteilung Untersuchung des MfS.

Mielke: »Habt Ihr euch schon Gedanken gemacht, wie die Besuche der Diplomaten bei ihren inhaftierten Staatsbürgern ablaufen sollen?«

Schweigen in der Leitung.

Mielke: »Wir haben im Politbüro darüber gesprochen. Da kommen Probleme auf uns zu. Wir müssen vorbereitet sein. Die Botschaften werden uns auch Geheimdienstler schicken. Konsultiert euch mit unseren Freunden, wie die das machen. Und stimmt es mit den anderen Untersuchungs- und Justizorganen ab. Ich erwarte eure Vorschläge.« Dann legte Mielke auf.

Die Vorschläge durfte ich ausarbeiten. Wozu gibt es Stellvertreter. Ich arbeitete seit 1968 in der HA IX und war dort für die Rückführung von in den sozialistischen Staaten straffällig gewordenen und dort inhaftierten DDR-Bürgern verantwortlich. Ich reiste oft nach Prag, Budapest, Sofia und Moskau, um dort festgenommene Landsleute zu übernehmen. In Zusammenarbeit mit der Abt. XIV (Untersuchungshaftvollzug) brachte ich sie nach Berlin zurück. Dadurch hatten sich im Laufe der Zeit gute Kontakte zu den dortigen Leitern und Mitarbeitern der Untersuchungsabteilungen entwickelt.

Dadurch waren mir auch alle relevanten Fragen bekannt, die sich dabei ergaben: Wo und wie werden die Botschaften über Festnahmen ihrer Staatsbürger informiert? Auf welcher rechtlichen Grundlage beantragen sie bei welchem Organ ihre Besuche? Wer organisiert den Besuch? Wo, wie und von wem darf er realisiert werden? Wie lange darf ein solcher Besuch dauern? Welche Themen dürfen bei einem Besuch mit dem Häftling besprochen werden, welche sind tabu? Was passiert, wenn die Bedingungen nicht eingehalten werden? … Das ging mir bei der Vorbereitung der Vorlage durch den Kopf und mußte bedacht werden.

Meine erste Konsultations-Reise führte mich Anfang 1973 nach Budapest. In Ungarn oblag die Abwicklung von Diplomatenbesuchen den Staatsanwälten und den Mitarbeitern des Justizministeriums. Besondere Sicherheitsinteressen gab es für Ungarn nicht zu beachten. Sie hatten nur wenige Ausländer in Haft.

Danach flog ich nach Sofia. In den bulgarischen Haftanstalten saßen etwa 30 Spione des BND, des griechischen und des türkischen Geheimdienstes. Dann gab es noch Schmuggler, Angehörige von Schleuserorganisationen und Terroristen. Die Besuche von Diplomaten bei ihren inhaftierten Landsleuten wurden von den jeweiligen Untersuchungsführern überwacht. Mit griechischen und türkischen Diplomaten gab es oft heftige verbale Auseinandersetzungen, die verschiedentlich zum Abbruch des Besuches führten. Mir wurde die Brisanz von Diplomatenbesuchen bewußt.

Über die Praxis in Prag war ich sehr erstaunt. Die Botschaften bzw. Konsulate hatten 25 bis 40 Fragen schriftlich auszuarbeiten und beim Generalstaatsanwalt der CSSR einzureichen. Zusammen mit den zuständigen Untersuchungsführern wurde jede Frage geprüft und entschieden, welche beim Besuch gestellt (oder eben nicht gestellt) werden durfte. Der für das jeweilige Ermittlungsverfahren zuständige Staatsanwalt, der Untersuchungsführer (meist mit Fremdsprachenkenntnis) und wenn notwendig ein Dolmetscher gingen mit dem Diplomaten zum U-Häftling in die Zelle. Ein solcher Besuch lief etwa wie folgt ab:

Der Diplomat fragte gemäß Fragenkatalog: »Wurde Ihnen ein Haftbefehl vorgelegt?«

Häftling: »Ja, er wurde mir bekanntgegeben.«

Diplomat: »Welche Beweismaterialien wurden Ihnen vorgelegt?«

Staatsanwalt: »Diese Frage wird abgelehnt, sie darf nicht beantwortet werden.«

Diplomat: »Welche Verbindungen haben Sie zu Ihren Angehörigen?«

Häftling: »Ich darf jeden Monat einmal an meine Eltern schreiben und erhalte einmal Post von ihnen. Der Postweg dauert jeweils drei Wochen.«

Diplomat: »Wie werden Sie ärztlich betreut?«

Häftling: »Ja, wenn es notwendig ist, werde ich dem Arzt, auch dem Facharzt, vorgestellt.«

Die ritualisierten Besuche dauerten etwa 15 Minuten.

Nach Abschluß der KSZE-Verhandlungen und der Annahme der Schlußakte in Helsinki 1975 wurden diesbezüglich einige Erleichterungen in der ČSSR vorgenommen.

Das Gespräch mit den sowjetischen Fachleuten fand in Berlin bei Gelegenheit der alljährlichen Leiterberatungen statt und dauerte an die drei Stunden. Die meisten in der Sowjetunion inhaftierten Ausländer hatten kriminelle Straftaten begangen und wurden von der Miliz bearbeitet, da es keine Sicherheitsinteressen zu beachten gab.

Die vom Komitee für Staatssicherheit (KGB) bearbeiteten Ausländer wurden in der Mehrzahl nicht inhaftiert, sie blieben während der Ermittlungsverfahren auf freiem Fuß. Wohin hätten sie auch flüchten, wo untertauchen sollen? Sie konnten eigenständig ihre Botschaften aufsuchen. Bei den sehr wenigen inhaftierten ausländischen Spionen organisierte die Staatsanwaltschaft die Diplomatenbesuche. Die Vertretung der sowjetischen Sicherheitsinteressen oblag den Staatsanwälten, in den meisten Fällen den Militärstaatsanwälten.

Mit diesen Erkenntnissen bereitete ich mich auf die Konsultationen mit den beteiligten Ministerien und Dienststellen in der DDR vor. Es betraf die Konsularabteilung des Außenministeriums der DDR, die Dienststelle des Generalstaatsanwaltes der DDR, die Hauptabteilung IX des MfS und das Ministerium des Innern der DDR. Und es mußten Durchführungsbestimmungen ausgearbeitet werden.

Bei den westlichen Staaten, die BRD und Westberlin ausgenommen, war in Konsularverträgen geregelt, innerhalb welcher Fristen die Botschaften informiert, Besuche bei Inhaftierten gestattet und der Briefkontakt Häftling–Botschaft gewährleistet werden mußten. Bei Festnahmen von BRD-Bürgern und ständigen Einwohnern von Westberlin existierten lediglich komplizierte Verabredungen.

Im Transitabkommen, im Grundlagenvertrag und im Abkommen über die Errichtung der Ständigen Vertretung (StäV) war völkerrechtlich verbindlich vereinbart worden:

Erfolgte die Verhaftung der Westdeutschen nach Einreise in die DDR, informiert die Hauptabteilung Konsularische Angelegenheiten der DDR die Ständige Vertretung der BRD bei der DDR per Note.

Wurden die Bundesbürger auf der Transitstrecke oder beim Abweichen von der Transitstrecke festgenommen, informiert der Generalstaatsanwalt der DDR das Bundesinnenministerium in Bonn über die Festnahme per Fernschreiben.

Bei Westberlinern meldete die Hauptabteilung Konsularische Angelegenheiten der DDR fernschriftlich die Senatskanzlei beim Regierenden Bürgermeister, wenn diese nach der Einreise festgenommen worden waren. Im Transit oder wegen Abweichung von der Transitstrecke informierte der Generalstaatsanwalt der DDR den (West-)Berliner Innensenator per Fernschreiben.

Diese verwirrenden Regelungen hatten ihren Ursprung in den Forderung der DDR, sowohl zwischen BRD-Bürgern und Westberlinern einerseits als auch zwischen Besuchern der DDR und Transitreisenden andererseits zu unterscheiden. Das war politisch-idologisch begründet. In der Sache selbst machte es kaum einen Unterschied.

Minister Mielke informierte auf einer Dienstkonferenz die Leiter der Bezirksverwaltungen des MfS über die künftige Aufgabe, Diplomatenbesuche abzusichern. Die Bezirkschefs artikulierten durchgängig Ablehnung. Sie meinten, die Diplomaten sollten nicht zusätzlich Gelegenheit erhalten, als Spione durch alle Bezirke der DDR zu reisen. Außerdem würden die Diplomaten dadurch eine Vielzahl von Mitarbeitern der Bezirksverwaltungen und Dienststellen des MfS kennenlernen. Zudem schien die Einrichtung weiterer Einrichtungen nötig, wozu weder Kapazitäten noch Bereitschaft vorhanden waren.

Der Generalstaatsanwalt der DDR lehnte es ab, daß seine Mitarbeiter die Diplomatenbesuche realisierten und dafür sorgten, daß die Sicherheitsinteressen des MfS gewahrt werden würden. Da es dabei auch operative Interessen zu berücksichtigen galt, war der Standpunkt zu akzeptieren. Der Generalstaatsanwalt der DDR erließ daraufhin eine Weisung, wonach Diplomatenbesuche bei von uns bearbeiteten Ausländern auch von Mitarbeitern des MfS in Berlin zu überwachen seien. Bei Ermittlungsverfahren gegen Ausländer, die von der Deutschen Volkspolizei oder vom Zoll bearbeitet wurden, sollten die Diplomatenbesuche von Staatsanwälten der zuständigen Abteilung in den Bezirken überwacht werden.

Als erstes wurde eine Baracke im Objekt der Haftanstalt Berlin-Lichtenberg, Magdalenenstraße 14, umgebaut.

Dort fanden in den ersten Jahren die Besuche statt.

Die StäV stellte ihre Anträge auf Besuche per diplomatischer Note bei der Hauptabteilung Konsularische Angelegenheiten des MfAA der DDR. Von dort erhielt die Ständige Vertretung wiederum per diplomatischer Note Mitteilung, wann und wo der Besuch stattfinden würde. Die Hauptabteilung Konsularische Angelegenheiten leitete die Noten an den Generalstaatsanwalt der DDR und die Hauptabteilung Untersuchung des MfS weiter.

Mit dem Beauftragten des Generalstaatsanwaltes wurden die Gesprächsbedingungen für die Diplomatenbesuche beraten und schließlich beschlossen. Bei der Begegnung zwischen Diplomaten und Inhaftierten durfte alles besprochen werden, was unmittelbar die Inhaftierten betraf: Verpflegung, Tagesablauf, Gesundheit, ärztliche Betreuung, Befindlichkeit, Kontakte zu Rechtsanwälten und Angehörigen sowie über außerhalb der DDR zu klärende Angelegenheiten.

Ausgespart mußte werden: Einzelheiten der Straftat, Tatbeteiligte, Verhalten zum Tatvorwurf, vernehmungstaktische und kriminalistische Methoden, Mitwirkung inoffizieller Mitarbeiter, Hinweise auf Mitarbeiter des MfS (Untersuchungsführer, Angehörige des Wachpersonals), Details der Untersuchungshaftanstalt und Vernehmungszimmer, konkrete Angaben über Häftlingstransporte, vorhandene Beweismaterialien.

Es wurde außerdem festgelegt, daß auch nach einer gerichtlichen Hauptverhandlung unter Ausschluß der Öffentlichkeit über den Ablauf der Gerichtsverhandlung und über die Problemfelder nicht gesprochen werden durfte. 1974 herrschte noch die Auffassung vor, daß diese Details nichts mit der diplomatischen Betreuung Inhaftierter zu tun hätten.

Über diese Gesprächsbedingungen wurden sowohl die Diplomaten als auch die Inhaftierten vor jedem Besuch konkret informiert und um deren Einhaltung gebeten. Sie waren für alle Diplomaten bindend – nicht nur für die Mitarbeiter der Bonner Ständigen Vertretung.

Die Festlegungen wurden von Mielke und der Generalstaatsanwaltschaft bestätigt. Der Leiter der Hauptabteilung IX des MfS beauftragte mich, zusammen mit zwei ehemaligen Untersuchungsführern künftig die Diplomatenbesuche zu betreuen und die notwendigen organisatorischen Voraussetzungen für einen reibungslosen Ablauf zu schaffen.

Wir entwickelten einen Bogen, der alle Informationen enthielt über den Inhaftierten, die möglicherweise zur Sprache kommen konnten: Verletzungen bei der Festnahme, Auffälligkeiten in der Untersuchungshaftanstalt, ärztliche Betreuungsmaßnahmen, Kontakte zum Rechtsanwalt und zu den Angehörigen (Besuche, Briefe), Verhalten zum Strafvorwurf . War der Inhaftierte bereit, an der Aufklärung der Straftat mitzuwirken? Welche Angelegenheiten mußten in seiner Heimat geklärt werden? Und dergleichen.

Der Informationsbogen wurde vom Untersuchungsführer, der das Ermittlungsverfahren bearbeitete, angefertigt. Diese Angaben versetzten uns bei der Gesprächsüberwachung in die Lage, nicht durch Äußerungen des Inhaftierten gegenüber dem Diplomaten überrascht zu werden: Wir waren stets auskunftsfähig.

Die Inhaftierten in den Bezirken, die mehr als 150 km von Berlin entfernt einsaßen, reisten bereits am Tag vor dem geplanten Treffen in die Magdalenenstraße 14 an. Damit sollten technische Pannen ausgeschlossen werden.

In den Jahren bis 1989 mußten darum nie Besuche abgesagt oder verschoben werden.

Im Frühjahr 1974 befanden sich über 450 Menschen aus der BRD und aus Westberlin in Untersuchungs- oder Strafhaft. Das bedeutete für die Ständige Vertretung der BRD viel Arbeit. Betreuen hieß, sich mit jedem einzelnen Fall zu befassen, soweit als möglich Familien zu kontaktieren und die Häftlinge schließlich in der Magdalenenstraße 14 in Berlin-Lichtenberg zu besuchen.

In den Verhandlungen über die Errichtung der Ständigen Vertretung war verabredet worden, daß von den etwa 95 Mitarbeitern der StäV 35 Diplomaten zur konsularischen Betreuung eingesetzt werden sollten. Diese wurden namentlich bei der Hauptabteilung Konsularische Angelegenheiten des MfAA gemeldet. Schied ein Diplomat aus diesem Kreis aus, mußte per Note ein neuer Besuchsberechtigter angemeldet werden.

Die Liste wurde angeführt vom Leiter der Ständigen Vertretung und seinem Stellvertreter. Und sie enthielt die Namen der Mitarbeiter der Rechtsabteilung der Ständigen Vertretung, die die Konsularaufgaben zu erfüllen hatten. Da die Anzahl der Mitarbeiter der Rechtsabteilung weit unter 35 lag, wurden auch Diplomaten anderer Abteilungen benannt und eingesetzt. Nach welchen Gesichtspunkten die Auswahl erfolgte, habe ich nicht feststellen können. Der spätere BND-Chef August Hanning beispielsweise war auch darunter.

Die Leiter der Ständigen Vertretung – Gaus, Bräutigam, Bölling und Bertele – kamen, obgleich nominiert, nie zu einem Besuch.

Nur einmal, im Juli 1974, kam der Stellvertreter von Günter Gaus.

Das Gleis wird gelegt, die Spurbreite festgelegt

Die Ständige Vertretung der BRD bei der DDR nahm am 2. Mai 1974 offiziell ihre Arbeit auf. Sieben Wochen später wurde Günter Gaus als Leiter der Ständigen Vertretung der BRD beim Staatsratsvorsitzenden der DDR akkreditiert.

Die Ständige Vertretung der BRD in der DDR unterstand nicht dem Auswärtigen Amt, sondern dem Bundeskanzleramt in Bonn, erhielt von dort ihre Order und hatte auch dorthin über ihre Arbeit zu berichten.

Alle nach dem 2. Mai 1974 erfolgten Festnahmen wurden der Westseite wie verabredet am fünften bzw. sechsten Tag danach gemeldet. Mitgeteilt wurden Namen, Vornamen, Geburtsdatum und -ort sowie Paß-Nummer und Datum des Haftbefehls.

Österreichische Staatsbürger wurden bereits nach drei Tagen gemeldet, der erste Diplomaten-Besuch konnte schon sieben Tage nach der Festnahme erfolgen. Das lag daran, daß die konsularischen Verhandlungen zwischen Berlin und Wien bereits erheblich weiter waren als die mit Bonn. Folgerichtig war der erste Diplomat in dieser Mission ein österreichischer Konsul. Ich glaube aber, daß das nicht ganz zufällig war. Vermutlich wollte Bonn in Erfahrung bringen, wie so etwas abläuft. Das ließ sich möglicherweise am leichtesten auf diese Weise erledigen.

Wo Konsularverträge vorlagen, fanden innerhalb einer Woche Diplomatenbesuche statt. Bei enstprechenden Anträgen der BRD-Seite lag die Frist zwischen drei bis fünf Wochen nach der Festnahmemeldung. Natürlich machte die DDR-Seite deutlich, daß sich bei entsprechenden Verträgen diese Frist erheblich verkürzen könnte. Doch Bonn weigerte sich beharrlich, sich auf einen Konsularvertrag einzulassen. Die Gründe liegen auch auf der Hand. Gleichwohl bemühte sich die BRD-Regierung bis 1989 ausdauernd, auf anderem Wege eine solche Fristverkürzung zu erreichen. Die DDR wich jedoch nicht von ihrer Linie ab.

Nach Bonner Lesart war die DDR nicht Ausland, die wechselseitigen Vertretungen hießen darum auch nicht Botschaften und deren Chefs folglich auch nicht Botschafter, sondern Leiter. Die Mitarbeiter der Ständigen Vertretung der BRD bei der DDR (nicht: in der DDR!) trugen auch keine diplomatischen Ränge, sondern die in der BRD üblichen Dienstbezeichnungen wie Regierungsrat oder Ministerialrat.

Wie lief nun der erste Besuch, der ja auch für uns eine Premiere darstellte, ab?

Per Note signalisierte der österreichische Konsul der Hauptabteilung Konsularische Angelegenheiten des MfAA seinen Besuchswunsch. Er wünschte seinen Landsmann L. zu sprechen, der in der Strafvollzugsanstalt Bautzen II einsaß. Ich veranlaßte, daß dieser am Vortage des geplanten Besuchstermins von Bautzen nach Berlin in die Untersuchungshaftanstalt Magdalenenstraße gebracht wurde. L. trug seine Zivilkleidung, die sich in einem sauberen und gepflegten Zustand befand.

(In späteren Fällen, sofern ein Inhaftierter keine geeignete Kleidung besaß, wurde ihm von der Haftanstalt zivile Kleidung zur Verfügung gestellt.)

Aus dem mitgeschickten Urteil und dem Informationsbogen verschaffte ich mir einen Eindruck über den Inhaftierten. Die persönliche Begegnung vervollständigte das Bild. L. war 46 Jahre alt und von stattlicher Figur. Er schien belesen und machte einen intelligenten Eindruck. Er hatte viele Jahre in Großbritannien als Diplomingenieur auf dem Gebiet der Raketenantriebstechnik gearbeitet und war dort vom britischen Geheimdienst angeworben worden. L. nahm Verbindungen zu Kollegen in sozialistische Staaten auf und sammelte relevante Nachrichten. 1968 war er festgenommen, vom MfS in einem Ermittlungsverfahren bearbeitet und schließlich zu elf Jahren Freiheitsentzug verurteilt worden. Der avisierte Besuch aus seiner Botschaft nach sechs Jahren Haft löste natürlich bestimmte Erwartungen und Hoffnungen bei ihm aus.

Im Vorgespräch machte ich ihn mit den Gesprächsbedingungen vertraut und verwies darauf, daß der Besuch abgebrochen werden würde, wenn er die Festlegungen nicht einhielte.

Der Konsul meldete sich pünktlich beim Einlaßposten der Haftanstalt. Er wies sich mit der sogenannten Klappkarte aus, die ihn als in der DDR akkreditierten Diplomaten legitimierte. Ich begrüßte ihn im Besucherzimmer.

»Hauptmann Pfütze«, stellte ich mich vor und gab ihm die Hand.

Der Konsul nannte ebenfalls seinen Namen und trug sein Anliegen vor. Ich erwiderte ihm, daß alles vorbereitet sei und erläuterte ihm die Bedingungen des Besuches, wie sie vom Staatsanwalt festgelegt waren. Der Konsul hatte keine Einwände und versprach die Einhaltung der Besuchsmodalitäten.

Während des gesamten Besuches sprach mich der Konsul mit »Herr Schütze« an.

Ich korrigierte ihn nicht.

Das Mißverständnis sollte sich á la longue als nützlich erweisen: Im MfS bevorzugte man es wie in anderen Nachrichtendiensten auch, nicht unter dem Klarnamen öffentlich zu agieren. Das wurde im Laufe der Zeit auf alle Abteilungen ausgedehnt.

Nach einem Telefonat mit dem Wachpersonal wurde der Strafgefangene L. vorgeführt. Der Konsul begrüßte ihn mit Handschlag und erklärte ihm den Sinn seiner Mission. Er bestellte Grüße von L.s Mutter in Salzburg, mit der er vor seinem Besuch telefoniert hatte.

Auf diese Mitteilung reagierte der Strafgefangene sehr emotional, sein Gesamteindruck veränderte sich völlig. Er begann zu weinen. Obwohl er nahezu zwanzig Jahre kaum Kontakt zu seiner Mutter gehabt hatte, wie er sagte, ging ihm das sehr nahe. Der Konsul versuchte, ihn zu beruhigen und versprach, einen Besuch seiner Mutter in der Haftanstalt Bautzen zu organisieren.

Nachdem sich L. wieder gefangen hatte, schilderte er sein Leben in der Haftanstalt. Er beschrieb seine Arbeit: Er schraubte für eine Firma Geräte zusammen, bezog dafür einen Stundenlohn und war dadurch krankenversichert. Natürlich gab es auch eine Arbeitsnorm. Er nannte die Schwierigkeiten bei der kollektiven Normerfüllung, was persönliche Auswirkungen hatte. Das belastete ihn sehr. Zumal er als intelligenter Mensch aus der gehobenen Mittelschicht kam und keine gemeinsame Sprache mit den miteinsitzenden Kriminellen fand, mit denen er gemeinsam arbeiten mußte. In Bautzen II saßen überwiegend Ausländer, vor allem aber Bürger aus der BRD und Westberlin.

Einzelne Maßnahmen des Wachpersonals bezeichnete L. als

schikanös. Der Blick auf den Informationsbogen verriet aber, daß er gegen bestimmte Vorsschriften verstoßen hatte. Sein Fehlverhalten war folglich Ursache für bestimmte Maßnahmen.

L. verfolgte aufmerksam Presse und Fernsehen und war über die gute Entwicklung der Beziehungen zwischen der DDR und Österreich bestens informiert. Er forderte darum den Konsul auf, Österreich möge sich offiziell für seine schnelle Freilassung einsetzen. Der Bundespräsident möge seine Begnadigung beim Staatsratsvorsitzenden der DDR erwirken.

Der Konsul verhielt sich zunächst sehr zurückhaltend.

L. wurde aber immer heftiger und bedrängte ihn. Die BRD, aber auch andere Staaten, würden sich weitaus stärker für ihre in der DDR einsitzenden Staatsbürger engagieren. Zumal wenn sie wegen politischer Delikte verurteilt worden seien. Spionage sei letztlich eine politische Straftat, keine kriminelle.

Der Konsul erkundigte sich, für welchen Geheimdienst er gearbeitet habe und wie lange.

Und als L. ihm ehrlich Auskunft gab, reagierte der Diplomat völlig gelassen. »Wenn Sie für die Briten spioniert haben – können Sie mir dann erklären, warum sich ausgerechnet Österreich für Ihre Freilassung einsetzen sollte? Sie haben doch nicht gegen die DDR-Gesetze in österreichischem Auftrag verstoßen.«

Der Konsul sicherte ihm die weitere Betreuung zu, die Botschaft Österreichs werde in weiterhin besuchen, aber eine Intervention zu seiner Freilassung werde es nicht geben.

Für den Strafgefangenen schien eine Welt zusammenzubrechen, er hatte sich offenkundig anderes ausgerechnet. Weitere fünf Jahre werde er in Bautzen nicht überleben, erklärte er ultimativ und drohend.

Der Konsul versuchte ihn aufzumuntern und schlug vor, er solle sich an diejenigen wenden, für die er spioniert habe. »Für Österreich haben Sie ja nichts getan. Deshalb kann und wird Österreich in dieser Sache auch nichts für Sie tun.«

Danach herrschte eisiges Schweigen. Das Gespräch war zu Ende. Dem Konsul blieb nur noch zu sagen, daß er L.s Mutter und auch das Außenministerium in Wien über diesen Besuch telefonisch informieren werde und ihm einen Beutel mit Zigaretten, Schokolade und Kosmetika im Wert von etwa 20 DM zu übergeben habe.

Ich ließ den Häftling vom Wachpersonal abführen.

»Tja«, sagte ich. »Das war nicht schön. Dennoch: Respekt, wie Sie auf seine Forderung nach einer diplomatischen Intervention von österreichischer Seite reagiert haben.«

Österreich habe sich in ähnlichen Fällen ebenso verhalten, sagte er. Er schlage mir vor, L. zu verstehen zu geben, daß er sich über seinen Rechtsanwalt an London wegen eines Gnadengesuches wenden solle, vielleicht hätten ihn die Engländer noch nicht vergessen.

Warum er dem Häftling diesen Hinweis nicht selbst gegeben hatte, blieb sein Geheimnis.

Bevor L. nach Bautzen II zurücktransportiert wurde, sprach ich mit ihm. Er war völlig enttäuscht vom Verhalten des Konsuls und äußerte Suizidabsichten. Ich informierte die Leitung der Strafvollzugsanstalt und bat, entsprechende Sicherungsmaßnahmen einzuleiten.

Ich hatte mir den ersten Besuch eines westlichen Diplomaten anders vorgestellt. Wie, das konnte ich auch nicht sagen. Eben irgendwie anders. Vielleicht dramatischer, politischer, klassenkämpferischer, wobei ich die Linie der DDR hätte verteidigen müssen. Darauf war ich vorbereitet.

So aber war alles sehr sachlich verlaufen, korrekt, ohne ideologisch motivierte Angriffe. Pragmatisch und ohne Schnörkel. Später sollte ich feststellen, daß Wien sich in solchen Fällen grundsätzlich so verhielt. Österreich sah es nicht gern, wenn seine Bürger für die Interessen anderer Staaten Straftaten begingen und danach um Hilfe und Unterstützung daheim nachsuchten.

Nach siebeneinhalb Jahren wurde L. von der DDR amnestiert, ohne daß Österreich etwas dafür getan hätte. Nur zweimal engagierte sich die Hofburg. Die Bundespräsidenten Kirchschläger und Waldheim richteten Gnadengesuche an das DDR-Staatsoberhaupt. Eine Österreicherin hatte ihre zwei Kinder ermordet und war zu lebenslänglichem Freiheitsentzug verurteilt wurden.

Schon bald stand auch der erste Besuch eines Mitarbeiters der Ständigen Vertretung an. Ich verschweige nicht: Ich war vermutlich aufgeregter als er. Und das, obgleich ich seit 20 Jahren als Vernehmer in Ermittlungsverfahren gegen Spione des amerikanischen, englischen und französischen Geheimdienstes sowie des

Bundesnachrichtendienstes und des Bundesverfassungsschutz zu tun hatte. Ich beschäftigte mich mit Kriegsverbrechern, Mördern, Brandstiftern, Grenzverletzern, Angehörigen von Feindorganisationen sowie in die DDR zurückgekehrte republikflüchtige DDR-Bürger.

Mit solchen Personen konnte ich umgehen, da hatte ich Erfahrungen. Doch wie war es mit Diplomaten? Bei den Vernehmungen konnte ich die Gesprächsthemen bestimmen, ich konnte eigenständig agieren. Ich operierte nicht auf einer offenen Bühne. Jetzt aber konnte jeder Schnitzer sofort international publik gemacht werden.

Die Visite war für den 11. Mai 1974 in der Magdalenenstraße 14 in Berlin-Lichtenberg vereinbart. Zwei Stunden vor dem festgelegten Termin sprach ich mit dem Häftling, der in der Untersuchungshaftanstalt Berlin-Hohenschönhausen einsaß. Er war BRD-Bürger, hatte geraume Zeit Kontakt zu einer Menschenhändlerbande in der BRD gehabt und fungierte als deren Kurier. Er suchte die DDR-Bürger in ihrer Wohnung auf, die ausgeschleust werden sollten, und nannte ihnen Zeitpunkt und Ort an der Transitautobahn, wo sie unbeobachtet von einem PKW oder LKW aufgenommen werden sollten. Der 35jährige Familienvater war voll geständig. Und im Vorgespräch zeigte er sich ruhig und sachlich. Von ihm hatte ich keine Provokationen zu erwarten.

Ministerialrat S. erschien pünktlich an der Anmeldung des später Diplomatenbau benannten Objektes in der Magdalenenstraße 14. Der Wachposten griff nach der Klappkarte, doch S. weigerte sich, seinen Ausweis aus der Hand zu geben. Er hielt die Klappkarte dem Posten demonstrativ vors Gesicht.

Der fragte ihn pflichtgemäß, ob er eine Waffe bei sich trüge. Falls ja, müsse er sie hier hinterlegen.

Empört wurde diese Unterstellung zurückgewiesen.

Ministerialrat S. wurde in eines der zwei neu eingerichteten Besucherzimmer geleitet, wo ich ihn erwartete. Die Besucherzimmer waren mit einer Couchgarnitur, Clubtisch, Schreibtisch mit Sessel, Schrankwand, verdecktem Waschbecken, öffentlichem Telefonanschluß und Teppich ausgestattet. Nun ja, private Wohnzimmer sahen etwas anders aus. Gleichwohl, und das war ja auch unsere Absicht, sollte die Atmosphäre sich von der sterilen, abweisenden Kälte eines Gefängnisses unterscheiden und die Gespräche auflockern und entspannen. Zigaretten lagen auf dem Tisch, es gab auf Wunsch Tee oder Kaffee.

Ich stellte mich jetzt gleich als »Hauptmann Schütze« vor und gab S. die Hand. Der Diplomat war um die 40 Jahre, er trug Bart und Brille und war, wie er sagte, in der Rechtsabteilung der Ständigen Vertretung tätig.

Wir waren beide sehr angespannt und konzentriert. Jeder fürchtete, ein falsches Wort zu sagen oder eine mißverständliche Geste zu machen. Die Konzentration straffte alle Nerven. Ich eröffnete das Gespräch begann mit sehr allgemeinen, belanglosen Themen: ob er die Haftanstalt leicht gefunden habe, klagte über Parkplatzprobleme in der Magdalenenstraße und Umgebung für jeden, der hier zu tun habe usw.

S. ging kaum auf das Geplänkel ein, monierte stattdessen die von ihm als Beleidigung empfundene Frage des Postens, ob er eine Waffe bei sich führe. Man sei schließlich nicht in Chicago.

Ich erläuterte ihm, daß in der Haftanstalt das Tragen von Waffen – auch für die Mitarbeiter des MfS – strikt verboten sei. Daher würde jeder, der das Gebäude betritt, danach gefragt werden. Wenn er aufmerksam geschaut hätte, wären ihm vielleicht die für diesen Zweck installierten Schließfächer aufgefallen.

Er wechselte das Thema und erklärte seine Befriedigung, daß sie die in der DDR etwa 500 inhaftierten Westberliner und BRD-Bürger regelmäßig besuchen und betreuen dürften. Er schien bestens vorbereitet. Dennoch erläuterte ich ihm die Gesprächsbedingungen und betonte, daß diese vom Generalstaatsanwalt festgelegt worden seien. Im Falle des Nichteinhaltens dieser Vorschriften durch den Inhaftierten, solle er auf diesen mäßigend einwirken, anderenfalls sähe ich mich zum Abbruch gezwungen.

Danach ließ ich den Inhaftierten vorführen.

Ministerialrat S. begrüßte ihn mit Handschlag und erläuterte seine Aufgabe. Gleichwohl kam es zum ersten Mißverständnis, was sich später wiederholen sollte: Der Häftling glaubte, eine Art Rechtsanwalt vor sich zu haben. Wenn dieser Irrtum ausgeräumt war, beobachtete ich immer große Enttäuschung. So auch jetzt.

Der Diplomat richtete sodann Grüße von den Angehörigen aus, mit denen er vor dem Besuch telefoniert hatte, und informierte ihn über die Neuigkeiten in der Familie. Danach verlief das Gespräch nach einem offensichtlich in der StäV vorbereiteten Fragenkatalog:

Wurde von einem Haftrichter ein Haftbefehl erlassen?

Konnte dagegen Beschwerde eingelegt werden?

Wurde bereits ein Rechtsanwalt mit seiner Verteidigung beauftragt?

Nein, sagte der Häftling, er wolle einen Anwalt aus der Bundesrepublik.

Ich erklärte ihm, daß in der DDR nur Rechtsanwälte in Strafverfahren wirken können, die auch in der DDR zugelassen seien.

Der StäV-Mitarbeiter bestätigte, daß die Rechtsordnung in der DDR nun einmal so sei und auch ganz anders als in der Bundesrepublik oder in Westberlin.

Danach wollte S. wissen, ob er in Einzelhaft untergebracht sei.

Der Häftling verneinte. Er befinde sich in Gemeinschaftshaft mit zwei DDR-Bürgern. Das wären …

Nun mußte ich ihn unterbrechen. Er dürfe weder Namen noch den Grund ihrer Inhaftierung angeben.

Auch der StäV-Mitarbeiter ermahnte ihn, nur über sich zu berichten, und setzte die Verlesung seines Fragenkataloges fort. Ob er korrekt behandelt werde, wie die Verpflegung, die hygienischen Bedingungen und die ärztliche Betreuung sei, ob er Briefverbindung zu seiner Familie habe, Zeitungen bekäme, und ob er auch an die frische Luft (Freistunde) komme.

Bis auf die lästige Beobachtung durch den »Zellenspion«, jenem Guckloch in der Zellentür, kritisierte er nichts.

Ich griff erst wieder ein, als er den StäV-Mitarbeiter fragte, ob weitere Bundesbürger in gleicher Sache inhaftiert seien und wie sie heißen. Das mußte ich zum Tabuthema erklären.

Bei der Verabschiedung gab Herr S. noch den Hinweis, daß er auch brieflich der Ständigen Vertretung Nachricht geben könne, denn erst in sechs bis neun Monaten könne er mit einem erneuten Besuch rechnen.

Und auch hier schloß sich, nachdem der Häftling wieder abgeführt worden war, ein Gespräch an. Die Aufregung, die uns beide vor kurzem noch beherrscht hatte, war verflogen, die Anspannung von uns abgefallen. Wir sprachen ganz normal miteinander und im Wissen, daß wir künftig häufig miteinander zu tun haben würden. Ich warnte allerdings vor der Annahme, daß es immer so ruhig und gesittet abgehen könnte wie heute. Die Häftlinge waren von unterschiedlichem Naturell.

Anschließend fertigte ich einen Bericht. Die Kopien gingen an die Untersuchungsabteilung, die das Ermittlungsverfahren bearbeitete, und an den Mitarbeiter für Ausländerfragen beim Generalstaatsanwalt. Meine Vorgesetzten, die Leiter der Untersuchungshaftanstalt des MfS und der Hauptabteilung Konsularische Angelegenheiten des MfAA sowie den Sektorenleiter BRD im MfAA, informierte ich mündlich. Alle waren erleichtert, daß der erste Häftlingsbesuch am 11. Mai 1974 ohne Besonderheiten abgelaufen war.

Am 24. April, knapp drei Wochen zuvor, war unser Kundschafter Günter Guillaume und seine Ehefrau in Bonn festgenommen worden. Am 6. Mai 1974 war Willy Brandt als Bundeskanzler zurückgetreten.

Von Helmut Schmidt und seiner Regierungsmannschaft erwarteten wir eine Wende in der Ostpolitik, insbesondere gegenüber der DDR. Kenner der Verhältnisse in Bonn rechneten damit, daß Günter Gaus, ein enger Vertrauter von Willy Brandt und nicht unbedingt ein Freund Helmut Schmidts, alsbald als Ständiger Vertreter aus Berlin abgezogen werden würde.

Die Annahme erwies sich als unbegründet. Es gab in der Außenpolitik der Bundesrepublik keinen Kurswechsel, Gaus verblieb auf seinem Posten und das, wie sich zeigte, über sieben Jahre.

Auch in meinem Bereich galt »business as usual«.

Diesmal beantragte der Stellvertreter des Leiters der StäV einen Besuchstermin. Offensichtlich wollte er sich persönlich einen Eindruck über den Ablauf eines Häftlingsbesuches verschaffen und dabei gleichzeitig einige Regelungen vereinbaren. Er wollte, wie er sagte, die Gleise für die künftige Zusammenarbeit legen. (Der Begriff wurde später wiederholt verwandt. Insofern übernehme ich ihn auch. Das Bild aus dem Eisenbahnverkehr hat ja auch etwas Beruhigendes für alle Beteiligten: Der Zug rollt berechenbar dahin. Man kann das Tempo drosseln oder beschleunigen, nicht aber die Richtung wechseln.)

Der Diplomat erschien zum vereinbarten Zeitpunkt in der Magdalenenstraße 14. Er legitimierte sich, wurde vom Wachposten erfaßt und gefragt, ob er eine Waffe bei sich führe. Mit lächelnder Miene und im freundlichen Ton verneinte er.

Er wurde ins Besucherzimmer geführt und von mir mit Handschlag begrüßt.

»Hauptmann Schütze.«

Auch er monierte im freundlichen Ton die Frage des Wachpostens nach einer Waffe.

»Reine Routine«, sagte ich.

»Mitarbeiter der Ständigen Vertreter führen prinzipiell keine Waffen bei sich. Auch das ist reine Routine.«

Ich hatte verstanden. »Ich werde die Posten informieren und sie bitten, künftig diese Frage zu unterlassen. Sollte es dennoch passieren, bitte ich bereits jetzt schon um Entschuldigung.«

Er lächelte feinsinnig. Sodann repetierte er den Bericht vom ersten Besuch. Ich sah Anlaß zur Korrektur in einem winzigen Detail: Herr Bräutigam – eben jener Diplomat, der später Leiter der StäV werden sollte – hatte offenbar die Rolle des Staatsanwaltes bei der Festlegung der Bedingungen vergessen.

Ich stellte bald fest: Mir saß ein erfahrener Jurist gegenüber.

Insofern konnte er auch meine Erklärung auf seine Frage, warum nach dem rechtskräftigen Urteil mit dem Strafgefangenen nicht über die Straftat gesprochen werden dürfe, nachvollziehen. Wenn die gerichtliche Hauptverhandlung unter Ausschluß der Öffentlichkeit stattfand, konnte dieser Beschluß nicht rückwirkend aufgehoben oder unterlaufen werden, indem das Erörterte danach öffentlich gemacht wurde.

Sofern jedoch der Wunsch nach Information bestünde, könne man sich beim Rechtsanwalt des Inhaftierten kundig machen.

Ich spürte, daß er meine Erörterung nicht vollständig akzeptierte, aber er widersprach nicht. Er sicherte jedoch zu, daß er und seine Mitarbeiter sich an die gesetzten Bedingungen halten würden.

Sodann kam er auf Möglichkeiten einer materiellen Unterstützung der Inhaftierten zu sprechen. Dürfe man ihnen Geld oder Geschenke beim Besuch übergeben? Schließlich war dies auch Familienangehörigen gestattet – warum also nicht auch den Mitarbeitern der StäV bei ihren Besuchen?

Ich sah keinen Grund, dies abzulehnen und sagte: »Einverstanden. Aber nur Waren des täglichen Bedarfs, die es auch in der Haftanstalt zu kaufen gibt, und der Warenwert nicht größer als 25 DM.«

Es sei der Wunsch der Ständigen Vertretung, so der Diplomat befriedigt weiter, so schnell wie möglich alle in der DDR inhaftierten Bundesbürger und Westberliner zu besuchen.

Ob er wisse, um wie viele Personen es sich handelte?

Er nannte eine Zahl, die weit unter der tatsächlichen lag. Das erstaunte mich. Und er wiederum war erstaunt, daß er nicht im Bilde war. Gleichwohl hielt er an der Absicht fest.

Meine Mitteilung, daß alle Begegnungen hier im Hause stattfinden würden, weshalb die Strafgefangenen aus Bautzen II hierher gebracht werden müßten, schien ihn gleichermaßen zu erregen wie zu beruhigen. Ihnen blieb schließlich eine weite Reise ans Ende der Republik erspart. Aber sie sollten sich auf drei bis vier Treffen an einem Tag einstellen, damit der Häftlingstransport auch effektiv erfolgen könne, sagte ich ihm. In jedem Transportwagen gäbe es nämlich vier Zellen. Warum sollten drei leer bleiben, wenn der LKW auf der holprigen Autobahn von Bautzen nach Berlin verkehrte?

Er akzeptierte diesen Vorschlag, aber ich hatte den Eindruck, daß man in der Hannoverschen Straße gehofft hatte, offiziell in alle Bezirke reisen zu können, und damit auch andere Interessen verband.

Im weiteren Verlauf des Gespräches kamen wir auf die unterschiedliche Rechtspraxis in der BRD und der DDR zu sprechen. Er vertrat seine Auffassung vom westdeutschen System als dem besseren.

Ich meinte, unser System sei das modernere.

Er vertrat den Standpunkt, daß eine Person erst als schuldig gelte, wenn sie rechtskräftig verurteilt worden ist. Vorher müsse die Unschuldsvermutung gelten, bis der Staat die Schuld bewiesen und der Richter Recht gesprochen habe.

In der DDR gelte das gleiche Prinzip, erwiderte ich. Aber wenn der Beschuldigte ein Geständnis abgelegt habe, Zeugenaussagen, Gutachten und andere Beweise vorliegen, könne doch davon ausgegangen werden, daß er auch von einem Gericht verurteilt werde.

In dieser Weise diskutierten wir länger als eine Stunde. In einigen Punkten gingen unsere Positionen völlig auseinander. Gleichwohl erklärte er, daß es ihm Vergnügen bereite, mit Menschen zu streiten, die seine Auffassungen nicht teilten und einen anderen Standpunkt vertreten als er. Man sollte das Gespräch bei Gelegenheit fortsetzen.

Dann wurde der Untersuchungshäftling gebracht.

Der Bundesbürger hatte gegen die geltenden Vereinbarungen verstoßen, indem er die Transitstrecke verlassen hatte, um sich mit potentiellen Flüchtlingen zu treffen.

Vor dieser Begegnung hatte der westdeutsche Diplomat mit den Eltern des Schleusers gesprochen. Er richtete Grüße aus und auch eine Absage. Nein, sie würden aus Angst ihn nicht besuchen kommen. (Das sollte übrigens ein auffälliger Zug bis Ende der 70er Jahre sein: Die meisten Westdeutschen und Westberliner nahmen von einem Besuch eines inhaftierten Verwandten Abstand, weil sie fürchteten, in Sippenhaft genommen zu werden. Das war natürlich Unsinn. Doch gegen Gefühle und antikommunistische Vorurteile kam man nur schwer an. Erst in den 80er Jahren begann sich auch hier Normalisierung und Entspannung abzuzeichnen.)

Sodann stellte der Mann aus der Hannoverschen Straße seine Fragen. Sie schienen detaillierter und umfangreicher als beim letzten Besuch. So wollte er wissen, was es morgens und abends zu essen gebe, wie viel Schreiben Brot und welche Zutaten gereicht werden würden, nach welchem Prinzip die Buchauswahl erfolgte, wie die ärztliche und zahnärztliche Betreuung aussehe und mit welchen Geräten die medizinischen Einrichtungen in der Haftanstalt ausgestattet seien? Ob er Radio hören könne und welche Zeitungen er zu lesen bekäme.

»Nur Zeitungen aus der DDR!«

Der Diplomat schaute mich an. Der Blick war eindeutig, er mußte nicht aussprechen, was ihm auf der Zunge lag.

Ich schüttelte den Kopf. »Die Anstaltsordnung läßt das nicht zu.«

Und prompt kam die erwartete Reaktion. »Kann ich die mal sehen?«

Die Runde ging an ihn. »Die Untersuchungshaftvollzugsordnung (UHVO) ist nicht veröffentlicht und kann auch nicht ausgehändigt werden. Sie ist vom Innenminister, vom Minister für Staatssicherheit, dem Minister der Justiz und vom Generalstaatsanwalt der DDR unterschrieben und damit geltendes Recht …«

Sein Gesicht verzog sich zu einem leichten Grinsen.

»In der BRD gibt es die Untersuchungshaftvollzugsordnung und die Regelungen über den Strafvollzug auch nicht öffentlich zu kaufen.«

Er wechselte höflich das Thema.

Am Ende des Gespräches schob er einen Fünfzig-Mark-Schein mit dem Konterfei von Friedrich Engels über den Tisch.

Ich griff danach. »Häftlingen ist es untersagt, Bargeld zu besitzen. Es wird von der Anstaltsleitung verwaltet und mit den Einkäufen im Hause verrechnet. – Ich leite es weiter.«

»Bekomme ich eine Quittung?«, fragte der Diplomat.

»Mein Handschlag muß genügen.«

Mit süffisanter Miene schlug er ein.

Nachdem der Häftling gegangen war, bat er mich erneut um eine Unterschrift. Er glaubte offenkundig, ich hätte nur wegen der Gegenwart des Inhaftierten nicht unterschreiben wollen.

Ich schüttelte den Kopf und sagte, daß ich nicht ermächtigt sei, Unterschrift in dieser Sache zu leisten. Ein Handschlag eines MfS-Offiziers sei aber genauso viel wert.

Bräutigam nahm dies zur Kenntnis. Allerdings hatte ich nicht den Eindruck, daß sich seine Akzeptanz ausschließlich auf die Einsicht gründete, daß es keine Alternative gab. Nicht nur von seinem hanseatischen Chef wußte er, daß in bestimmten Bereichen das gegegebene Wort, durch Handschlag besiegelt, soviel galt wie eine schriftliche Quittung.

Damit war eine wichtige Weiche in der Zusammenarbeit gestellt.

Ich erkundigte mich, ob die StäV auch andere Konsularangelegenheiten künftig regeln werde. Bräutigam entgegnete, die Ständige Vertretung sei keine Botschaft, obwohl die DDR-Seite sie wie eine solche behandele. Im übrigen: »Welche Konsularfragen meinen Sie?«

Ich nannte Jugendliche und Kinder aus Westberlin und der Bundesrepublik, die wir gelegentlich aufgriffen, sprach auch von Personen ohne Ausweisen, von Kranken und geistig Behinderten, die sich bisweilen zu uns verirrten. »Wie sollen wir damit umgehen?«

Die Rechtsabteilung der Ständigen Vertretung werde sich kümmern, sagte er. »Aber Personalersatzdokumente darf sie nicht ausstellen«, erklärte er kategorisch. Die DDR solle sich in solchen

Fällen bei ihnen melden, dann würden auch Lösungen gefunden werden.

Unser Gespräch sollte sich als von grundlegender Bedeutung erweisen. Der Stellvertreter von Gaus war ganz offenkundig mit solchen Absichten in die Magdalenenstraße gekommen. Er wollte ausloten, was machbar und wie mit mir umzugehen sei.

Diese Annahme wurde dadurch bestätigt, daß ich nie wieder mit Bräutigam zusammentraf. Sein Job war erledigt.

Es funktioniert

In den folgenden fünfzehn Jahren sollten einige Tausend inhaftierte Westdeutsche, Westberliner und Bürger aus anderen Staaten auf diese Weise kontaktiert werden. An solchen Besuchen waren Angehörige der Ständigen Vertretung der BRD und Diplomaten aus weiteren 40 Staaten beteiligt. Und fünf Mitarbeiter der Hauptabteilung Untersuchung des MfS (HA IX). Die Zusammenarbeit sollte sich als konstruktiv und reibungslos erweisen.

1974 jedoch standen wir erst am Anfang. Vor allem die seit mehreren Jahren in Bautzen II einsitzenden Strafgefangenen erwarteten nach Bekanntwerden der Regelung, daß sie umgehend von ihren Botschaften bzw. von der Ständigen Vertretung der BRD besucht würden. Die Hauptabteilung Konsularische Angelegenheiten des Ministeriums für Auswärtige Angelegenheiten erreichte eine Flut von Besuchsanträgen, die an uns weitergereicht wurde.

Hinzu kamen Besuchsanträge für Neuinhaftierte. Denn dadurch, daß es einen Grundlagenvertrag zwischen der DDR und der BRD gab und eine Reihe weiterer Schritte zur Normalisierung gegangen worden waren, ging der Kalte Krieg gegen die DDR durchaus weiter. Unverändert wurde spioniert und ausgeschleust; im Gegenteil: die Lockerungen erhöhten die Bereitschaft und verbesserten scheinbar auch die Möglichkeiten, gegen die Gesetze der DDR zu verstoßen.

In der HA IX wurden, um den gewachsenen Arbeitsaufwand zu bewältigen, zwei weitere Mitarbeiter mit der Realisierung von Besuchen beauftragt. Täglich erfolgten nun bis zu fünf Diplomatenbesuche bei Strafgefangenen und Untersuchungshäftlingen. Das bedeutete nicht nur organisatorischen Aufwand sowie Vor- und Nachgespräche mit Inhaftierten und Diplomaten, sondern auch Information vor und nach den Besuchen an Staatsanwalt, Untersuchungsabteilung und Außenministerium. Das alles war zeit- und arbeitsintensiv.

Die Warteliste wurde immer länger, der Druck immer größer.

Schon bald machte sich im Strafvollzug Bautzen II Unruhe breit unter den dort einsitzenden etwa 320 Bundesbürgern und Westberlinern. Alle wollten so schnell wie möglich zum »Diplomatensprecher« nach Berlin. Das war völlig verständlich. Aber bei einer Wochenkapazität von 20 Strafgefangenen dauerte es eben Monate, bis auch der letzte nach Berlin kam.

Die Ständige Vertretung engagierte sich ebenfalls, um schnell sämtliche in der DDR inhaftierten Landsleute besuchen zu können. Nach und nach wurden alle 33 beim DDR-Außenministerium benannten Mitarbeiter der StäV avisiert.

Im Laufe der Jahre lernte ich alle persönlich kennen und verschaffte mir von jedem einen unmittelbaren Eindruck. Das hatte im wesentlichen zwei Gründe. Zum einen hoffte ich dadurch, meinen Mitarbeitern Hinweise geben zu können. Zum anderen dachte ich, Geheimdienstler von der anderen Feldpostnummer zu entdecken. Ich kann es jetzt gestehen: Ich bin gescheitert. Selbst August Hannig »enttarnte« ich nicht. Er wurde später Chef des BND und 2005 sogar Staatssekretär in der Großen Koalition. Ich vermute aber, daß es auch schon damals, als er zu uns kam, einen nachrichtendienstlichen Hintergrund gab.

Bei einigen wenigen Ministerialräten unterstellte ich das, aber eindeutige Beweise hatte ich nicht.

Im zweiten Halbjahr 1974 fanden wöchentlich im Schnitt zwanzig Diplomatenbesuche statt. Die Diplomaten deckten das gesamte Spektrum dessen ab, was an Haltungen zur DDR denkbar war. Das reichte von offen erklärter Feindschaft bis zu freundschaftlicher Loyalität. Allen gemein jedoch war das Bedürfnis, die Aufgabe ohne Zwischenfälle abzuwickeln. Die politischen Kontroversen brachen lediglich in den Unter-vier-Augen-Gesprächen auf. Dennoch wahrte man die Form. Es gab nicht einen oder eine, der bzw. die wutschnaubend und grußlos aufgebrochen wäre. Wir gingen zivilisiert miteinander um. Ich unterstelle, daß mein Gegenüber zuweilen innerlich kochte, wie ich es tat, wenn ich den Eindruck gewann, ich rede gegen eine Wand. Der dachte vermutlich: Mein Gott, was sind die doch stur. – Nein, ich machte mich nicht krumm.

Es sollte schon bald zu einem wenig erfreulichen Zwischenfall kommen, der insofern für alle Beteiligten lehrreich war: Er führte nachdrücklich vor Augen, wer bei uns einsaß. Gut, sie hatten gegen die Gesetze der DDR verstoßen, doch im Grunde ihres Wesens waren es eher harmlose Zeitgenossen, die in den Ost-West-Konflikt geraten waren, Opfer sozusagen. Das schien wohl die gängige Lesart im Westen zu sein, und seit 1990 wurde dieses Klischee bei der Abrechnung mit der DDR mit Vorsatz genährt. Je harmloser die vermeintlichen Opfer, desto widerlicher und verurteilenswerter das Handeln der DDR …

Nein, unter den Inhaftierten waren richtige Kriminelle, auch Gescheiterte und Gestrandete, sogenannte Asoziale und charakterlich Labile, die von Schleuserbanden und anderen Institutionen instrumentalisiert und gegen die DDR zum Einsatz gebracht worden waren.

Solch eine zwielichtige, umtriebige Person war ein etwa 40jähriger Westdeutscher, der in Erfurt einsaß. Er war vom Bundesgebiet auf das Territorium der DDR vorgedrungen: warum, wieso weiß ich nicht mehr. Ich kann mich nur noch erinnern, daß er im Vorgespräch keinen sonderlich intelligenten Eindruck machte und ziemlich aggressiv wirkte. Er erzählte, daß er zu Hause mit einer schwerstbehinderten Frau zusammenlebe, er müsse sich um sie kümmern. Und so lange er hier wäre, müsse das eben »der Staat« tun. Darüber wolle er mit dem von der Ständigen Vertretung reden.

Als ich ihn darauf hinwies, daß die Themen begrenzt und vorgeschrieben seien, verlor er die Fassung. Ich machte ihn darauf aufmerksam, daß wir die Spielregeln bestimmten und nicht er. Entweder er hielte sich daran, dann wäre alles in Ordnung – oder er wolle das nicht. Dann hätte dies Folgen.

Ich warnte den Mitarbeiter der StäV, der schon zwei- oder dreimal in der Magadelenenstraßen gewesen war.

Das Gespräch begann wie immer. Der Diplomat eröffnete mit dem Hinweis, daß er gerne Grüße von der Familie ausgerichtet hätte, doch man habe keine Angehörigen ausfindig machen können.

Da verzog sich das Gesicht des Inhaftierten. Er habe eine Freundin, sagte er, mit der er zusammenlebe. Und die Hilfe brauche.

Der Ton klang gereizt.

Das habe er nicht wissen können, sagte der Mann aus der Hannoverschen Straße.

Ihr müßt sie unterstützen, sagte der Häftling. Und es lag noch ein wenig mehr Schärfe in seiner Stimme.

Der Diplomat hob die Schulter. Das gehe nicht …

Er kam nicht dazu, dies zu begründen. Der Häftling sprang auf und brüllte: Das müsse Bonn, oder wer immer dafür zuständig sei. Er fuchtelte mit den Händen, Speichel flog ihm von den Lippen, an den Schläfen traten die Adern hervor. Er schrie und wütete und verlor die Kontrolle über sich.

Der Diplomat ruderte zurück. Er werde sich informieren, was möglich sei, sagt er und lächelte freundlich.

Das wirkte, als habe man Öl ins Feuer geschüttet.

Der Ausbruch steigerte sich noch, der Mann geriet völlig außer sich. »Deine Fresse merke ich mir«, geiferte er. Sobald er aus dem Knast sei, mache er ihn kalt. Er machte eine Handbewegung zur Kehle, als habe er schon das Messer in der Hand. Dabei stürzte er auf den völlig eingeschüchterten Diplomaten zu.

Ich drängte mich dazwischen und drückte ihn in seinen Sessel zurück.

Der Mann aus der Ständigen Vertretung kaufte sich nunmehr frei. Ja, sagte er, er werde dafür sorgen, daß seine Lebensgefährtin eine finanzielle Zuwendung erhalte, das verspreche er.

Danach beruhigte sich der Häftling.

Das Gespräch ging rasch zu Ende.

Als ich mich vom Diplomaten verabschiedete, spürte ich beim Händedruck, wie innerlich erregt er noch immer war. Er dankte für mein beherztes Eingreifen. Ich wiegelte ab, er solle nicht übertreiben.

Gleichwohl hatte mir der Auftritt nachdrücklich vor Augen geführt, daß wir Sicherungen einbauen mußten. Wir werteten mit allen Zuständigen diesen Besuch aus und kamen überein, daß künftig sich ein Wachposten im Flur bereithalten sollte. Ferner wurden im Besucherzimmer eine Klingelleitung gelegt, mit der man im Flur ein Alarmlicht anknipste, auf das der Posten reagieren und im Bedarfsfall eingreifen konnte.

Ungewöhnlich war auch ein anderer Besuch in den ersten Monaten. Der Leiter der Rechtsabteilung der Ständigen Vertretung wünschte einen Häftling zu sprechen, der bereits seit 19 Jahren wegen Mordes in Bautzen II einsaß. Die Biographie dieses Mannes war nicht ganz unkompliziert.

Die Nazis hatten ihn als Kriminellen ins KZ Sachsenhausen eingesperrt. Im Frühjahr 1945 wurde das Lager vor der heranrückenden Front evakuiert und die Insassen auf einen Todesmarsch geschickt. Das Wachpersonal bediente sich einiger krimineller Subjekte: Man gab ihnen Waffen und hieß sie, ihre Kameraden zu bewachen. Ein Pole flüchtete, worauf er von dem Mann verfolgt und schließlich auf einem Bauernhof erschossen wurde. Das wurde von Zeugen beobachtet. Diese erkannten ihn zehn Jahre später, als er zum Tatort – aus welchen Gründen auch immer – zurückkehrte. Er wurde verhaftet und schließlich zu lebenslanger Haft verurteilt.

Aus den Gerichtsakten ging jedoch nicht hervor, ob er zum Zeitpunkt seiner Verurteilung Staatsbürger der BRD oder der DDR war. Er hatte seit dem Krieg mal da und mal dort gelebt, und damals, unter den Bedingungen der offenen Grenze, legte man auf solche Petitessen nicht so großen Wert, zumal die DDR sich in den 50er Jahren als ein Intermezzo, als eine Art Zwischenlösung auf dem Wege zu einem sozialistischen Gesamtdeutschland verstand. Irgendwann jedoch war er zum Bundesbürger erklärt worden, wodurch das Interesse der StäV erklärlich war. Es gab allerdings auch noch einen zweiten Grund:

Der Häftling hatte sich zum Betriebselektriker der Strafvollzugsanstalt in Bautzen II emporgearbeitet und genoß nicht nur Privilegien: Er war auch bestens informiert. Er war nach 19 Jahren eine Art Anstaltschronik. Wir hatten nichts dagegen, daß er sich auch dazu äußerte.

Der Diplomat war gut vorbereitet und wußte über verschiedene Ereignisse Bescheid, die sich in den vergangenen Jahren in Bautzen II zugetragen hatten.

Der Häftling gab bereitwillig Auskunft, es schmeichelte ihn wohl ein wenig, daß er so interessant war. Nach knapp zwei Stunden erinnerte ich daran, daß die Besuchszeit zu Ende sei, doch der Diplomat fragte ungerührt weiter. Also ließ ich die Sache laufen. Nach etwa dreieinhalb Stunden erst schien alles Wichtige aus 19 Jahren erzählt.

Ich hatte den Eindruck, daß der Häftling hoffte, seine Auskunftsbereitschaft würde vom Westen honoriert werden, indem man ihn »freikaufte«. Das allerdings unterblieb. Mit einem Mörder hatte man auch nichts am Hut.

Meines Wissens kam er erst bei einer Amnestie frei.

Aber nicht nur Kriminelle gehörten zu den Mandanten der Ständigen Vertretung, sondern auch Kinder und Jugendliche sowie geistig Verwirrte, die von den DDR-Organen aufgegriffen worden waren. Sie wurden entweder der Jugendhilfe oder nervenärztlichen Gesundheitseinrichtungen übergeben. Bis dato war es Praxis, daß dann das DRK oder andere Institutionen telefonisch Kontakt aufnahmen und mit zuständigen Stellen im Westen Ort und Zeitpunkt der Übergabe verabredeten. Von nun an wurde in diese Rückführung die StäV eingebunden.

Das Procedere sah so aus: Wenn eine Person von der BRD oder Westberlin aus die Grenzsicherungsanlagen passiert hatte, wurde sie von den Grenztruppen oder der Volkspolizei festgenommen und der Untersuchungsabteilung des MfS (HA IX) zugeführt. Sofern bei der Vernehmung Auffälligkeiten beobachtet wurden, zog man einen Psychiater oder Psychologen hinzu. Bestätigte dieser den Verdacht einer neurologischen Erkrankung, wies man die Person in eine entsprechende Gesundheitseinrichtung zur Begutachtung ein und informierte die StäV. Bestätigte sich der Verdacht, bedeutete dies, daß die Person nicht juristisch verfolgt werden durfte. Also konnte sie gleich einem Mitarbeiter der Ständigen Vertretung übergeben werden, die dann für die rasche Rückführung über eine von uns genannte Grenzübergangsstelle sorgte.

Die Vorgabe war deshalb notwendig, um die Grenzpassage zu avisieren. Die Mehrheit solcher Rückführungen verlief ohne Zwischenfälle – bis auf den Fall Gl., der zum Politikum wurde. Er beschäftigte die höchsten Stellen.

Der etwa 40jährige Westberliner hatte bis 1974 sechsmal in Kreuzberg die Mauer bestiegen und von dort gebrüllt: »Ihr Mörder, schießt auf mich! Ich warte auf die blauen Bohnen! Schießt, tötet mich!«

Er war den Grenzsoldaten, die ihn jedesmal herunterholten, längst bekannt. Und jedesmal attestierte ihm ein Facharzt, daß er unzurechnungsfähig sei und und strafrechtlich nicht zur Verantwortung gezogen werden könne. Das DRK der DDR übergab den Irren dann an das DRK von Westberlin und damit war der Zwischenfall erledigt.

Nicht so im Juni 1974.

Er erklomm wie gehabt seine Laterne, setzte sich rittlings auf die Betonwand und schrie nach »blauen Bohnen«.

Unsere Grenzer holten ihn herunter.

Vor seiner Einlieferung ins Krankenhaus versuchte ich mit ihm ins Gespräch zu kommen. Aber eine Unterhaltung war nicht möglich, er brabbelte nur wirres Zeug. Der Mann war wirklich krank, er spielte nicht den Verrückten.

Die Übergabe an die Ständige Vertretung wurde eingeleitet und erfolgte dieses Mal in Gegenwart von medizinischem Personal in den Besucherräumen in der Magdalenenstraße 14.

Während meines Studiums zum Diplomkriminalisten hatte ich auch das Fach forensische Psychiatrie belegt und mit Prüfungen abgeschlossen. So konnte ich gemeinsam mit der anwesenden medizinischen Fachkraft dem StäV-Mitarbeiter erklären, daß Gl. sehr krank sei. Die Westberliner Seite solle unbedingt etwas unternehmen, sie müsse den Mann vor sich selbst schützen.

Der Diplomat versprach, die Mitteilung weiterzuleiten.

Nach etwa drei Wochen bestieg Gl. an der gleichen Stelle wieder Mauer. Es war Nacht und er rief wieder nach »blauen Bohnen«. Alle bislang mit dem Mann beschäftigen Dienststellen – MfS, Grenztruppen, Generalstaatsanwalt, Ministerium für Auswärtige Angelegenheiten – waren zurecht verärgert. Offenkundig hatte mein Appell gegenüber dem Vertreter der StäV nicht gefruchtet.

Der auf unserer Seite zuständige Staatsanwalt ordnete die Unterbringung in die geschlossene Abteilung einer Nervenklinik an und beantragte eine umfangreiche Begutachtung. Nach Fertigstellung des Gutachtens wurde Gl. von einem Mitarbeiter aus der Hannoverschen Straße zur Rückführung abgeholt. Dabei übergab der Professor sein Gutachten mit der dringenden Aufforderung, Gl. künftig in einer geschlossenen Anstalt ärztlich zu betreuen.

Bei Gelegenheit des nächsten Treffens in der Magdalenenstraße erkundigte ich mich nach dem Verbleib von Gl., meine Frage blieb unbeantwortet. Es vergingen einige Wochen, ehe ich an einen Mitarbeiter geriet, der auskunftsfähig war. Ja, sagte er, man habe den Mann untersuchen lassen, doch der Befund sei nicht so ausgefallen wie bei uns. Der Mann müsse nicht in eine geschlossene Abteilung, es genüge seine lockere Betreuung.

Es kam, wie es kommen mußte.

Eines Tages krähte Gl. wieder von der Zinne der Mauer.

Nach seiner Festnahme versuchten wir von ihm zu erfahren, wo er in der Zwischenzeit gewesen sei. Doch er verstand weder die Frage, noch war er auskunftsfähig. Er wirkte geistig abwesend.

Das minderte nicht unseren Verdruß. Denn es lief wieder die übliche Mühle an. Das war lästig für alle Beteiligten.

Unter der Hand gaben uns Mitarbeiter der StäV, die es ebenfalls leid waren, sich fortgesetzt mit einem Verwirrten zu beschäftigen, zu verstehen, daß sie es begrüßen würden, steckte die DDR Gl. in eine geschlossene Anstalt.

Nach insgesamt 14 Rückführungen, an denen neunmal die Ständige Vertretung mitgewirkt hatte, war plötzlich Ruhe. Es hieß, man habe Gl. in die Bundesrepublik gebracht.

Aufatmen auf beiden Seiten.

Nach Jahresfrist suchte der Leiter der Rechtsabteilung der StäV beim Chef der Hauptabteilung Konsularische Angelegenheiten des MfAA um ein Gespräch nach. Es sei sehr dringend.

Es gab nur einen Punkt, den er erörtert wissen wollte: Vor wenigen Stunden sei Gl. aus der geschlossenen Abteilung einer psychiatrischen Einrichtung ausgebrochen und vermutlich auf dem Weg zur Grenze. Der Diplomat ersuchte die DDR offiziell, daß die Grenztruppen darauf vorbereitet würden, der »Schießbefehl« solle an der gesamten Staatsgrenze zur BRD außer Kraft gesetzt werden.

Vermutlich fing man jedoch Gl. bereits auf westdeutscher Seite ab. Ich habe nie wieder etwas von ihm gehört.

Und darüber war nicht nur ich froh.

Argwohn auf beiden Seiten

Die Praxis, bei den Besuchen sogenannte Geschenkbeutel mit Süßigkeiten, Tabakwaren, Kaffee, Tee und Hygieneartikel zu übergeben, hatte natürlich auch ihre Kehrseite. Wie überall auf der Welt mußte kontrolliert werden, ob nicht verbotene Sachen in die Haftanstalt eingeschmuggelt werden sollten: Drogen, Waffen, Feilen etc. Im Beisein des Häftlings wurden deshalb mit Nadeln der Kuchen durchbohrt und die Zigarettenschachteln geöffnet, hier eine Verpackung aufgerissen und dort hineingeschaut. Der Vorgang erzeugte bei allen Beteiligten ein unangenehmes, peinliches Gefühl.

Wir suchten dies abzustellen und glaubten, eine Möglichkeit gefunden zu haben, nachdem uns die Ständige Vertretung ersucht hatte, zum Weihnachtsfest 1974 jedem in der DDR inhaftierten Bundesbürger und Westberliner ein Päckchen im Wert von 25 DM und cinen Gruß zum Jahreswechsel übergeben zu dürfen.

Nach diversen Vorgesprächen übergab der Leiter der Ständigen Vertretung der Abteilung BRD im Ministerium für Auswärtige Angelegenheiten eine entsprechende Note. Diese ging mit Anschreiben an das zuständige Politbüromitglied Hermann Axen, und der wiederum informierte Erich Honecker, der zu jener Zeit Erster Sekretär des ZK der SED war. (Der Vorsitzende des Staatsrates hieß zu jener Zeit noch Willi Stoph. Erst 1976 übernahm Honecker auch dieses Amt.)

Die Ständige Vertretung folgte unserem Vorschlag, einen standardisierten Geschenkbeutel bzw. ein genormtes Päckchen zu versenden, mit dessen Zusammenstellung eine Firma beauftragt werden sollte. Dadurch würden wir der Verpflichtung enthoben werden, so erklärten wir, eine Einzelkontrolle vornehmen zu müssen. Diesem Argument konnten sich unsere Gesprächspartner nur schwerlich entziehen.

Wir organisieren, daß jeder inhaftierte BRD- und Westberliner Bürger, ob er nun in Untersuchungs- oder Strafhaft saß, am 23. Dezember 1974 sein Weihnachtspaket übergeben bekam.

Das geschah auch in den folgenden Jahren.

Ende Oktober stellte die Ständige Vertretung den Antrag auf Übergabe eines Weihnachtspaketes, und jedes Jahr erteilte Honecker Zustimmung und bestätigte das Inhaltsverzeichnis.

Mit den Geschenkbeuteln lief es fortan ebenfalls reibungslos, bis eines Tages auf einigen ein roter Aufkleber prangte. Das irritierte uns. Und wir begannen, den Inhalt der Sendung sehr kritisch unter die Lupe zu nehmen. Allerdings: Fehlanzeige.

Beim nächsten Diplomatenbesuch untersagte ich die Übergabe des Geschenkbeutels.

Als der Häftling gegangen war und wir allein waren, erkundigte ich mich bei dem verwunderten Diplomaten, was es mit diesem roten Punkt auf sich habe.

Er konnte es mir nicht sagen.

»Dann rufen Sie bitte in der Ständigen Vertretung an. Dort steht das Telefon.«

Irritiert griff er zum Hörer. Er führte fast ein halbes Dutzend Gespräche. Niemand schien es zu wissen. Schließlich landete er beim Leiter der Rechtsabteilung. Der kannte den Grund. Erleichtert reichte er mir den Hörer.

Der Jurist am Ende der Leitung gab sich gelassen und erklärte ruhig. »Die Beutel werden vornehmlich von Frauen zusammengestellt, offenkundig auch nach ihrem Geschmack. Einige Häftlinge haben moniert, daß die beigelegten Zigaretten zu mild, eben ›Frauenzigaretten‹, seien. Jetzt gibt es also zwei Raucherkategorien: milde und härtere. Und die Beutel mit stärkeren Zigaretten bekommen einen roten Punkt …«

»Danke«, sagte ich schmunzelnd. »Das überzeugt.«

Ich legte den Hörer auf.

Die Auflösung führte auf beiden Seiten zu erleichternder Heiterkeit. Dennoch wäre es vernünftig gewesen, meinte ich, wenn alle Beteiligten über diese Kennzeichnung informiert worden wären. Wir sollten nicht so tun, als gäbe es auf keiner Seite ein gewisses Mißtrauen, sagte ich. »Hand drauf!«

Er schlug erleichtert ein.

Schleuser und Agenten

Ende der 70er Jahre wollte ein Oberstaatsanwalt aus Schleswig-Holstein seine Freundin und deren Kind aus der DDR ausschleusen. Er hatte sie, da er häufig in Polen Urlaub machte und auf dem Wege dorthin mit seinem Wohnwagen die DDR im Transit passierte, bei seinen Reisen kennengelernt.

Für die Schleusung charterte er etliche Leute, die von solchen Gesetzesbrüchen lebten. Für den Fall des Erfolges stellte er eine fünfstellige DM-Summe in Aussicht.

Er selbst wollte sie bei der gemeinsamen Rückkehr aus Polen an der Transitstrecke absetzen, wo sie in einen präparierten PKW umsteigen sollten. Dann wollte zunächst er die Grenze passieren, dann später das Schleusungsfahrzeug.

Die Aktion war uns aber vorher von einem Inoffiziellen Mitarbeiter (IM) gemeldet worden.

Bei seiner Ausreise wurde der Norddeutsche am Kontrollpunkt festgenommen, wenig später auch seine Freundin mit Kind und der Schleuser. Alle kamen in die Untersuchungshaftanstalt Rostock. Ich wurde zur Erstvernehmung in die Hafenstadt beordert.

Der Schleuserfahrer kannte den Auftraggeber nicht, er hatte ihn nie gesehen.

Der Oberstaatsanwalt und dessen Freundin erklärten übereinstimmend, sie haben eine Bekannte in der DDR besuchen wollen. Die Begegnung mit dem »Schleuser« sei zufällig an einer Tankstelle erfolgt, die Entscheidung zum illegalen Grenzübertritt spontan getroffen worden.

Die Linie des Juristen war klar: Er wollte weder planvoll gehandelt haben noch übermäßig in den Bruch diverser deutsch-deutscher Vereinbarungen und DDR-Gesetze involviert gewesen sein. Er bestritt darum entschieden seine aktive Mitwirkung an der Schleusungsaktion. Ihm seien die Gesetze der DDR bekannt, er sei schließlich Oberstaatsanwalt. Er verlangte seine sofortige Freilassung oder mindestens Kontakt mit der Ständigen Vertretung. Wir gestatteten ihm, mit der StäV zu telefonieren.

Der StäV-Mitarbeiter gab sich mehr als erstaunt. Schließlich war es Praxis, daß erst fünf oder sechs Arbeitstage nach der Festnahme informiert wurde.

Er sicherte die Weiterleitung der Mitteilung zu.

Am nächsten Tag beantragte der DDR-Staatsanwalt Haftbefehl gegen seinen Kollegen aus Schleswig-Holstein. Es erfolgte eine richterliche Vernehmung.

Der Haftrichter äußerte sein Unverständnis über das Verhalten eines BRD-Oberstaatsanwaltes und appellierte an dessen Gewissen, er solle ein Geständnis ablegen.

Das geschah nach vier Tagen. Die bislang demonstrierte Arroganz war verflogen, sie war auf irdisches Maß geschrumpft.

Die Ständige Vertretung beantragte einen schnellen Besuchstermin. Das Treffen erfolgte schon nach 14 Tagen. Der Vertreter aus der Hannoverschen Straße hatte sich kundig gemacht, er war überdies erkennbar wütend. Insbesondere das Telefonat aus Rostock machte er ihm zum Vorwurf. Der Oberstaatsanwalt hatte erklärt, er sei widerrechtlich von DDR-Behörden festgenommen worden. Von Willkür und Übergriffen war die Rede gewesen. Das hatte die StäV veranlaßt, auf höchster Ebene zu protestieren.

Wie sich jedoch zeigte, war er keineswegs unschuldig. Und er hatte mit seiner Falschaussage eine politische Lawine losgetreten, die auch die StäV getroffen hatte. Der Unmut dort war begründet. Kopfschüttelnd meinte der Ministerialrat, wie er sich als Oberstaatsanwalt, ein Beamter der Bundesrepublik, mit derartigen Kriminellen überhaupt habe einlassen können.

Der solcherart Kritisierte stammelte eine Enschuldigung.

Der Diplomat winkte ab. Stattdessen erkundigte er sich, wie die Vernehmung gewesen sei. Ob er bedroht, beschimpft oder angeschrien worden sei.

Der Norddeutsche schüttelte den Kopf und meinte plötzlich, meine Korrektheit und die Vernehmungstaktik loben zu müssen. Und er entschuldigte sich, daß er mich beschimpft habe. Das müsse ich doch verstehen, er sei erregt gewesen.

Nach dem Gespräch erzählte mir der Diplomat unter vier Augen, daß die Ständige Vertretung nach dem Anruf aus Rostock sofort Kontakt zu Bonn aufgenommen hatte, um sich über das weitere Vorgehen zu informieren. Ehe jedoch dort eine Entscheidung gefallen sei, wäre die Mitteilung über die Verhaftung gekommen. Dadurch war natürlich eine andere Situation entstanden und auch der nächste Schritt für sie klar gewesen. Der StäV-Mitarbeiter bedankte sich ausdrücklich für die rasche und korrekte Information durch uns.

Ein auf andere Art merkwürdiger Fall war der eines Hamburger Ehepaares, das für den Bundesnachrichtendienst als Kurier tätig war. Der Bruder der Frau arbeitete in der DDR als Entwicklungsingenieur für Militärtechnik und spionierte für den BND. Ausgerechnet das MfS mußte sich dafür engagieren, daß ihnen die vom BND versprochene Gratifikation auch gezahlt wurde, mit anderen Worten: Wir machten uns punktuell zum Interessenvertreter unserer Gegener. Und das kam so:

Das Paar wurde mit seinen beiden Söhnen, elf und 14 Jahre alt, bei der Ausreise festgenommen. Im Fahrzeug aufgefundene Spionageinformationen wurden sichergestellt und die beiden Kinder in einem Kinderheim untergebracht. Das Ehepaar war gleich geständig. Allerdings befanden sie sich in erkennbarer Sorge um die Kinder und ihr Haus in Hamburg. Die Genossen, die das Ermittlungsverfahren bearbeiteten, gestatteten der Frau ein Telefonat mit ihrer Mutter in Hamburg. Es wurde vereinbart, daß diese nach Berlin kommen, die beiden Jungen abholen und sie im Haus der Eltern betreuen sollte.

So geschah es denn. Die Eltern erteilten alle erforderlichen Vollmachten und übergaben an die Oma noch einige Hundert DM, die sie bei sich geführt hatten. Allerdings wurde deutlich, daß es keine weiteren Rücklagen gab. Die beiden gingen davon aus, daß es monatliche Zahlungseingänge von der Bundesbehörde geben würde, in deren Auftrag sie gehandelt hatten und deretwegen sie jetzt einsaßen.

Nach etwa vier Wochen erschien ein Mitarbeiter der StäV zum Besuch. Zuerst sprach er mit der Frau. Er übermittelte Grüße ihrer Mutter und berichtete, daß die Kinder regelmäßig zur Schule gingen und es nichts Besonderes gebe – bis auf die Tatsache, daß großer Geldmangel herrsche.

Die Frau nahm das mit großer Bestürzung zur Kenntnis und erkundigte sich aufgeregt, was sie machen könne. Vor allem aber: wie ihrer Mutter und den Kindern von offizieller Seite Unterstützung zuteil werden könne.

Der StäV-Mitarbeiter verwies auf das Sozialamt und Hilfsorganisationen, an die sich die Frau wenden solle.

Die Hamburgerin zeigte sich zurecht entrüstet. »Meine Mutter geht nicht betteln!«

Unberührt wechselte der Mann das Thema und stellte seine obligatorischen Fragen nach ihrer Gesundheit, Verpflegung, ärztlicher Betreuung usw.

Die Frau blieb erstaunlich ruhig.

Nicht so ihr Mann!

Nach der Lektüre eines Briefes seiner Schwiegermutter, der ihm zu Beginn des Gespräches über den Tisch geschoben worden war, erkundigte auch er sich, wie man helfen könne.

Der Diplomat sprach wie schon zuvor vom Sozialamt und verschiedenen Wohltätigkeitsorganisationen.

Nach einem Moment der Fassungslosigkeit brach es aus dem Mann heraus.

»Wir sitzen hier wegen Spionage für den BND. Wissen Sie das nicht? Wir haben für eine Bundesbehörde gearbeitet!«

Dem Bundesbediensteten aus der Ständigen Vertretung schien diese Feststellung unangenehm zu sein. Er warf mir einen kurzen Blick zu. Ja, ihm sei das durchaus bekannt, räusperte er sich. »Aber darüber möchte ich hier nicht sprechen.«

»Es gibt keine Geheimnisse, die ich verraten könnte«, sagte der Häftling. »Mich interessiert nur eines: Wie kommt meine Schwiegermutter an das uns zugesagte Geld?«

Und dann ließ er sich nicht mehr den Mund verbieten. Er erzählte, wie er vom BND angeworben worden war, welche Versprechungen ihm gemacht worden seien, um ihn in Sicherheit zu wiegen. »Sollte es schiefgehen, so hat es geheißen, würden die monatlichen Bezüge weiter gezahlt werden. Und man werde sich um die Kinder und unsere Angelegenheiten automatisch kümmern. Ich müsse mir in finanzieller Hinsicht keine Gedanken machen. Alles werde automatisch geregelt …« Er lachte hell auf. »Wo denn?«

»Haben Sie sich das schriftlich geben lassen?«

Die Frage des Diplomaten ließ ihn verstummen.

»Wie bitte?«

Ich weiß nicht, was jetzt im Kopf des Mannes vor sich ging. Jedenfalls verlangte er plötzlich den Ausweis seines Besuchers und brach dann das Gespräch ab. »Ich will hier raus.«

Nachdem sich auch der Diplomat verabschiedet hatte, ließ ich noch einmal den Hamburger kommen. Ich hatte das nicht ganz unbegründete Gefühl, daß man ihn jetzt mit seinen persönlichen Ängsten und Sorgen nicht allein lassen durfte.

Wir tranken Kaffee zusammen. Ob der Mann von der Ständigen Vertretung seiner Frau den gleichen Unsinn von Sozialamt und Wohlfahrtsorganisationen erzählt habe, erkundigte er sich.

Ich nickte. »Genau so.«

»Darf ich an den Bundeskanzler schreiben? Und an Leiter der Ständigen Vertretung?«

»Sie dürfen. Aber was wollen Sie denen mitteilen?«

»Ich will mich über diesen Beamten beschweren.« Und, nachdem er mehrmals den Kopf geschüttelt hatte, fügte er hinzu: »Sind das dort alles so herzlose und hirnlose Leute, die keine Ahnung haben?«

»Nein. – Und etliche haben auch sehr gute Ahnung. Schließlich arbeiten sie für die gleiche Behörde, die Sie jetzt offensichtlich hängenläßt.«

Der Mann schrieb seine beiden Briefe.

Wochen später erhielt ich auf Nachfrage Auskunft, daß die Sache in Hamburg geregelt sei.

Nach drei Monaten erschien ein Ministerialrat zu Besuch – fünf Monate vor dem fälligen Termin. Er entschuldigte sich in aller Form für den Verlauf des letzten Besuches und teilte mit, daß die Schwiegermutter nunmehr einen ständigen Betreuer habe. Er müsse sich um die Kinder und die laufenden Ausgaben keine Sorgen mehr machen. Es sei alles, wie besprochen, geregelt. »Sie sind gut versorgt.«

Er warf mir einen Blick zu.

Ich wußte nicht, wie ich diesen zu verstehen hatte.

Unter den Inhaftierten waren nicht wenige Kriminelle, die in der BRD, in Westberlin oder in anderen Ländern Haftstrafen verbüßt hatten. Sie waren keine unbeschriebenen Blätter. Das war für mich insofern interessant, als ich von ihnen hören konnte, wie es in anderen Knästen so zuging. Aus den Gesprächen gewann ich im Laufe der Jahre einen guten Einblick in die Haftbedingungen andernorts. Wenn also jemand kam und vollmundig behauptete, die Bedingungen in den DDR-Haftanstalten wären weitaus schlechter als irgendwo sonst auf der Welt, konnte ich leicht widersprechen.

Etliche Diplomaten der Ständigen Vertretung kannten aufgrund ihrer beruflichen Vergangenheit ebenfalls die Verhältnisse in den Haftanstalten. Der größere Teil der mit der Häftlingsbetreuung Beauftragten hatte jedoch keine Ahnung, was hinter den Gitterfenstern passierte. Sie konnten sich an den Disputen mit den Häftlingen nicht beteiligen.

Dieser Umstand führte innerhalb der Ständigen Vertretung und mit dem Bundeskanzleramt, der vorgesetzten Dienststelle der StäV, offenbar zu Diskussionen. Zwei oder drei Jahre nach der Aufnahme der Tätigkeit der StäV unternahm man Maßnahmen, um diesen Mißstand zu beseitigen. So wurden für diese Personen geführte Besichtigungen in Berlin-Moabit durchgeführt. Das war die größte U-Haftanstalt Europas. Ich vernahm schon bald die Folgen dieser kolletiven »Qualifizierungsmaßnahmen«: In die Gespräche flossen bis dato unübliche Begriffe ein, etwa »filzen«, »Bunker« (Arrestzelle), »Tigerkäfig« (als Bezeichnung für Freigangbereiche) und andere Worte aus dem Kriminellen-Jargon.

Offensichtlich wurden die Führungen durch die U-Haftanstalt Moabit in den folgenden Jahren für die nun zur Häftlingsbetreuung eingesetzten Diplomaten der StäV wiederholt.

Das war, von diesem amüsanten Nebeneffekt abgesehen, durchaus nützlich. Auch für uns. Nicht wenige unter unseren West-Häftlingen, die noch nie in ihrem Leben eingesessen hatten, waren der irrigen Annahme, daß es im DDR-Knast besonders schrecklich zugehe. In ihrer Naivität hielten sie vergleichbare Einrichtungen in ihrem Teil der Welt für erheblich besser. Dann konnten die Diplomaten nunmehr deutlich machen, daß nirgendwo auf der Welt Justizvollzugsanstalten Sanatorien seien. »Knast bleibt Knast«, sagten sie, »egal, ob nun hier oder drüben. So groß sind die Unterschiede nicht, wie Sie vielleicht glauben. Ich habe Moabit gesehen …«

Solche Auskünfte haben erheblich zur Versachlichung und zur Entspannung beigetragen.

Immer öfter bildete sich eine unsichtbare Front im Besucherzimmer. Sie verlief zwischen dem Häftling einerseits und dem Diplomaten und mir, dem Mann vom MfS, auf der anderen Seite. Wir wußten um die Zusammenhänge und waren, sicher aus unterschiedlichen Motiven, um Sachlichkeit bemüht. Ideologische Grabenkämpfe wirkten hier besonders deplaziert.

Daher wirkten martialische Auftritte, die vom Geist des Kalten Krieges und ideologischer Verblendung diktiert waren, besonders lächerlich. Ich will versuchen, das an dem nachfolgenden Fall sichtbar zu machen.

Wir hatten einen 35jährigen Hessen festgenommen. Er war vier Jahre zuvor in einer Schleusungsaktion involviert gewesen, bei der ein Säugling erstickt war. Offenkundig nahm er an, daß wir nicht wußten, wer bei diesem Unternehmen die Fäden gezogen hatte. Anders kann man sich nicht erklären, weshalb er völlig unbedarft in die DDR einreiste. Oder er hielt sich in seiner maßlosen Selbstüberschätzung für so bedeutend, daß er sich unangreifbar wähnte. Denn: Er saß inzwischen für die CDU auf dem Bürgermeisterstuhl einer Kleinstadt, unweit von Frankfurt am Main, und rühmte sich exzellenter Verbindungen in höchste Unions-Kreise.

Nach seiner Inhaftierung forderte er in mehreren Schreiben an die Ständige Vertretung, daß man ihn umgehend besuche. Er wies den Gedanken als absurd von sich, daß nicht die StäV, sondern wir den Fahrplan bestimmten. Er befand sich auf dem Territorium der DDR, er hatte gegen die hier geltenden Gesetze verstoßen.

Nach vier Wochen, wie üblich, erschien der Leiter der Rechtsabteilung zu Besuch.

Das Gespräch hatte den Charakter einer Dienstberatung. Der Herr Bürgermeister diktierte etwa eine Stunde lang Bau- und Verkehrsmaßnahmen im Ort, Termine und Tagesordnungspunkte für Sitzungen der Stadtverwaltung, er klärte Organisations- und Personalfragen, sagte Veranstaltungen, auf denen er sprechen wollte, ab und benannte neue Redner usw.

Der Diplomat notierte alles und versprach, seine Anweisungen in seinen Heimatort weiterzuleiten.

Seiner Verurteilung sah er gelassen entgegen. Die Parteifreunde in der CDU würden schon dafür sorgen, daß er alsbald auf freien Fuß gesetzt werden würde.

Und fast schien es so, daß er sich nicht täuschte: Bereits zwei Wochen später lag ein neuer Besucherantrag aus der StäV vor. Üblicherweise wäre er erst wieder nach acht Monaten turnusmäßig an der Reihe gewesen.

Zwischenzeitlich führte der Kommunalpolitiker seine Amtsgeschäfte postalisch, denn bei Briefen gab es kein Limit und keine Einschränkungen.

Der zweite Besuch glich im wesentlichen dem ersten.

Der Inhaftierte hatte sich gut vorbereitet und wollte wissen, wie seine beim letzten Besuch erteilten Aufträge erfüllt worden waren. Der Diplomat meldete Vollzug. Nach meinem Geschmack: eine Spur zu servil.

»So, und nun schreiben Sie mal«, hob der Inhaftierte an und begann eine Beschwerde über seine Haftbedingungen an die CDU-Führung zu diktieren.

»Einspruch«, sagte ich. »Das ist nicht zulässig!«

»Was erlauben Sie sich!«, fuhrt er mich an. Die Entrüstung war keineswegs gespielt. »Fallen Sie mir gefälligst nicht ins Wort, wenn ich mich mit einem Regierungsvertreter unterhalte. Soweit kommt es noch, daß mir einer wie Sie Vorschriften macht.« Er wandte sich wieder an den StäV-Mann und wollte sein Diktat fortsetzen.

»Sie verkennen offensichtlich Ihre Lage«, erklärte ich. »Wenn Sie das nicht lassen, beende ich den Besuch und lasse Sie abführen.«

Der Mann aus der Hannoverschen Straße schwieg zunächst betreten. Dann jedoch machte er den Bürgermeister darauf aufmerksam, daß ich im Recht sei. Er möge sich also bitte ein wenig zurücknehmen und die hier geltenden Regeln befolgen. »Und die bestimmen nicht Sie oder ich.«

Nach dieser notwendigen Belehrung hatte der Hesse ein neues Opfer. Er kehrte seinen ganzen Unmut gegen ihn. »Was sind Sie nur für ein Mensch, daß Sie sich mit dem MfS gemein machen?« giftete er. Und er drohte ganz offen: »Wenn die CDU wieder den Kanzler stellt, dürfte das auch für Sie Konsequenzen haben!«

Wir sahen uns beide an – und lachten.

»Das war's dann«, sagte ich.

Beim Abgang warf der Mittdreißiger noch einen flüchtigen Blick in den mitgebrachten Geschenkbeutel. Der Inhalt schien nicht nach seinem Geschmack zu sein. Er hob die Nase und schob alles über den Tisch zurück. Er nannte die Marken, die er bevorzugte, und verlangte nach diesen.

Ich sagte ihm, daß er sich damit zufrieden geben müsse. Sonderwünsche könnten nicht berücksichtigt werden.

Mit einem Kopfschütteln, das sowohl Unverständnis als auch Verachtung signalisieren sollte, verließ er den Raum.

Bei Sch., der für den BND als Kurier gearbeitet hatte, war offensichtlich, daß der Nachrichtendienst sich dessen körperliche Malaisen zunutze gemacht hatte. Der Agent hatte nicht nur ein Nervenleiden, das ihn unlässig zucken ließ, sondern auch einen schlimmen Hautausschlag. Den ganzen Körper bedeckten eitrige Pusteln, die sich in einer bestimmten Phase entzündeten. In Pullach hatte man darauf gesetzt, daß er damit an der Grenze rasch durchgewunken werden würde. Sch. beförderte am Körper die Unterlagen, welche sein ebenfalls für den BND spionierender DDR-Schwager besorgte, seine Frau fuhr bei diesen Aufträgen den PKW.

Sein Aussehen verbreitete eine solche Abscheu, daß der Besucher aus der Ständigen Vertretung es auffallend vermied, dem Inhaftierten bei der Begrüßung die Hand zu geben.

Der Arzt, der dem Gespräch sicherheitshalber beiwohnte, bemerkte die Reaktion und erklärte, daß die Krankheit nicht ansteckend sei.

Dennoch drückte der Diplomat auf Tempo, er wollte die Pflichtübung rasch hinter sich bringen, zumal der Häftling nur dieses eine Thema behandelt wissen wollte: sein Gesundheitszustand. Er schilderte alle Details, auch die unappetitlichen ließ er nicht aus, und daß er zwar fachärztlich behandelt werde, doch die Haftbedingungen würden seine Leiden nur verstärken. Er müsse raus, sonst brächte ihn das Jucken und Kratzen noch um.

Er begann mir schon leid zu tun.

Als er gegangen war, fragte ich den Diplomaten, von dem ich wußte, daß er früher als Strafrichter gearbeitet hatte, zu welcher Strafe er jenen BND-Mitarbeiter verurteilen würde, der diesen armen Menschen für den Dienst angeworben hat.

Er wich mir aus, obgleich er genau wußte, was ich meinte.

»Wissen Sie, wie ich das nenne? Das ist skrupellos und zynisch, ein Verbrechen. Eigentlich müßte dieser Beamte anstelle von Sch. in Bautzen II einsitzen und dessen Strafe verbüßen.«

Er stimme mir im Prinzip zu, sagte er.

»Wissen Sie was: Wir tauschen die beiden aus: Sie bringen mir den Anwerber – und im Gegenzug nehmen Sie Sch. mit?«

»Ist das ein ernstgemeinter Vorschlag?«

Ich nickte. »Minister Mielke würde bestimmt zustimmen.«

Nun ja, das war nur so eine Idee von mir.

Aber die Gegenseite griff sie nicht auf. Natürlich nicht.

Am häufigsten kam ein bestimmter Mitarbeiter aus der Rechtsabteilung zu Häftlingsbesuchen. Als ehemaliger Richter versuchte er, die Inhaftierten von der Illusion zu befreien, daß nach dem ersten Besuch durch die StäV die Rettung für sie käme. Im großen und ganzen war der Diplomat sachlich, aber hin und wieder versuchte er auch, mich herauszufordern. So auch am Ende eines Besuches, als er sich daran erinnerte, dem Inhaftierten noch Geld zu übergeben. Er griff in seine Brieftasche und fragte mich, ob ich die zulässigen 50 Mark in West oder Ost haben möchte.

Diese kleine Provokation bereitete ihm sichtliche Freude.

Denn offenkundig glaubte er, ich schielte nach dem »bunten« Schein, wie das Westgeld in der DDR hieß. Ich winkte ab und nahm den roten Engels.

»Aber Sie werden mir doch den Empfang mit einer Unterschrift bestätigen …«

»Sie wissen ganz genau, daß die Mitarbeiter des MfS keine Autogramme geben«, gab ich zurück. »Wir halten es wie immer.«

Eines Tages erschien wie angekündigt Mitarbeiter N. zum Häftlingsbesuch. Es war Sommer und an diesem Tag besonders warm. Der Mann kam in Jeans mit Campinghemd und Holzschuhen, eine sehr ungewöhnliche Kleidung für einen Diplomaten in dienstlicher Mission.

Zudem hatte er auch noch seinen Ausweis vergessen.

Der Wachposten meldete mir diesen Umstand.

Ich sprach mit N., der mich überschwenglich begrüßte. Wohl um einerseits zu demonstrieren, wie gut er mich kenne, und andererseits, um die doppelte Peinlichkeit zu überspielen.

»Herr N.«, sagte ich, »natürlich kennen wir uns. Doch seit unserer letzten Begegnung sind einige Monate ins Land gegangen. Wer sagt mir denn, daß Sie noch immer in der Ständigen Vertretung arbeiten.« Ich maß sein Outfit mit auffällig kritischem Blick.

»Ohne Klappkarte kommen Sie hier nicht rein. Ich fürchte, wir müssen den Besuch verschieben.«

Nun war mir klar, daß eine solche Panne nicht ohne dienstlichen Folgen für ihn abgehen würde. Zumal der Häftling aus

Karl-Marx-Stadt gebracht worden war. Es war auch diesem nicht zuzumuten, umsonst gekommen zu sein.

»Vorschlag: Sie klemmen die Holzpantinen unter den Arm und holen so schnell wie möglich Ihren Dienstausweis, dann kommen Sie wieder her. Ich unterhalte mich so lange mit dem Häftling.«

Nach 50 Minuten saß er mit hochrotem Gesicht im Zimmer und übernahm das Gespräch.

Allerdings meldete nach zehn Minuten der Wachposten am Eingang schon den nächsten Besucher.

Ich schlug N. vor, seinen Kollegen zu bitten, etwas zu warten, damit er in Ruhe sein Gespräch zu Ende bringen könne.

Wider Erwarten lehnte er das ab.

So endete der kürzeste Diplomatenbesuch in meiner Laufbahn ein wenig abrupt.

Dadurch hatte die ungewöhnliche Visite nun doch noch ein Nachspiel: Der Häftling beschwerte sich schriftlich bei der Ständigen Vertretung. Er sah ein eklatantes Mißverhältnis zwischen Aufwand und Nutzen. Für ein zehnminütiges Gespräch hätte er nicht mehrere Stunden Autofahrt auf sich nehmen müssen.

Und damit hatte er nicht einmal unrecht.

Ende der 70er Jahre verbreiteten einige westliche Blätter, DDR-Grenzposten wären etwa hundert Meter auf westdeutsches Territorium vorgedrungen und hätten dort zwei junge Männer gekidnappt. In der DDR seien der 20- und der 22jährige inhaftiert worden. Die Bundesregierung wurde nunmehr von der Presse aufgefordert, sich für die Freilassung der angeblich Entführten einzusetzen.

Bundeskanzler Helmut Schmidt hielt sich bedeckt. Er wollte den Besuch des Mitarbeiters der StäV abwarten.

Und wir bereiteten uns ebenfalls intensiv darauf vor.

Was war tatsächlich geschehen?

Die beiden Westdeutschen wohnten in unmittelbarer Nähe der Staatsgrenze im Raum Thüringen. Sie machten sich einen Jux daraus, unsere Grenzer zu foppen, sie zu ärgern und zu provozieren. Mal boten sie Zigaretten an, mal warfen sie mit Steinen. Mal lockten sie mit Pornos zur Fahnenflucht, mal mit Drohungen. Dabei wurden sie immer dreister. Erst kamen sie fünf Meter, dann zehn, schließlich 25 Meter auf das Territorium der DDR.

Da dies wiederholt über Monate geschah, wurden entsprechende operative Maßnahmen eingeleitet, um diese Grenzzwischenfälle – denn um solche handelte es sich ja – in Bild und Ton zu dokumentieren.

Schließlich wurden sie verhaftet.

Auf unserem Gebiet.

Sie bestritten zunächst alles. Doch als man ihnen die Aufzeichnungen vorführte, gaben sie sich allmählich vernünftig.

Wir entschieden uns, beim Besuch die sonst üblichen Gesprächsregeln aufzuheben. Wir fertigten zudem Kopien der Beweismittel, von den ausführlichen Niederschriften der Häftlinge und ihren Aussagen, den Fotos der Provokationen und der Festnahme auf DDR-Gebiet.

Der Diplomat erschien und wollte im Vorgespräch wissen, ob es bei diesen Inhaftierten irgendwelche Besonderheiten gegeben habe.

»Nein«, sagte ich. »Im Prinzip sind es klassische Grenzverletzer.«

Er teilte mir mit, daß der Bundeskanzler, hohe Beamte in Bonn und der Leiter der Ständigen Vertretung persönliches Interesse an diesem Fall bekundet hätten.

Ich nahm – wie ich zu sagen pflegte – »Dummpulver« und äußerte meine Ansicht, daß es sich bei den Inhaftierten um ganz normale Straftäter handle. Was sie natürlich insofern nicht mehr waren, als die mediale Welle, die sie schoben, das Bundeskanzleramt erreicht und uns zum entsprechenden Reagieren veranlaßt hatte. »Normalität« sah anders aus.

Die Regierung in Bonn erwäge Protest wegen der Art und Weise der Festnahme, setzte er fort. Dann kam die Version, die die Blätter verbreitet hatten: Unschuldige Bundesbürger werden entführt. So habe es die DDR zuweilen in den 50er Jahren praktiziert …

Ich ging darauf nicht ein und fragte stattdessen: »Worauf gründen sich die Kenntnisse der Bundesregierung?«

»Presseberichte.«

»Haben Polizei, Bundesgrenzschutz oder andere Behörden den vermuteten Tatort untersucht?«

Das wisse er nicht.

Ich konnte mir damals wirklich nicht vorstellen, daß der Bundeskanzler und andere Regierungsbeamte ihre Auffassungen und Urteile tatsächlich völlig unkritisch auf der Basis von unbewiesenen Zeitungsinformationen bildeten.

»Halten Sie sich für ausreichend informiert durch das, was Sie aus der Presse über den Vorgang erfahren haben?«

Er schwieg.

»Ich werde Ihnen jetzt erzählen, was sich tatsächlich zugetragen hat.«

Er hörte schweigend zu. Dann sagte er: »Das glaube ich Ihnen nicht.«

Mehr nicht. Allein die Tatsache, daß unsere Sicht von ihrer abwich, machte diese unglaubwürdig. Recht konnten nur sie haben.

Ich öffnete meine Mappe und blätterte die Fotos vor ihm hin. Sie zeigten die Jungs, an verschiedenen Stellen und an verschiedenen Tagen, wie sie etwas warfen. Jedesmal sah man im Hintergrund den Grenzpfahl. Es bestand kein Zweifel: Sie standen und warfen auf DDR-Territorium.

Er zweifelte noch immer.

Er könne die Vernehmungsprotokolle mitnehmen, sagte ich.

Das überraschte ihn sichtlich. Wir hatten das auch noch nie gemacht.

Dann wurden die Inhaftierten nacheinander vorgeführt. Ich erklärte ihnen, daß sie ohne Einschränkungen sprechen könnten.

Davon machte der Diplomat ausgiebig Gebrauch.

Die beiden Jungs berichteten bereitwillig und bestätigten auf Nachfrage auch, daß sie auf dem Territorium der DDR festgenommen worden wären. Sie hatten auf mehreren Seiten handschriftlich ihre Handlungen geschildert. Ich gestattete beiden, diese Niederschriften dem StäV-Mitarbeiter zu übergeben, damit er auch diese Beweismittel mitnehmen konnte.

Abschließend wurden beide Inhaftierte zusammengeführt. Sie erklärten, daß die Aussagen im Protokoll und die Niederschriften freiwillig und ohne irgendwelchen Druck angefertigt worden wären. Unterbringung, Behandlung und der Umgang sei korrekt, sie hätten Schlimmes erwartet und seien darum angenehm überrascht.

Der Diplomat war innerlich erregt. Er konnte die Anspannung kaum unterdrücken. Sie rührte aus dem inneren Konflikt, der aufgebrochen war: Was sie sagten, entsprach nicht dem, was er vermutet hatte. Er war Opfer der Propaganda des Kalten Krieges geworden. Das machte ihm merklich zu schaffen.

Nach Jahresfrist kehrte er in irgendein Ministerium nach Bonn zurück. Im »Spiegel« schrieb er einen längeren selbstkritischen Artikel über diesen Fall. Er sei ahnungslos und treugläubig zum Besuch erschienen und habe sich regelrecht vom MfS vorgeführt gefühlt. Sie hätten die Fakten und Beweise gehabt, er nur das, was bereits aus der Presse bekannt war.

Er deutete an, daß es anderen StäV-Mitarbeitern bei Besuchen von Inhaftierten ähnlich ergangen sei.

Aus Insiderkreisen verlautete später, daß der Autor disziplinarisch zur Verantwortung gezogen worden war. »Solch einen Artikel« werde es nie wieder geben, habe es geheißen.

Das stimmte. Es sollte der einzige aus der Feder eines beteiligten Westdeutschen bleiben. Es hat sich nie wieder ein Bundesbediensteter zu den Gefangenenbesuchen unter der Schirmherrschaft des MfS öffentlich geäußert.

Schon gar nicht nach 1990.

Die Gründe liegen auf der Hand.

Routinierte Pflichtübung

Die Besuche verloren rasch ihre Besonderheit. Es stellte sich auch hier bald Routine ein. Nun ist das a priori nichts Negatives. Gleichwohl empfanden es zumindest die Besuchten als oberflächlich, wenn mit ihnen in einer knappen halben Stunde der standardisierte Fragenkatalog zu Unterbringung, Verpflegung, ärztlichen Betreuung, Einzelhaft, Rundfunk, Fernsehen, Freistunde, Kontakt zu Angehörigen usw. abgearbeitet wurde. Die Inhaftierten brachten im Nachgespräch wiederholt ihre Enttäuschung über die als »Pflichtübung« bezeichnete Begegnung zum Ausdruck.

Für die Diplomaten war das Arbeit wie jede andere auch – für den einzelnen Häftling war das nicht nur ein Ereignis, das den Gefängnisalltag durchbrach, sondern auch eine einzigartige Gelegenheit, sich mit einem »Landsmann« von draußen auszutauschen. Aus dieser unterschiedlichen Perspektive resultierte ein Konflikt. Den aber konnten nicht wir aufheben. Das war ausschließlich Sache der beteiligten StäV-Mitarbeiter.

Und das geschah in sehr unterschiedlicher Weise. Die einen waren sensibel genug, die anderen machten ihren Job.

Ende der 70er Jahre erschien, wie so oft, ein neuer StäV-Mitarbeiter in der Magdalenenstraße. Er war völlig unvorbereitet und benahm sich wie bei einem Friseurbesuch: Nun machen Sie mal!

Er war offenkundig in der Hannoverschen Straße auch nicht eingewiesen und instruiert worden. Es war jedoch nicht meine Aufgabe, Nachhilfeunterricht zu erteilen. Deshalb schlug ich vor, er möge das nachholen und zurückkehren oder sich am Telefon informieren lassen, worin seine Aufgabe bestünde.

Er gab sich überrascht und fuhr zurück in die Ständige Vertretung.

Der Leiter der Rechtsabteilung der StäV entschuldigte sich für diese peinliche Panne und sicherte zu, daß dies nicht wieder vorkommen würde. So war es denn auch. Künftig erschienen alle neuen Mitarbeiter zu ihrer Premiere bestens präpariert. Und der Rest war dann – Routine.

Die Routine hatte natürlich auch auf unserer Seite etwas Ermüdendes. Die »revolutionäre Wachsamkeit«, wie das bei uns hieß, ließ ein wenig nach.

Ein junger Mann um die 30, tätig in der Wirtschaftsabteilung der Ständigen Vertretung, besuchte vornehmlich Schleuser und Kuriere von Schleuserbanden. Im Gespräch merkte ich, daß er sämlichte Veröffentlichungen aus der West- und der Ostpresse kannte, wobei, zugegebener Maßen, in der DDR zu diesem Thema nicht allzu viel erschien. Er gab sich gegenüber allen Publikationen mißtrauisch, war skeptisch bei jeder entsprechenden Mitteilung. An den »Sumpf«, den wir in Westberlin sahen, glaubte er nicht. Er kannte sich in der Schleuser-Szene aus, suchte Kontakte, reagierte auf einschlägige Anzeigen in Tageszeitungen. Machte er das freiwillig oder im Auftrag? Wir unterhielten uns stets sehr angeregt, er war freundlich, höflich und diplomatisch, also aalglatt.

Eines Tages war er weg.

Im Unterschied zu allen anderen, die ihre letzte Visite auch so deklarierten und mir beim Abschied die Hand gaben, kam er nicht mehr.

Da wußte ich: Er hatte wohl nicht nur auf der Gehaltsliste der Ständigen Vertretung gestanden, sondern auch noch auf der eines Dienstes. Das hätte ich eigentlich riechen müssen …

Zu den seit 1990 routiniert verbreiteten Lügen zählt die Behauptung, in den MfS-Haftanstalten seien Menschen in Einzelhaft, die bis zu einigen Monaten dauerte, festgehalten worden. Jeder, der sich einmal mit diesem Thema beschäftigt hat oder in einer Zelle allein war, weiß um die quälende Wirkung solcher Isolation. Und auch die Folgen. Die Suizidgefahr nimmt dramatisch zu. Schon aus diesem Grunde hatten wir wenig Neigung, so zu verfahren.

In wenigen Ausnahmen wurden Häftlinge einzeln verwahrt, doch nie länger als acht Tage. Mir ist nicht ein einziger Fall bekannt, wo dieses Limit überschritten worden wäre. Untersuchungshäftlinge wurden überwiegend zu zweit oder zu dritt in einem Verwahrraum (Zelle) untergebracht.

Um jedoch die Möglichkeit der Kommunikation zwischen vergleichbaren Tätern und Taten einzuschränken, wurden inhaftierte Bundesbürger, Westberliner und Ausländer mit zwei, drei DDR-Bürgern zusammengeschlossen.

Das hatte allerdings Konsequenzen, die wir notgedrungen in Kauf nehmen mußten.

Wenn sich die Diplomaten zum Besuch ansagten, bekamen davon natürlich alle Zelleninsassen Wind. Nicht wenige DDR-Häftlinge sahen darin eine Gelegenheit, über den westdeutschen oder Westberliner Zellengenossen »Hilferufe« an die Ständige Vertretung zu befördern. Denn es gehört nun einmal zu den Regeln jedes Strafvollzuges, daß sich kaum ein U-Häftling oder Verurteilter gerecht behandelt sieht. Schuld sind meist die anderen, vor allem die Richter. In unserer konkreten politischen Lage kam natürlich noch eine weitere Komponente hinzu: Im Kalten Krieg, und der tobte ja trotz aller Entspannungsübungen unverändert weiter, wähnten sich nicht wenige Insassen als »Opfer« und »Widerstandskämpfer«. Sie versuchten darum, ihre Personalien, Parolen und Hinweise zu ihrer Straftat zu lancieren. Natürlich mit der Absicht, auf diese Weise ihre Freilassung zu erzwingen.

Natürlich achteten wir darauf, daß dies unterblieb. Ich unterbrach sofort, wenn der Häftling das Gespräch auf Zelleninsassen lenkte. Und auch die Diplomaten wurden im Vorgespräch darauf hingewiesen, wobei ich mitunter den Eindruck hatte, daß ihnen das sehr recht war. Jede dieser Botschaften setzte sie unter Zugzwang. Sie mußten handeln. Das bedeutete nicht nur zusätzliche Arbeit. Es schloß auch die Gefahr ein, sich zu blamieren. Denn Kriminelle taugten schlecht als »Freiheitskämpfer« und Propagandainstrumente gegen die DDR.

Daher erklärten sie bereits im voraus, sofern sich das Gespräch in diese Richtung zu entwickeln drohte, sie seien für DDR-Bürger nicht zuständig, und könnten folglich in solchen Fragen auch nicht wirksam werden.

»Schön, mal einen richtigen Stasi-Offizier zu treffen«

Die Rechtsabteilung der Ständigen Vertretung lud jedes Jahr zu einem Gartenfest in der Hannoverschen Straße. Günter Gaus nutzte jede Gelegenheit, Begegnungen zwischen Westdeutschen und Ostdeutschen zu organisieren. In dieser Hinsicht benahm er sich wie jeder andere in der DDR akkredierte Botschafter.

Aber so normal war es denn doch nicht.

Das merkte ich spätestens dann, als auch eine offizielle Einladung für Herrn »Hauptmann Schütze« in der Dienststelle einging. Bereits in der Poststelle schwoll einigen wachsamen Genossen der Kamm. Und auch die Vorgesetzten waren der Meinung, es handele sich um eine Provokation. »Genosse, darüber müssen wir doch nicht diskutieren, daß Du nicht hingehst!«

Beim nächsten Diplomatenbesuch wurde ich prompt gefragt, weshalb ich nicht gekommen sei, man habe mich vermißt. Es wäre wie immer sehr angenehm gewesen, mal außerhalb des Protokolls und ohne besondere Etikette zwanglos zu plaudern.

Ich bedauerte und schützte irgendeine dienstliche Verpflichtung vor, die mich daran gehindert habe zu kommen.

Im nächsten Jahr wiederholte sich alles.

Im Jahr darauf auch.

Es war peinlich. Ich sprach mit meinen Partnern von der Hauptabteilung Konsularische Angelegenheiten des MfAA, vom Ministerium der Justiz und der Dienststelle des Generalstaatsanwaltes der DDR, Abteilung Internationale Verbindung – die waren wie selbstverständlich dort gewesen. Sie hatten keinerlei Zweifel, daß die Einladung an mich seriös und ohne provokatorischen Hintergrund sei. Aber die Weisungen im MfS konnten sie nicht außer Kraft setzen.

Ich zog es vor, bei unserer nächsten Begegnung dem Leiter der Rechtsabteilung zu sagen, er möge mich bitte von der Einladungsliste streichen. Er solle mich und sich nicht in eine peinliche Situation bringen. Er verstand. Ich erhielt keine Einladung mehr.

Allerdings gab es dann doch noch eine peinliche Begegnung. Es war im Sommer 1979, an einem Wochenende. Ich saß mit meiner Frau auf der Terrasse des Lindencorso an der Ecke zur Friedrichstraße, eben dort, wo sich heute der Verkaufstempel eines Autokonzerns befindet.

Plötzlich steuerte ein Mann auf mich zu, im Schlepptau eine auffällig gekleidete Frau. Es war einer aus der Ständigen Vertretung, der mich aus der Magdalenenstraße kannte. Er begrüßte mich und meine Frau mit Handschlag und stellte uns laut vor: »Schatz, das ist der Offizier vom MfS, der immer bei den Gefangenengesprächen dabeisitzt.«

Ich räusperte mich.

Doch seine Frau schien weder meine Bitte um Zurückhaltung vernommen zu haben noch empfand sie das anstößig.

»Schön, mal einen richtigen Stasi-Offizier zu treffen.«

Sie setzte sich an unseren Tisch, ohne daß ich sie dazu aufgefordert hatte, und plapperte munter drauflos. Die Gäste an den Nachbartischen drehten sich pikiert um. Ich nahm zunächst an, daß dies genau ihre Absicht gewesen war, doch ich merkte bald, daß sie keineswegs auf meine Bloßstellung zielte. Sie war nur etwas von schlichtem Gemüt. Das machte die Sache nicht erträglicher.

»Gefällt Ihnen die Arbeit im Gefängnis?«

Ich schickte einen Blick zu ihrem Mann.

»Wie kommt man damit klar, mit unschuldig Inhaftierten verkehren zu müssen? Können Sie ruhig schlafen?«

»Ach, mein Mann hat einen sehr gesunden Schlaf«, sagte meine Frau und erhob sich. »Sie haben nichts dagegen, wenn wir uns verabschieden?«

Ich hatte nicht den Eindruck, daß dieser Dame überhaupt begriff, weshalb wir fluchtartig das Weite suchten.

Diplomatenbesuche und die große Politik

Es ist ein offenes Geheimnis, daß die Politik zwischen der DDR und der BRD dem physikalischen Prinzip der kommunizierenden Röhren folgte. Auf Aktion folgte stets Reaktion. Gab es Druck von der einen Seite, wurde er auf der anderen Seite erhöht.

Im Dezember 1975 desertierte der NVA-Soldat Werner Weinhold und schoß sich den Weg über die Grenze frei. Er tötete zwei Grenzsoldaten, die BRD verweigerte die Auslieferung des Doppelmörders. Nach Jahresfrist endete das Verfahren vor dem Landgericht Essen mit einem Freispruch – Weinhold habe in Notwehr gehandelt, hieß es zur Begründung. Eine vom Bundesgerichtshof geforderte Neuverhandlung vor dem Landgericht Hagen führte im Dezember 1978 endlich zu einer Verurteilung Weinholds. Von den 5 Jahren und 7 Monaten saß er nur die Häfte ab.

Der Freispruch im Dezember 1976 empörte die Öffentlichkeit. Auch Minister Erich Mielke war fassungslos. Er rief meinen Hauptabteilungsleiter an und forderte ihn auf, einen Vorschlag zu erarbeiten, den er dem Politbüro unterbreiten wolle. Er solle darüber nachdenken, wie man die Besuchertätigkeit der Ständigen Vertretung spürbar einschränken könne.

Der Befehl wurde an mich weitergereicht.

Ich schlug vor, die Frist zwischen der Festnahme und der Mitteilung an die StäV von fünf auf vierzehn Tage zu verlängern, bei Spionen sogar auf vier Wochen. Ein erster Besuch sollte erst nach drei bis fünf Monaten möglich sein. Der Warenwert des Geschenkbeutels sollte reduziert und die Gesprächszeit halbiert werden. Und entsprechend dem Beispiel der CSSR sollten die Gespräche nur noch nach bestätigten Fragen erlaubt sein.

Nach 24 Stunden kam der Vorschlag mit dem Vermerk zurück: »Mit dem Generalsekretär abgestimmt. Alle Maßnahmen sofort umsetzen. Mielke.«

Daraufhin rief ich den Abteilungsleiter BRD im MfAA an und

bat um einen kurzfristigen Termin. Angelegenheiten dieser Art wurden grundsätzlich nicht am Telefon erörtert.

Noch am gleichen Tage fand unser Gespräch statt. Ich gab ihm das Papier mit dem Mielke-Vermerk.

Der Mann teilte natürlich die Empörung über Weinholds Freispruch, hielt aber die vorgeschlagen Maßnahmen für überzogen und schädlich. Außerdem, und diese Auffassung teilte ich, waren das zwei verschiedene Ebenen. Natürlich hatte der Richter in Essen politisch geurteilt: Er hatte seine antikommunistischen Ressentiments und den in der Bundesrepublik herrschenden Zeitgeist in diesen Freispruch einfließen lassen. Aber er folgte weder einer Weisung der Bundesregierung noch irgendeiner anderen Instanz der Bundesrepublik. Das Urteil war Ausdruck seiner individuellen Rechtsauffassung, die auch in der Bundesrepublik möglicherweise nicht mehrheitsfähig war. Wir aber wollten politisch reagieren und ganze Personengruppen bestrafen. Wir gaben uns so, als könnte das offizielle Bonn auf das Urteil direkt Einfluß nehmen.

Laß mal da, sagte der Genosse vom Außenministerium. »Ich werde einen ›Zweierbrief‹ schreiben: einen an Außenminister Oskar Fischer und einen an Hermann Axen im Politbüro.«

»Aber mein Minister schreibt, das sei im Politbüro bereits durch?«

Der Genosse winkte ab. »Wir werden sehen.«

Nach drei Tagen erhielt ich einen Anruf aus dem MfAA. Der triumphierende Unterton war nicht zu überhören.

»Ich habe hier einen Brief liegen: »Mit dem Generalsekretär abgestimmt. Alles wird so durchgeführt wie bisher, keine Veränderung. Axen.«

Ich weiß nicht, was im Zweierbrief stand.

Ich weiß auch nicht, wie Mielke auf die Entscheidung reagierte.

Ich sah nur, daß sich die Vernunft durchgesetzt hatte.

Das Großmaul von der GSG-9

Mitunter versuchten einige Besucher, die Grenzen auszutesten. Ich erinnere mich an einen Mitarbeiter der Ständigen Vertretung, einen relativ kleinen, sportlichen Mann, der sich schon beim ersten Auftritt in der Magdalenenstraße rühmte, jahrelang in der GSG 9 (Grenzschutzgruppe 9) gedient zu haben. Diese nach 1972 gegründete Spezialeinheit des Grenzschutzes, in St. Augustin-Hangelar, unweit Bonns stationiert, diente angeblich der Terrorabwehr. Für uns nicht ganz durchschaubar, war sie bislang nur als Personenschutz von Willy Brandt bei dessen Wahlkampfauftritten öffentlich in Erscheinung getreten.

In diesem konkreten Fall schien es mir, daß die körperliche Ausbildung ganz offenkundig einen höheren Stellenwert eingenommen hatte. Er war nicht nur von schlichtem Gemüt und Verstand, sondern auch ziemlich hochnäsig und chauvinistisch. Ich konnte mir einfach nicht vorstellen, daß er in der StäV eine diplomatische Funktion ausführte.

Obwohl die von ihm besuchten Untersuchungshäftlinge in jedem einzelnen Fall umfangreiche Geständnisse abgelegt hatten, was eine Verurteilung zwingend nach sich ziehen würde, stellte er diese jedoch immer in Frage und eine schnelle Haftentlassung in Aussicht. Er weckte dort grundlos Hoffnungen, die später zwangsläufig Enttäuschungen prvozierten.

Einmal traf er sich mit einem U-Häftling, der in der Bundesrepublik als Gelegenheitsarbeiter in der Landwirtschaft seinen Unterhalt bestritten hatte. Das war ein geistig zurückgebliebener, sehr primitiver Mensch. Er hatte erkennbar Mühe, dem Mann von der GSG 9 zu folgen. Er verstand seine Fragen nicht, reagierte folglich sehr zögernd und falsch.

Der »Diplomat« behauptete daraufhin, der Mann stünde wohl unter Drogen. »Der ist doch vollgepumpt mit Narkotika, der kann doch nicht mal auf die einfachste Frage normal reagieren!«

Ich studierte die Unterlagen und sah, daß er keinerlei Medikamente bekommen hatte.

Folglich widersprach ich.

Daraufhin wurde er ausfallend. Das wisse man doch, daß das MfS die Inhaftierten grundsätzlich mit Psychopharmaka behandele.

Ich blieb ruhig und fragte lediglich, woher er dieses Wissen habe. Mir sei dergleichen nicht bekannt. »Im übrigen: Woher kennen Sie diesen Mann, daß Sie wissen, welche Bewußtseinsveränderungen im Vergleich zu früher eingetreten sind?«

»Ich kenne den Mann nicht, ich sehe ihn zum ersten Male.«

»Aha.«

Ich fragte nun den Häftling selbst, ob er etwas eingenommen habe: Tabletten, Tropfen, eine Spritze.

Er schüttelte den Kopf.

»Dann hat man ihm unbemerkt etwas ins Essen gemischt! Ich verlange, daß künftig 72 Stunden vor jedem Besuch die Narkotika abgesetzt werden.« Der Mann schien nicht mehr bei sich zu sein.

Ich blieb ruhig und schlug vor, daß er diese Forderung an seinen Chef, den Leiter der Ständigen Vertretung, geben solle. Der werde dann den dafür üblichen diplomatischen Kanal nutzen, um diesen Vorschlag offiziell an die DDR heranzutragen.

Er ging, ohne die Besuchszeit ausgeschöpft zu haben.

Der Zufall wollte es, daß am nächsten Tag der Leiter der Rechtsabteilung der StäV zu einem Häftlingsbesuch kam. Im Vorgespräch schilderte ich ihm den Zusammenstoß vom Vortag.

Er meinte lakonisch, ich solle die Äußerungen seines Mitarbeiters nicht so ernst nehmen.

Nach Wochen traf ich wieder mit dem Mann von der GSG9 zusammen. Er wollte eine in der DDR aufgegriffene Zwölfjährige aus einem Kinderheim in Berlin abholen und zu ihren Eltern in die Bundesrepublik bringen. Er war sowohl im Kinderheim als auch an der Grenzübergangsstelle Marienborn avisiert.

Im Kinderheim holte er das Mädchen ab. Doch er fuhr entgegen der Vereinbarung, nicht in Richtung BRD, sondern wollte es nach Westberlin bringen. An der Grenzübergangsstelle Sonnenallee, über die er nach Westberlin ausreisen wollte, wußte man natürlich nichts.

Die Grenzposten erklärten ihm, nachdem sie Rücksprache mit der vorgsetzten Dienststelle genommen hatten, daß er an der Grenzübergangsstelle Marienborn erwartet werde und nur dort mit dem Kind ausreisen könne.

Daraufhin drohte er, daß das schlimme Konsequenzen habe, ihn als Diplomaten zu behindern. Es werde eine Protestnote auf Regierungsebene folgen.

Der Grenzer fühlte sich überfahren. Das Gezeter ließ ihn fast einknicken. Doch als der »Diplomat« sich nicht mehr einkriegte, hatte er verloren. Die Nummer war eine Spur zu heftig und damit überzogen.

Er könne gern nach Westberlin einreisen, sagte der Genosse. »Aber das Kind bleibt hier!«

»Kann ich mal telefonieren?«

»Bitte.«

Er wählte eine Nummer der Ständigen Vertretung. Legte auf. Stieg ins Auto und wendete.

Drei Stunden später passierte der »Diplomat« den Grenzübergang Marienborn Richtung Hannover.

Danach hörte niemand mehr etwas von ihm.

Sein Name verschwand aus dem Verzeichnis der in der DDR akkreditierten Diplomaten.

Auch außenpolitische Probleme traten auf

Die notwendige Unterscheidung zwischen Westberlin und der Bundesrepublik führte zuweilen zu gewissen Irritationen und Verwicklungen. Das zwischen den Siegermächten geschlossene Vierseitige Abkommen hatte noch einmal deutlich gemacht, daß Westberlin kein konstitutioneller Bestandteil der Bundesrepublik war und ist. Auch wenn dort in der gleichen Währung gezahlt wurde und die BRD-Gesetze in entsprechender Adaption galten, existierten andere hoheitliche Regelungen. Die Briefmarken zum Beispiel trugen den Zusatz »Berlin«, es durften keine Abgeordnete direkt in den Bundestag gewählt werden, und wegen des entmilitarisierten Status' gab es in Westberlin keine Wehrpflicht.

So kam es, daß ein Westberliner Student, der versucht hatte, mit einem PKW seine DDR-Freundin über einen CSSR-Grenzübergang in die Bundesrepublik auszuschleusen, zunächst in Prag festgesetzt wurde, aber wieder freigelasssen wurde und in Ermangelung einer direkten Flugverbindung nach Westberlin nach Berlin-Schönefeld ausgeflogen wurde. Dort wurde er jedoch am Besteigen des Transitbusses von den DDR-Organen gehindert. Es lag gegen ihn ein Haftbefehl vor. Er wurde gesucht, weil er von der CSSR über die »grüne Grenze« illegal in die DDR gekommen war, um seine Freundin abzuholen.

Diese war, wie in solchen Fällen üblich, auf dem Prager Flugplatz an das MfS übergeben worden. Sie kam in Berlin-Hohenschönhausen in U-Haft. Gegen sie wurde ein Ermittlungsverfahren eingeleitet.

Die Festnahme ihres Freundes an der tschechisch-deutschen Grenze war von den Behörden in Prag der BRD-Botschaft gemeldet worden, weil Westberlin keine eigene diplomatische Vertretung unterhielt. Gleichwohl war den Beteiligten klar, daß gemäß Vierseitigem Abkommen der Student kein Bundesbürger war.

Nachdem der Student in Berlin-Schönefeld arretiert worden

war, informierten wir auf dem üblichen Wege die Dienststellen in Westberlin. (Ich verrate hier: gegen den Einspruch einiger operativer Einheiten des MfS.)

Es meldete sich bei uns eine Ministerialrätin aus der Ständigen Vertretung, eine selbstbewußte Juristin Mitte 40, sehr zielstrebig und erfolgsorientiert, aber dadurch keineswegs unsympathisch. Auf Smalltalk-Themen ließ sie sich mit mir nicht ein. Ich kannte sie von früheren Besuchen.

Doch anders als sonst ließ sie diesmal ihre Selbstkontrolle vermissen. In der irrtümlichen Annahme, das MfS habe den Studenten bereits in Prag übernommen – was ich im Vorgespräch bestritt – monierte sie die Kompetenzüberschreitung und drohte mit internationalen Konsequenzen. Ich entschloß mich daher, jede Beschränkung für das Gespräch mit dem Westberliner Studenten aufzuheben. Sie sollte aus seinem Munde erfahren, daß sie sich auf dem Holzweg befand.

Der junge Mann betrat das Besucherzimmer. Ein sympathisch offener, aufgeschlossener Zeitgenosse. Er eröffnete das Gespräch mit der Bemerkung, daß er trotz der mißlichen Lage, in der er sich befinde, froh sei, Zelle an Zelle mit seiner Freundin zu sein. Sie könnten zwar nicht miteinander Kontakt aufnehmen, aber er habe schon zwei Briefe von ihr erhalten und auch zwei an sie schreiben dürfen. Sein Vernehmer habe ihm zugesichert, daß es bald ein Telefonat mit der Freundin geben werde. Später, wenn der Sachverhalt geklärt sei, könne auch eine direkte Begegnung arrangiert werden.

Damit war die Spannung, die über dem Besuch lag, ein wenig abgebaut.

Die Besucherin forderte ihn auf, alle Einzelheiten seiner Festnahme zu erzählen, was er sehr detailliert tat. So berichtete er, daß er in der Prager Haftanstalt seinen Personalausweis und andere Dokumente, Bargeld, Kleidungsstücke und einige persönliche Gegenstände aus seinem PKW ausgehändigt bekommen habe. Dann hätte man ihn zum Flugplatz Prag gebracht. Dort sei ihm mitgeteilt worden, daß er aus der CSSR ausgewiesen werde und einige Jahre nicht einreisen dürfe. Er bekam ein Flugticket für eine CSA-Maschine nach Berlin-Schönefeld.

Ohne Begleitung sei er zunächst in den Transitraum und später zum Flugzeug gegangen. Er habe nicht den Eindruck gehabt, daß er dabei bewacht oder beobachtet worden sei. Im Flugzeug konnte er selbst seinen Sitzplatz wählen, und auch dort wähnte er sich nicht observiert. Nach Ankunft in Berlin-Schönefeld hat er sich ebenfalls ohne jegliche Begleitung bis zur Paßkontrolle begeben. Dort habe er zunächst warten müssen, dann sei er festgenommen worden.

Die Diplomatin glaubte ihm nicht.

Sie erkundigte sich, ob ihm diese Darstellung vom MfS eingeredet worden sei. Er wies diese Unterstellung zurück.

Sie insistierte. Er blieb bei seiner Darstellung. Und fügte auch noch hinzu, daß er sehr korrekt und sachlich bei seiner Vernehmung behandelt worden sei. Seine Beobachtung deckte sich nicht mit jenen Berichten, die er bislang in der Presse gelesen hatte. Er sei angenehm enttäuscht.

Die Diplomatin blieb bei ihren Zweifeln, arbeitete aber unbeeindruckt ihren Fragenkatalog ab. Beim Abschied übergab sie den obligatorischen Geschenkebeutel. Der Student verließ uns.

Ich fragte sie, mit welchen außenpolitischen Aktivitäten die DDR nun zu rechnen habe.

Sie wirkte ungehalten und meinte, daß es wohl so aussehe, daß wir uns formell an die internationalen Vereinbarungen gehalten haben. Sie werde das aber noch über andere Kanäle prüfen lassen.

Bei uns ging nichts ein.

Mein Prager Kollege informierte mich bei Gelegenheit einer Dienstreise jedoch, daß die BRD-Botschaft in ihrem Außenministerium eine Note abgegeben habe. Man protestierte gegen die ihrer Meinung nach rechtswidrige Abschiebung nach Berlin-Schönefeld und forderte Prag auf, in vergleichbaren Fällen die Botschaft zu informieren. Diese werde dann dafür Sorge tragen, daß diese Personen außer Landes kämen. (In der Protestnote tauchte übrigens nicht einmal die Bezeichnung Westberlin oder Berlin-West auf. Aus gutem Grund!)

Die CSSR wies die Demarche zurück und verwies in der Antwortnote auf das Vierseitige Abkommen. Auch künftig werde Prag Westberliner Bürger nach Westberlin entlassen und nicht in andere Staaten.

Natürlich war der Hintergrund der diplomatischen Intervention klar. Es sollte verhindert werden, daß Westberliner Schleuser in der DDR, wenn sie denn in der CSSR freigelassen wurden, inhaftiert wurden. Dieser Wunsch Bonns war aus Sicht der BRD durchaus verständlich. Er kollidierte jedoch mit unserer Rechtsauffassung. Nun mußte man einen Kompromiß finden, mit dem beide Seiten leben konnten.

Gemeinsam mit meinem tschechischen Partner entwickelte ich eine Methode, die er seinem und ich meinem Minister zur Bestätigung vorlegte.

Künftig sollte im Falle der Ausweisung eines Westberliners dieser von der tschechoslowakischen Miliz an die Grenzübergangsstelle Schmilka gebracht werden. Dort würde er von der MfS-Untersuchungsabteilung übernommen und im PKW und ohne Handschellen durch die DDR nach Westberlin gebracht werden. Bei Personen, die auch für das MfS interessant waren – Schleuser oder Spione –, würde während der etwa sechsstündigen Fahrt eine Art Befragung erfolgen. Mehr nicht.

Auf diese Weise haben wir im Laufe der Jahre etwa zehn Berliner durch die DDR gebracht. Jeder zweite wurde unterwegs befragt, die anderen waren unbedeutende Kriminelle. Keiner der Durchgeleiteten wurde festgenommen oder inhaftiert. Sie gelangten noch am gleichen Tag als freie Personen nach Westberlin.

Wir gewannen bei den Befragungen wichtige Informationen, die für die operative Arbeit der anderen Abteilungen im MfS nützlich waren.

Die Inhaftierung von Ausländern konnte sich leicht zu einem Politikum entwickeln. Anfang der 80er Jahre bearbeiteten wir einen Staatsbürger der USA wegen verschiedener Straftaten. Aus mir nicht mehr erinnerlichen Gründen sollte die Meldung über seine Festnahme verzögert werden, obwohl ein Konsularvertrag zwischen den USA und der DDR eine rasche Meldung vorsah. Es kam zu einem Telefongespräch zwischen Minister Erich Mielke und dem Außenminister Oskar Fischer. Mielke vertrat die Auffassung, die DDR könne sich mit der Festnahmemeldung noch Zeit lassen, ohne den Konsularvertrag zu verletzen.

Minister Oskar Fischer widersprach ihm und verwies auf die in wenigen Tagen geplante Akkreditierung des neuen US-Botschafters beim Staatsratsvorsitzenden. Er meinte, daß unbedingt vermieden werden müsse, daß Honecker vom Botschafter mit der Nachricht konfrontiert werde, wir hätten einen US-Bürger eingesperrt und sie nicht darüber informiert, wie es verabredet worden sei. Eine Akkreditierung mit Eklat könnten wir nicht gebrauchen. Daß wir eine andere Sicht als die Amerikaner hätten, sei klar, aber unerheblich. Man müsse ihnen aber keine Vorlage für den Eklat liefern.

Über meinen Hauptabteilungsleiter erhielt ich den Auftrag, mit den Genossen des Außenministeriums schnellstens eine Lösung zu finden, bei der sowohl unsere operativen Interessen wie auch die internationalen Verpflichtungen der DDR hinlänglich berücksichtigt wurden.

In den Verträgen stand, daß Festnahmen »alsbald« der anderen Seite zu melden seien.

Nun stand also die Frage: Wie lang ist »alsbald«?

Ohne dies beantwortet zu haben, begab ich mich am gleichen Tage zum Gespräch ins Außenministerium. Mich erwarteten der Abteilungsleiter USA, sein Stellvertreter und zwei verantwortliche Mitarbeiter der Abteilung Grundsatzfragen. Sie hatten sich gut vorbereitet und legten mir die Verhandlungsprotokolle über den Konsularvertrag vor, aus denen klar hervorging, warum der Begriff »alsbald« im Vertrag festgeschrieben wurde. Als es nämlich in den Beratungen um die Meldefrist von Inhaftierungen ging, vertrat die USA die Auffassung, daß eine Meldefrist von 72 Stunden erforderlich sei, während die DDR von 96 Stunden ausging. Das Protokoll zeigte, daß beide Seiten intensiv um die Frist gerungen hatten. Und da jede Seite auf ihrer Position beharrte, wurde letztlich im Konsularvertrag die vage Formulierung »alsbaldige Meldefrist« benutzt. »Alsbald« konnte also drei oder vier Tage heißen.

Aber auch die 96 Stunden, die die DDR für sich reklamiert hatte, war fast verstrichen.

Unmittelbar nach Rückkehr in meine Dienststelle informierte ich schriftlich Minister Mielke über das Gespräch im Außenministerium und schlug vor, sofort die Festnahme des US-Bürger abzusetzen.

Das geschah. Aber intern bekam, wie meist, der Überbringer der Nachricht die Schelte. Mielke erklärte, wir sollten uns in solchen Fällen künftig schneller und öfter mit Fachleuten aus dem Außenministerium beraten. Das dürfe sich nicht wiederholen.

Bei der Akkreditierung und im anschließenden Gespräch zwischen Honecker und dem Botschafter wurde die Inhaftierung des USA-Bürgers mit keinem Wort erwähnt.

Nicht nur die Genossen im MfAA waren zufrieden.

Nach vier Tagen besuchte der US-Konsul seinen Landsmann. Ich hatte den Eindruck, daß er sich zuvor bei der Ständigen Vertretung über den Ablauf der Häftlingsbesuche kundig gemacht hatte. Obwohl es eine Premiere war, gab er sich sehr versiert.

Und er bemerkte sehr wohl, daß die Gesprächsbedingungen ein wenig großzügiger waren.

Das läge daran, erklärte ich auf Nachfrage, daß Vertreter jener Staaten, mit denen ein Konsularvertrag bestünde, so auch mit den USA, ein wenig anders umgegangen würde. Bekanntlich lehne die BRD einen Konsularvertrag strikt ab.

Beim diesem und allen weiteren Besuchen enthielt sich der Konsul politischer Kommentare. Er war an den Verhältnissen in der Haftanstalt interessiert und befragte dazu ausführlich die Inhaftierten. Berührte er Aspekte, die außerhalb des Spektrums lagen, worauf ich mich räusperte, wechselte er sofort das Thema.

Der Diplomat zeigte sich wißbegierig über praktische Anwendungen der Strafgesetze und der Strafprozeßordnung sowie Praktiken im Strafvollzug der DDR.

Bei seinem letzten Besuch in der Magdalenenstraße bedankte er sich für die seiner Ansicht nach gute und kooperative Zusammenarbeit. Er wolle zum Dank in der USA-Botschaft meinen Namen hinterlegen für den Fall, daß ich später einmal ein Visum für die USA benötigte. Ich könne mich auf ihn berufen, dann werde mir rasch und unkompliziert geholfen.

Von diesem freundlichen Angebot habe ich bis dato keinen Gebrauch gemacht und werde es wahrscheinlich auch nicht mehr tun.

Mörder unter den besuchten BRD-Bürgern

1977 wurde auf der Transitstrecke ein Bundesbürger wegen Mordes festgenommen.

Der ehemalige DDR-Grenzsoldat hatte im Mai 1962 während des Dienstes seinen 19jährigen Kameraden erschossen und war in den Westen geflüchtet.

Der Deserteur und Mörder glaubte nach Abschluß des Transitabkommens bei der Durchreise nach Westberlin unbehelligt zu bleiben, erkundigte sich aber zuvor in Bonn, ob seine Annahme begründet sei. Ja, wurde ihm vom Ministerium für innerdeutsche Beziehungen erklärt, er dürfe den Transit benutzen und müsse mit keinen Konsequenzen rechnen.

Zumindest behaupteten er und seine Frau das später.

Natürlich war er noch immer in der DDR zur Fahndung ausgeschrieben. Er wurde folgerichtig wegen Mordes nach § 112 StGB der DDR festgenommen. Gegen ihn wurde ein Ermittlungsverfahren eingeleitet und Haftbefehl erlassen. Die Meldung an die Ständige Vertretung erfolgte nach 6 bis 7 Arbeitstagen.

Zwischenzeitlich hatte seine Ehefrau, die nach zeugenschaftlicher Vernehmung entlassen worden war, in der Bundesrepublik die Öffentlichkeit in ihrem Sinne mobilisiert. Der Fall Weinhold war in lebhafter Erinnerung und auch der Umgang mit diesem Doppelmörder. Nun galt also der Umkehrschluß: Die DDR werde sich dafür an ihrem Mann rächen und womöglich zum Tode verurteilen. (Bekanntlich wurde in der DDR die Todesstrafe erst zu Beginn der 80er Jahre abgeschafft.)

Bonn geriet ebenfalls unter Druck, da ja vom »Opfer« behauptet wurde, er sei falsch informiert und damit der DDR ins Messer gejagt worden. Er selbst verhielt sich gegenüber dem DDR-Untersuchungsorgan korrekt und diszipliniert.

Die Ständige Vertretung beantragte einen Besuch. Im Vorgespräch erzählte mir der StäV-Mitarbeiter, daß zunächst kein Mitarbeiter bereit gewesen war, den Inhaftierten zu besuchen. Er räumte ein, selbst befangen zu sein. Und das nicht nur wegen des »Mißverständnisses« bei der Auskunft in Bonn. Für ihn war der Mann ein Kandidat für ein Todesurteil, und das hatte natürlich eine andere Qualität, nicht wahr?

Ich versuchte, Normalität zu spielen.

Die Begegnung verlief so, wie alle Beteiligten es erwartet hatten. Der Häftling ging davon aus, daß er zum Tode verurteilt werden würde und wollte von mir wissen, auf welche Weise in der DDR gehenkt werde: mit dem Fallbeil, per Strang oder Genickschuß, mit Gas, Giftspritze oder elektrischem Stuhl wie in den USA.

Weder ich noch der Diplomat reagierten darauf.

Stattdessen versuchte er ihn davon zu überzeugen, daß das DDR-Gericht nicht unbedingt ein Todesurteil aussprechen müsse, und sollte dieser Fall eintreten, bestehe die Möglichkeit der Begnadigung.

Der Inhaftierte hatte dafür kein Ohr. Er argumentierte, daß lebenslänglicher Freiheitsentzug noch schlimmer sei als der Tod.

Und er wollte wissen, welche Konsequenzen die falsche Auskunft des Ministeriums für die dortigen Beamten hätte.

Er steigerte sich in seinen Vorhaltungen, bis es wütend aus dem Diplomaten herausbrach: »So naiv kann doch keiner sein, um zu glauben, man könne aus einer Armee desertieren, dabei einen Kameraden erschießen und illegal das Land verlassen, um dann 15 Jahre später von eben jenem Staat übersehen zu werden, wenn er auf einer Autobahn durchs Land reist?«

Der Mann wechselte das Thema und erkundigte sich nach seiner Frau. Der StäV-Mitarbeiter konnte darauf keine befriedigende Auskunft geben.

Das Gespräch endete mit wechselseitiger Verstimmung.

Im Westen mehrten sich die Appelle. Sogar Bundeskanzler Helmut Schmidt äußerte seine Besorgnis und ließ über seine Kanäle die DDR-Führung wissen, daß er an einer humanen Lösung interessiert sei.

Der Inhaftierte wurde aber nicht deshalb zu lebenslangem Freiheitsentzug verurteilt.

Im Unterschied zu anderen lebenslang Verurteilten saß er allerdings länger in Bautzen II. Er wurde erst in den 80er Jahren aus der Haft entlassen und in die Bundesrepublik abgeschoben.

Ich hatte wiederholt mit Deserteuren zu tun, die auf unterschiedliche Weise in den Westen wollten und dabei gescheitert waren, illegal das Land zu verlassen oder die Ausreise zu erzwingen. 1984 hatten etwa 60 DDR-Bürger die Ständige Vertretung in der Hannoverschen Straße »besetzt«. Das war eine Belastung für beide Seiten, wie sich Hans Otto Bräutigam, damals Leiter der StäV, erinnerte. In einer Festschrift zum 80. Geburstag von Rechtsanwalt Wolfgang Vogel, die in einer kleinen Auflage gedruckt wurde, schrieb er dazu:

»[…] An einem Vormittag Ende März [1984] erschien in der Residenz in der Kuckhoffstraße ein unbekannter junger Mann und gab vor, unseren Sohn Robert sprechen zu wollen, der aber nicht in Berlin war. Unsere in der Residenz tätige Mitarbeiterin sagte dem Besucher, sie könne leider keine Auskunft geben. Wenn er besondere Wünsche habe, möge er sich doch bitte an die Ständige Vertretung in der Hannoverschen Straße wenden. Der junge Mann hatte in der Tat besondere Wünsche. Wenig später meldete er sich in der Vertretung und wurde dort von einem Mitarbeiter der Rechtsabteilung empfangen. Ihm sagte er geradeheraus, er sei Soldat in der NVA, an der Ostsee stationiert und als ›Kampfschwimmer‹ ausgebildet. Er habe seine Einheit verlassen, könne jetzt nicht mehr zurück und bitte, sofort in die Bundesrepublik gebracht zu werden.

Das war schon auf den ersten Blick ein gravierender Fall, wie wir ihn bisher nicht gehabt hatten. Als der Leiter unserer Rechtsabteilung, Jan Hoesch, Rechtsanwalt Vogel mit dem Vorgang befaßte, antwortete der nur: ›Ich habe kein Mandat. Versuchen Sie, den Mann dazu zu bringen, sofort in seine Einheit zurückzugehen. Sonst wird es schlimm.‹

Wir sprachen eindringlich mit dem Besucher, doch er zeigte sich völlig unzugänglich. Er war ein Deserteur und wußte, was er im Falle einer Rückkehr zu erwarten hatte. Trotz größter Bedenken entschlossen wir uns, den Mann in seiner verzweifelten Lage zunächst einmal in der Vertretung zu behalten. Ihn vor die Tür zu setzen, kam für uns aus verfassungsrechtlichen, politischen, aber auch aus moralischen Gründen nicht in Frage. Denn auch ein NVA-Soldat war nach unserem Verständnis ein Deutscher im Sinne des Grundgesetzes. So begann die schwerste Krise der Ständigen Vertretung seit ihrem Bestehen. Und wir ahnten es.

Im Mai kamen weitere Flüchtlinge in die Ständige Vertretung, die sich weigerten, bei Dienstschluß wieder zu gehen. Es hatte sich inzwischen wohl herumgesprochen, wie man sich verhalten muß, wenn man politisches Asyl, also Hilfe bei der Flucht in den Westen, durchsetzen will. Rechtsanwalt Vogel war nicht mehr in der Lage zu helfen. Seine stereotype Antwort lautete: Ich habe kein Mandat. Von Staatssekretär Rehlinger in Bonn hörte ich, wegen der Flüchtlinge in der Ständigen Vertretung habe die DDR die Genehmigung von Ausreiseanträgen gestoppt. Obwohl auf der politischen Ebene das Klima gut war – denn Phillip Jenninger und Schalck-Golodkowski verhandelten über den zweiten Milliardenkredit und sprachen auch über einen Besuch Honeckers im Herbst –, war die Vertretung blockiert. Auch Schalck sah sich nicht in der Lage zu helfen. Diese Dinge laufen auf einer anderen Ebene, bedeutete er seinem Verhandlungspartner.

Am 5. Juni erschien in der *Bild*-Zeitung ein Bericht über die Flüchtlinge in der Ständigen Vertretung.

Unsere in der DDR akkreditierten Korrespondenten wußten dies bereits; wir hatten sie frühzeitig davon unterrichtet, daß wir neue ›Hausgäste‹ hatten, und sie aber gebeten, nicht darüber zu schreiben, weil Publizität eine Lösung nur erschweren würde. Daran hatten sich alle gehalten. Doch jetzt war die Schleuse geöffnet, nahezu täglich erschienen neue Berichte in der West-Presse mit Spekulationen, Indiskretionen und Anklagen gegen das DDR-Regime. Der politische Druck nahm zu. […]

Nach Pfingsten rief ich beinahe täglich Rechtsanwalt Vogel an, um mich zu erkundigen, ob es etwas Neues gebe. Das tat ich allerdings mit einem Hintergedanken. Da unser Telefon unzweifelhaft abgehört wurde, gab ich mir große Mühe, nicht so sehr Vogel, der das nicht nötig hatte, sondern den unsichtbaren Zuhörern die Folgen vor Augen zu führen, wenn die Fälle in der Vertretung nicht bald gelöst würden: Beeinträchtigung der deutsch-deutschen Verhandlungen, an denen die DDR ein besonderes, nämlich finanzielles Interesse hatte; Vertagung des Honecker-Besuchs; Rufschädigung der DDR im Ausland – nicht nur im Westen, auch bei den eigenen Bündnispartnern. Die Situation war jetzt tatsächlich außerordentlich angespannt. Mehr und mehr überschattete das Problem der ›Botschaftsflüchtlinge‹ die gesamten deutsch-deutschen Beziehungen. Ich wußte nicht, wie die Sache ausgehen würde. Nur in einem war ich mir sicher: Die Staatssicherheit durfte diese Kraftprobe nicht gewinnen. Der politische und psychologische Schaden würde unermeßlich sein.

Seit der Aufenthalt der Flüchtlinge in der Vertretung bekanntgeworden war, kamen fast täglich neue Zufluchtsuchende. Die meisten konnten die Mitarbeiter überzeugen, wieder zu gehen. Doch einige waren hartnäckig und weigerten sich, die Vertretung zu verlassen. Sie hatten sich auf das ›Asyl‹ eingestellt und kamen mit Gepäck. Am 15. Juni war die Zahl der Flüchtlinge auf 28 angewachsen, am 20. Juni waren es bereits 40, darunter 13 Kinder. Eines Abends, als ich nach Hause fuhr, sah ich neben dem Eingang der Vertretung einen leeren Kinderwagen stehen. Die Eltern hatten ihn dort stehenlassen, um mit ihrem Kind möglichst schnell an den Volkspolizisten vorbei den rettenden Eingang zu erreichen. Das Bild des verlassenen Kinderwagens steht mir noch heute vor Augen.

In den nächsten Tagen spitzte sich die Situation weiter zu. Ich fragte mich: Würde die Volkspolizei doch noch die Vertretung absperren und damit eine normale Arbeit unmöglich machen? Oder warteten sie darauf, daß wir keine Besucher mehr hereinlassen? Das eine war für uns unerträglich, das andere widersprach unseren Grundsätzen. Eine Normalisierung der Lage lag im Interesse beider Seiten.

Schon seit Tagen war die Bewachung der Ständigen Vertretung demonstrativ verstärkt worden. Bis zu acht Volkspolizisten waren tagsüber am Eingang postiert oder saßen in den beiden Wachhäuschen. Auf der anderen Straßenseite standen Stasileute in Zivil, um jederzeit eingreifen zu können. Dort parkte auch ein Lada der Stasi. Fast alle Passanten, die den breiten Bürgersteig auf unserer Seite der Hannoverschen Straße benutzten, wurden nun von der Volkspolizei kontrolliert. Für normale DDR-Bürger, die nicht in die Vertretung wollten, war das abschreckend. Sie gingen vor dem Eingang zur Vertretung lieber auf die andere Straßenseite, um sich keinem Verdacht auszusetzen. Nur wenige DDR-Bürger trauten sich noch, in die Vertretung zu kommen, und natürlich jene, die demonstrativ um Unterstützung ihrer Ausreiseanträge nachsuchen wollten.

Mitte Juni war die Lage vor der Vertetung unerträglich geworden. Sie sah aus wie eine belagerte Festung. In der Vertretung herrschte drangvolle Enge. Wir hatten die Asylanten im 5. Stock untergebracht, der bisher von unseren Hausordnungsdienst – Beamten des Bundesgrenzschutzes – benutzt worden war.

Den Asylanten standen dort zwei Duschen und zwei Toiletten zur Verfügung, Sie schliefen in einem großen Aufenthaltsraum und drei weiteren Räumen auf Matratzen, die wir aus West-Berlin herbeigeschafft hatten. Bei der Verpflegung unserer ›Hausgäste‹ wurden wir von einer West-Berliner Großküche unterstützt.

Um Ruhe und Ordnung zu halten, war der Tagesablauf streng reguliert: Aufstehen zu bestimmten Zeiten, Morgentoilette, Mahlzeiten, Vorlesen für die Kinder, Spaziergänge auf dem Hof der Vertretung in kleinen Gruppen, Fernsehzeiten für Kinder und Erwachsene, Nachtruhe. Die ärztliche Betreuung hatte die Internistin Frau Dr. Hösch, Ehefrau des Leiters der Rechtsabteilung, übernommen. Mehrere Mitarbeiterinnen widmeten sich den ganzen Tag über den Hausgästen. Sie führten Beruhigungsgespräche, schlichteten Konflikte, die zunehmend auftraten, und halfen, praktische Probleme zu lösen. Sie leisteten einen aufopferungsvollen Dienst.

Trotzdem nahmen durch das Zusammenleben auf engstem Raum die Spannungen unter den Asylanten zu. Es bildeten sich Gruppen, die heftige Auseinandersetzungen führten, und manchmal drohte der Streit in offene Gewalt überzugehen. Wir waren in großer Sorge, es könnten Gewalttätigkeiten ausbrechen oder jemand würde sich aus Verzweiflung gar aus dem Fenster stürzen. So beauftragten wir unseren Hausordnungsdienst, zusätzlich zu seiner Arbeit an der Eingangspforte im 5. Stock Aufsicht zu führen und für Ruhe und Ordnung zu sorgen. [...]

In der zweiten Junihälfte wurde die Lage in der Vertretung immer kritischer. Die Stimmung im 5. Stock war spannungsgeladen und explosiv. Jeder neue Zugang führte dazu, daß die Asylanten noch enger zusammenrücken mußten. Einige Mitarbeiter im 4. Stock räumten ihre Büros, um zusätzlichen Platz zu schaffen. Aber wir mußten der Wahrheit ins Auge sehen: Das Haus war buchstäblich voll. Auch unsere normale Arbeit in der Vertretung war zunehmend betroffen. Alle Empfänge wurden abgesagt. Es hatte keinen Sinn mehr, den Schein der Normalität zu wahren.

Am 25. Juni, einem Montag, entschlossen wir uns mit sehr zwiespältigen Gefühlen, den Besucherverkehr im Windfang an der Pforte abzuwickeln, einem Raum von knapp 10 Quadratmetern. Die Besucher wurden gebeten, ihre Wünsche durch ein Sprechloch an der Pforte – wie an einem Fahrkartenschalter – vorzubringen, wo sie von einem Mitarbeiter der Rechtsabteilung entgegengenommen wurden. Die Tür zu dem inneren Bereich des Vertretungsgebäudes blieb geschlossen. Damit hofften wir, den Zustrom neuer Asylanten, die sich nun täglich meldeten, eindämmen zu können. Ein letzter, verzweifelter Versuch, die Vertretung offenzuhalten und unsere Arbeit weiterzuführen.

[...] Am Abend weigerten sich zehn Personen, meist junge Leute, den Eingangsbereich an der Pforte zu verlassen. Sie harrten dort über Nacht aus. Die Vertretung sorgte dafür, daß sie Essen und Trinken erhielten und auf primitive Weise ihre Notdurft verrichten konnten. Eine bedrückende, menschenunwürdige, auch für die Vertretung demütigende Situation, die, wenn überhaupt, nur dadurch gerechtfertigt werden konnte, daß wir darum kämpften, die Vertretung offenzuhalten. Als ich am nächsten Morgen die Situation in Augenschein nahm, rang ich mich dazu durch, den Zustand an der Pforte der Vertretung umgehend zu beenden, und wenn es denn nicht anders ging durch Schließung der Vertretung für alle Besucher, bis wieder normale Verhältnisse eingetreten sein würden. Ich fuhr zum Reichstag in West-Berlin, wo die Vertretung einen Telefonanschluß unterhielt, über den wir das Bundeskanzleramt und andere Regierungsstellen jederzeit erreichen konnten (was von Ost-Berlin aus nicht gewährleistet war).

Dort telefonierte ich mit Staatsminister Phillip Jenninger, unterrichtete ihn über die Situation und ersuchte ihn förmlich um die Zustimmung der Bundesregierung zur Schließung der Vertretung, wenn der jetzt herrschende Zustand nicht anders beendet werden könne. Jenninger widersprach nicht. Er werde Bundeskanzler Helmut Kohl und die anderen beteiligten Stellen unterrichten, sagte er. [...]

Die zehn jungen Leute, die sich noch im Eingangsbereich aufhielten, wurden ins Haus gelassen und zu den anderen Asylanten gebracht. Sie waren die Letzten, die es noch geschafft hatten. Am Eingang wurde ein Schild angebracht, auf dem zu lesen war: ›Die

Ständige Vertetung kann vorübergehend keine Besucher empfangen. Sie können sich schriftlich oder telefonisch unter der Ruf-Nr. 2825261 an uns wenden.‹ Das Tor an der Zufahrt zum Hof der Vertretung wurde ebenfalls geschlossen. [...] Am 25. Juni, dem Tag vor der Schließung der Vertretung, hatte sich Schalck bei Jenninger gemeldet und die Bereitschaft der DDR signalisiert, allen DDR-Bürgern, die sich zu dieser Zeit in der Ständigen Vertretung aufhielten, eine Ausreisezusage zu geben. Nur für die drei Problemfälle – den Deserteur, den NVA-Hauptmann und einen Funktionär, über den wir nichts Näheres wußten – konnte er keine Ausreisegenehmigung in Aussicht stellen.

Ich rief sofort Rechtsanwalt Vogel an. Der bestätigte die Mitteilung Schalcks und gab mir sogar zu verstehen, daß die drei Problemfälle vielleicht vor dem Honecker-Besuch, der für den frühen Herbst geplant war, begnadigt und abgeschoben werden könnten. Ich äußerte Bedenken. Es müsse jetzt eine Lösung für alle erreicht werden, sagte ich. Immerhin gab es endlich Bewegung und die mußten wir nutzen.

Am nächsten Tag reiste Staatssekretär Rehlinger nach Ost-Berlin und traf dort am 27. Juni mit Rechtsanwalt Vogel zusammen, um im einzelnen über die Lösung der Krise zu sprechen. Die Gespräche dauerten bis zum späten Abend und wurden am nächsten Tag fortgesetzt. Zeitweise nahm ich an den Verhandlungen teil. Das Ergebnis war ein gemeinsames Papier, in dem alle wesentlichen Punkte der Lösung fixiert wurden. Die DDR sagte darin allen Asylanten Straffreiheit wegen des Aufenthalts in der Ständigen Vertretung zu (was nach DDR-Recht in der Tat strafbar sein konnte).

Ihnen wurde anheim gegeben, nach Verlassen der Vertretung bei den zuständigen Stellen der DDR einen Ausreiseantrag zu stellen. Alle Anträge würden, so hieß es ausdrücklich in dem Papier, genehmigt werden. Rehlinger übergab Vogel eine Liste mit den Daten der Personen, die sich zu dieser Zeit in der Ständigen Vertretung aufhielten. Vogel sagte anwaltliche Unterstützung für den Fall zu, daß bei dem Genehmigungsverfahren besondere Probleme auftreten sollten, z.B. bei der Veräußerung von Grundstücken, der Abwicklung von Schulden, Unterhaltsverpflichtungen etc.

Zur Arbeit der Ständigen Vertretung in Ost-Berlin bestätigte

Rehlinger Erklärungen, die die Bundesregierung bereits früher abgegeben hatte. Danach würden Antragsteller in der Ständigen Vertretung ausdrücklich darauf hingewiesen, daß die Entscheidungen über Ausreise und Übersiedlung in die Bundesrepublik allein von den zuständigen Stellen in der DDR getroffen würden. Ferner sollten die Besucher ausdrücklich darauf hingewiesen werden, daß sie die Ständige Vertretung nach dem Gespräch unverzüglich wieder zu verlassen hätten. Dies könne in Einzelfällen ein längeres Gespräch erforderlich machen, ›da niemand gegen seinen Willen aus der Ständigen Vertretung entfernt wird‹. Auf diesen Satz hatte Rehlinger hartnäckig bestanden. Die Forderungen der DDR, die Vertretung solle ›Botschaftsflüchtlinge‹, die um Asyl nachsuchen, aus dem Haus weisen, notfalls sogar mit Gewalt, war damit vom Tisch.

Am Donnerstag, dem 28. Juni, holte Vogel die Zustimmung der DDR zu dem in dem Papier festgelegten Verfahren ein. Auf dem Exemplar Vogels sahen wir, daß Erich Honecker persönlich sein Einverständnis erklärt hatte (›Einverstanden. E. H.‹). Die von Rehlinger ausgehandelte Regelung galt auch für die drei Problemfälle in der Vertretung: den Deserteur, den Hauptmann der Reserve der NVA und den Funktionär, der als Geheimnisträger bezeichnet wurde.

Der wirklich schwierige Fall war der Deserteur, der sich bereits seit drei Monaten in der Vertretung aufhielt. Er hatte, was man verstehen konnte, eine panische Angst, in die Hände der Militärpolizei der NVA zu geraten und wegen seiner Fahnenflucht vor ein Militärgericht gestellt zu werden. Politische Gründe für seine Desertion hatte er offenbar nicht. Er wollte nur einfach weg, weil ihm die DDR oder NVA – oder beides – zuwider war. Ursprünglich hatte er sogar verlangt, eine Freundin mitzunehmen, die das aber ablehnte.

Dieser Fall konnte erst ganz zuletzt zwischen Rehlinger und Vogel gelöst werden.

Nachdem Vogel die Zustimmung der DDR-Oberen signalisiert hatte, gingen Rehlinger und ich in den 5. Stock, um mit den 55 Asylanten zu sprechen. Es war ein heißer Tag, die Luft stickig, die meisten unserer Hausgäste waren nur leicht bekleidet. Rehlinger stellte sich vor und erläuterte das Angebot der DDR. Als Rehlinger geendet hatte, war die Atmosphäre aufs äußerste gespannt.

Die Asylanten hatten bis jetzt mit der Hoffnung gelebt, direkt nach West-Berlin gebracht zu werden. Der Weg zurück in ihre Heimatorte war für sie unvorstellbar. Und Vertrauen, daß die DDR die der Bundesregierung gegebenen Zusagen einhalten würde, hatten sie nicht; ich glaube, keiner von ihnen. Ihre erste Reaktion auf das Angebot der DDR war ablehnend und voller Mißtrauen. [...] Staatssekretär Rehlinger blieb ganz ruhig. Er bot ihnen an, mit jedem Einzelnen zu sprechen. Auch Rechtsanwalt Vogel, den alle dem Namen nach kannten, war bereit, Fragen der Asylanten zu beantworten. Und natürlich standen meine Mitarbeiter und ich für Gespräche zur Verfügung. Doch zunächst ließen wir die Asylanten allein. Sie brauchten jetzt Zeit, um das Angebot abzuwägen, die Risiken einzuschätzen, vielleicht noch weitere Zusicherungen zu verlangen.

Nachdem Rehlinger und ich die Asylanten verlassen hatten, wurde im 5. Stock heftig diskutiert. Nach einiger Zeit begannen Rehlinger, Vogel und ich Einzelgespräche zu führen. [...]

Am 30. Juni, einem Samstag, waren die ersten Asylanten bereit, die Ständige Vertretung zu verlassen.

Der erste, der sich meldete, gehörte zu einer Gruppe junger Buddhisten aus Ost-Berlin. Sie hatten täglich in ihrem Schlafraum eine Andacht mit Kerzen und Meditationsübungen abgehalten und dank ihres Gottvertrauens die lange Wartezeit gut überstanden. Einer von ihnen erklärte sich bereit, nach Hause zu gehen, am Montag in der Abteilung für Inneres beim Magistrat vorzusprechen und einen Ausreiseantrag zu stellen. Unmittelbar danach werde er telefonieren und berichten. Sollte er sich nicht melden, sei etwas nicht in Ordnung.

Der Probelauf verlief ohne Zwischenfälle. Nach seiner Rückmeldung verließen auch die anderen Buddhisten die Vertretung, unter ihnen der jüngste Zufluchtsuchende: ein sechs Monate altes Kind mit seiner Mutter. Am 2. Juli abends hatten über 30 Asylanten den Weg nach Hause angetreten. Jürgen Staab, mein Vertreter, und ich setzten unterdessen die Gespräche mit den Asylanten fort. Jeder, der ging, zog andere nach sich. Der harte Kern der Verweigerer begann zu bröckeln. Am 5. Juli gingen die Letzten. [...]«

Soweit der Vorgang von 1984 aus der Perspektive von Hans Otto Bräutigam.

Der Deserteur – ein Berufssoldat im Range eines Oberfeldwebels – blieb 99 Tage in der Ständigen Vertretung und wurde dann, was Bräutigam verschwieg, mit unserem Wissen in einem CD-Fahrzeug der StäV versteckt und von der Hannoverschen Straße nach Westberlin gebracht. In der Bundesrepublik bekam der »legal« ausgeschleuste Deserteur eine Wohnung, eine Arbeitsstelle, einen PKW und finanzielle Unterstützung. Er führte ein sorgloses Leben und hatte nur eines im Sinn: seine im Erzgebirge verbliebene Freundin nachzuholen.

Sie hatte inzwischen aber einen neuen Freund gefunden und wollte nicht in den Westen. Nach Monaten vergeblichen Bemühens entschloß er sich, sie zu entführen. Zu diesem Zwecke beschaffte er sich Schnüre, Handschellen, Klebeband und eine Pistole mit Munition und reiste mit seinem PKW offiziell in die CSSR. Von dort ging er illegal in die DDR. Nach Einbruch der Dunkelheit kletterte er durch das Kellerfenster des Einfamilienhauses der Eltern der Freundin und stand plötzlich, für alle völlig überraschend, mit der Pistole in der Hand im Wohnzimmer.

Der ehemalige Berufssoldat versuchte, seine Freundin zum Mitkommen zu überreden, was sie kategorisch ablehnte.

Eine Person konnte sich unbemerkt entfernen und die Polizei informieren. Die rückte an, überwältigte den Eindringling und nahm ihn fest. Nach Verkündung des Haftbefehls erfolgte die Benachrichtigung der Ständigen Vertretung.

Zum ersten Besuch meldete sich der Leiter der Rechtsabteilung an. Auf diese Begegnung habe ich mich besonders gründlich vorbereitet. Vor mir lagen neben den Aussagen des Festgenommenen über seinen Aufenthalt in der Ständigen Vertretung, über den Umgang der Mitarbeiter mit den Botschaftsbesetzern, seine ausführlichen Gespräche mit dem Leiter der Rechtsabteilung und Protokolle über seinen späteren Aufenthalt in der BRD sowie die beschlagnahmten Hilfsmittel einschließlich der Pistole.

Ministerialrat Dr. Staab, sonst ein Mann mit Augenmaß, fiel erstmals aus der Rolle. Er hielt mir vor, das MfS habe mit Hilfe der Freundin den Mann in die CSSR gelockt und dann in die DDR verschleppt. So hatte ich ihn noch nie erlebt. Ich kannte ihn bis dato als einen sachlich denkenden Juristen, der in den Vor- und Nachgesprächen seinen politischen Standpunkt vertrat, auf Gegenargumente aber niemals provozierend reagierte.

Ich erkundigte mich, wie er zu einer solchen Auffassung gekommen sei. Aus der Zeitung könne er das wohl nicht haben, denn die Medien hätten bislang nichts über den Inhaftierten geschrieben.

Staab berief sich auf seine Gespräche mit dem Oberfeldwebel. Ihm sei klargeworden, daß der niemals freiwillig in die DDR zurückkehren würde.

Ich schob ihm das Protokoll der Zeugenvernehmung über den Tisch.

Er blickte nur kurz auf die Aussagen der Ex-Freundin und sagte, man wisse ja, wie die Staatssicherheit arbeite.

Ich legte die Pistole auf den Tisch. Die Handschellen, das Klebeband, das Seil.

Er blieb bei seiner Auffassung, daß das MfS alles inszeniert habe, und verlangte den Häftling zu sprechen.

Der schilderte ausführlich seine ergebnislosen Bemühungen, seine Freundin zu erreichen und wie er sich schließlich entschlossen habe, aktiv zu werden, d.h. sie aus Liebe zu kidnappen. Er berichtete detailliert, wie er über die »grüne Grenze« von der CSSR in die DDR gegangen sei, wie er in den Heimatort der Freundin gelaufen und schließlich ins Haus der Eltern eingedrungen sei usw. Er wiederholte alle in den Protokollen festgehaltenen Fakten.

Es bestand kein Zweifel: Es war alles genauso gewesen, wie er es beschrieben hatte. Staab wurde merklich ruhiger, zumal seine Nachfragen genau diesen Eindruck bestätigten. Nun kippte die Stimmung, sein Unmut kehrte sich gegen den Ex-Oberfeldwebel. Wie konne man nur so blöd sein, als Deserteur dorthin zurückkehren, wo man formal gesucht werde. Schließlich habe er es der Geheimdiplomatie zwischen Bonn und Berlin zu danken, daß er unauffällig in den Westen gelangt sei, und statt froh darüber zu sein und Ruhe zu geben, habe er gegen alle Vernunft gehandelt. Das sei, mit Verlaub, ein Tritt gegen die Schienbeine der DDR und der Bundesrepublik. Er habe begründete Zweifel, daß man sich noch einmal für ihn engagieren werde.

Für den Inhaftierten brach eine Welt zusammen, denn er mußte mit einer zweistelligen Freiheitsstrafe ohne Aussicht auf vorzeitige Haftentlassung rechnen.

Im Nachgespräch brachte Dr. Franz-Jürgen Staab noch einmal sein Unverständnis über dieses Verhalten zum Ausdruck. Er schien auch persönlich betroffen, weil er offenkundig sich in seinem Urteil über den jungen Menschen geirrt hatte. Er glaubte ihn während der 99 Tage in der Vertretung kennengelernt zu haben, sprach gar von einem Vater-Sohn-Verhältnis. Und nun das!

Seine Enttäuschung war echt.

Er ging allerdings nicht soweit, daß er sich für die Unterstellungen an die Adresse des MfS entschuldigt hätte. Gleichwohl spürte ich, daß ihm seine Äußerungen im Nachgang peinlich waren. Wir gaben uns die Hand. Damit war die Sache erledigt.

Der Ex-Oberfeldwebel wurde zurück in die Haftanstalt in Karl-Marx-Stadt gebracht. Dort bekam er nach wenigen Tagen einen Haftkoller: Er bedrängte seinen Zellengenossen, daß dieser verlegt werden mußte, dann demolierte er die komplette Einrichtung und ging mit einem Tischbein auf den Schließer los.

Um kein außenpolitisches Porzellan zu zertöppern, fragten die Verantwortlichen der Haftanstalt an, was sie tun sollten. Ich sagte ihnen, daß sie alle zur Disziplinierung von Häftlingen vorgesehenen Maßnahmen anwenden können. Auch Tränengas?

Auch Tränengas, antwortete ich.

Auf diese Weise wurde der Inhaftierte zunächst kampfunfähig gemacht und in die Arrestzelle gebracht. Die völlig zerstörte Zelle wurde dokumentiert.

Nach etwa fünf Monaten kam es zum zweiten Besuch durch die Ständige Vertretung. Wieder erschien der Leiter der Rechtsabteilung. Im Vorgespräch wurde er über die Randale detailliert informiert und auch über den Einsatz von Tränengas.

Staab nahm alles kommentarlos zur Kenntnis und machte sich Notizen. Ich übergab ihm ein Foto von der demolierten Zelle.

Das Gespräch mit dem Inhaftierten begann er mit der Bemerkung, daß er bereits über den Vorfall informiert sei. Nach der dramatischen Darstellung des Häftlings fragte er nur kurz, ob er dabei verletzt worden sei.

Nein, lautete die Antwort.

Damit war für Dr. Staab das Thema erledigt.

Später beschwerte sich der Häftling in einem Brief an die Ständige Vertretung, daß ihm die 100 Mark der DDR, die er beim Besuch erhalten habe, als Regreß für das zerschlagen Mobiliar abgenommen worden seien und er nun kein Geld für den wöchentlichen Lebensmitteleinkauf habe.

Die Ständige Vertretung kritisierte daraufhin in einer Note an das Außenministerium diese Maßnahme und erklärte, daß die übergebenen Geldbeträge für Lebensmitteleinkäufe bestimmt seien und ausschließlich dafür verwandt werden sollten.

Der Mann erhielt sein Geld zurück.

Ich als Entführer

In den 90er Jahren wurde gegen mich ein Ermittlungsverfahren eingeleitet. Ich sollte, so lautete der erhobene Vorwurf, einen Westberliner aus Ungarn in die DDR verschleppt haben, wo er zu einer mehrjährigen Haftstrafe verurteilt worden war.

Die Sache hatte sich so zugetragen:

Ende der 70er Jahre versuchte ein Medizinstudent aus dem Westteil Berlins, seine Freundin aus dem Ostteil Berlins im PKW über die ungarisch-österreichische Grenze zu schleusen. Dabei wurden sie von den Ungarn geschnappt. Der Student wurde zu zehn Monaten verurteilt, seine Freundin holte ich in Budapest mit dem Flugzeug ab.

Unsere Spionageabwehr hatte inzwischen in Erfahrung gebracht, daß der junge Mann nicht nur aus Liebe in Ostberlin aktiv war, sondern auch im Auftrag eines US-Geheimdienstes. Er sammelte für die Amerikaner Nachrichten unter den kirchlich gebundenen Medizinstudenten der Humboldt-Universität und anderer Hochschulen in der DDR-Hauptstadt. Die Besuche bei der Freundin dienten vermutlich nur der Legendierung seiner häufigen Visiten.

Das ihn belastende Material wurde dem Generalstaatsanwalt der DDR übergeben, ein Ermittlungsverfahren eingeleitet und Haftbefehl erlassen. Gemäß Rechtshilfeabkommen beantragte Berlin in Budapest die Auslieferung des dort einsitzenden Westberliners.

Ich bekam den Auftrag, das Auslieferungsersuchen und das Belastungsmaterial im ungarischen Justizministerium zu übergeben. Minister Mielke avisierte mein Kommen per Telegramm bei Ungarns Innenminister. Ich flog nach Budapest, leerte dort meine Tasche und flog mit der Antwort nach Hause, daß man alles überprüfen werde.

Nach einigen Wochen wurden wir auf Regierungsebene unterrichtet, daß ein Gericht entschieden habe, dem Auslieferungsbegehren der DDR nach Verbüßung der zehnmonatigen Haftstrafe nachkommen zu wollen.

Unmittelbar nach Beendigung seiner Haft wurde der junge Mann auf den Budapester Flugplatz gebracht, wo bereits ein Sonderflugzeug aus der DDR auf ihn wartete. Dort übernahm ich ihn.

Er wirkte sehr gefaßt und erkundigte sich bei mir, was ihn in der DDR erwarte. Ich sagte: ein Gerichtsverfahren. Wohl wissend, daß ihm bereits bekannt war, was ihm vorgeworfen wurde. Ich riet ihm dennoch, daß er ein umfassendes Geständnis ablegen sollte – das mache auf jeden Richter einen guten Eindruck.

Sodann informierte ich ihn, daß umgehend die zuständigen Senatsdienststellen über seine Inhaftierung in Kenntnis gesetzt werden würden. Es würde sich ein Mitarbeiter der Ständigen Vertretung bei ihm melden. Ob sich die BRD-Botschaft während seiner Haft in Ungarn bei ihm gemeldet habe?

Er schüttelte den Kopf. Nein, die hätten sich kaum um ihn gekümmert.

Wenig später meldete sich der erste Besucher aus der StäV. Die Frau wollte von ihm wissen, wie er in die Hände des MfS geraten sei. Die Frage war so formuliert, daß sie die Antwort fast enthielt. Also man habe den Verdacht, daß es sich um eine Art Entführung handeln könnte …

Der junge Mann hatte ein feines Gespür und schilderte die Gerichtsverhandlung in Budapest, bei der sein Anwalt gegen die geplante Überstellung an die DDR gekämpft, jedoch keine Unterstützung durch die BRD-Botschaft erfahren habe. Die Verbindung zum US-Dienst, die ja der Grund für seine Auslieferung war, streifte er nur vage. Kurzum: Seine Ausführungen, die nicht falsch, aber eben auch nicht vollständig waren, schienen die Behauptung zu stützen, er sei gegen seinen Willen in die DDR verbracht worden.

Jedoch: Alles war lückenlos dokumentiert, an der Rechtmäßigkeit der Abläufe bestand kein Zweifel. Die Mitarbeiterin gab sich erstaunt ob solcher Korrektheit und nahm ihre Zweifel vom Tisch.

Wegen aktiver Spionage wurde der Westberliner zu einer langjährigen Haftstrafe verurteilt, doch schon bald im Rahmen eines Agentenaustausches in den Westen abgeschoben.

Das alles holte man in der Abrechnung mit der DDR und dem MfS wieder hervor. Es wurde ein Ermittlungsverfahren gegen mich eingeleitet. Im Unterschied zu etlichen meiner Mitarbeiter folgte ich der Aufforderung zu einer Einvernahme. Die Sache war korrekt verlaufen, ich hatte nichts zu verschweigen oder zu verbergen.

In einer mehrstündigen Vernehmung erklärte ich die Umstände und legte Rechtshilfeverträge vor. Danach hörte ich nichts mehr.

Da ich ein Freund klarer Verhältnisse bin, fragte ich wiederholt bei der Staatsanwaltschaft im Westteil Berlins an, ehe mir nach mehreren Monaten Nachricht zuteil wurde.

Man habe das Ermittlungsverfahren gegen mich eingestellt.

Menschenhändler

Bevorzugte Schleusungsobjekte waren gut betuchte Berufsgruppen in der DDR bzw. solche Personen, die vermögende Verwandte in der Bundesrepublik besaßen. Auf sie konzentrierten sich solche Unternehmen gern. Es war nachweislich ein krimineller Erwerbszweig, der den politischen Kontext allenfalls als Geschäftsrahmen verstand. Es ging nicht um Freiheit und Menschenrechte, sondern um Kohle. Darum nannten wir solche Gangster, die meist im Kolletiv handelten, zutreffend »kriminelle Menschenhändlerbanden«.

Eine dieser Banden hatte sich auf Mediziner spezialisiert. Bis zu ihrer Verhaftung hatten sie 34 Ärzte und andere medizische Fachkräfte im PKW auf der Transitstrecke über die Grenze gebracht und gut verdient. Durch diesen Abgang waren das Kreiskrankenhaus Wernigerode und etliche Abteilungen des Krankenhauses Berlin-Friedrichshain nahezu lahmgelegt.

Der Fahrer des Fahrzeuges wurde zu einer langjährigen Haftstrafe verurteilt, die er in Bautzen II absaß. Er wurde, wie üblich, zu den Besuchen nach Berlin gebracht.

Aus seinen Unterlagen ging für mich hervor, daß er häufig krank war, oder genauer: Sehr häufig den Arzt konsultierte, sich krankschreiben ließ und damit der Arbeit fernblieb, gleichwohl aber sogenanntes Krankengeld bezog. Er war dem Papier nach ein Simulant.

Diesen Eindruck bestätigte er auch durch sein Auftreten. Er begann das Gespräch mit seiner Leidensgeschichte. Nach seiner Schilderung schien er lebensbedrohlich erkrankt; wenn er nicht bald freigekauft oder ausgetauscht werden würde, ginge er zugrunde. Er barmte und jammerte.

Der StäV-Mitarbeiter nahm das Thema Gesundheit – wie alle seine Kollegen – auf. Obgleich er wußte, daß in allen DDR-Haftanstalten Ärzte und Krankenschwestern sowie für leichte Fälle ausgebildete Sanitäter rund um die Uhr zur Verfügung standen, hielt er dies nicht für ausreichend. Er forderte, daß umgehend der Mann einem Facharzt vorgeführt werden sollte.

Ich fragte ironisch zurück: »Welchem? Jene, die dieser Herr in den Westen geschmuggelt hat, können wir ja nicht mehr fragen?«

Das verschlug ihm die Sprache, er blieb mir die Antwort schuldig.

Ich zog ein Blatt aus meiner Mappe, auf der alle 34 von ihm ausgeschleusten Mediziner mit Namen und Fachgebiet vermerkt waren. Ich hielt ihm die Liste unter die Nase und bat ihn, sich »seinen Facharzt« auszuwählen und in der BRD anzuschreiben mit der Bitte, ihn in Bautzen fachärztlich zu untersuchen. »Ich verbürge mich für freies Geleit.«

Der Diplomat studierte die Liste und schwieg betroffen.

Der Häftling wurde in Bautzen keinem Facharzt vorgestellt und wurde dennoch wieder gesund.

Er beschwerte sich brieflich bei der Ständigen Vertretung.

Die angekündigte Note blieb aus.

Noch unappetitlicher war der Fall des Westberliner Schleusers, der mit einem gefälschten Paß einreiste, der auf den Namen Robert Karl L. lautete. Er war uns, worauf ich gleich eingehen werde, 1975 ins Netz gegangen. 25 Jahre später traf ich ihn wieder: Als Hauptbelastungszeugen in einem Verfahren gegen fünf Mitarbeiter des MfS, die ihn seinerzeit angeblich entführt hatten.

Er leitete damals in Westberlin die Filiale einer Schweizer Menschenhändlerbande. Er war insofern Überzeugungstäter, als er aus antikommunistischer Gesinnung handelte. Jede erfolgreiche Schleusung feierte er als Schlag gegen den Bolschewismus. Er feierte wirklich. Denn er war nicht nur ein Feind der DDR, sondern auch ein Freund des Alkohols. Und zudem mit übersteigertem Geltungsbedürfnis ausgestattet. So blieb es nicht aus, daß unsere IM in Westberlin ohne große Mühe viel Material über ihn recherchierten. Sie mußten sich nur zu seinen »Siegesfeiern« gesellen. Er prahlte lauthals und stellte seine Leistungen heraus.

Er wurde bei uns verhaftet. Er legte ein umfassendes Geständnis ab und alle Verbindungen offen: zu seinem Auftraggeber in der Schweiz, zum Landesamt für Verfassungsschutz, das die Verläßlichkeit seiner Fahrer und Kuriere überprüfte, zu den Paß- und Meldestellen, die ihn mit falschen Papieren ausstatteten, zu Werkstätten, die ihm die Fluchtfahrzeuge umbauten, und zu Kfz-Zulassungsstellen, die sie ihm genehmigten. Er nannte

Namen von ehemaligen und jetzigen Mitarbeitern. Das alles bediente seine Eitelkeit: Er war plötzlich unerhört interessant und wichtig. Und wenn dieser Satz seine Gültigkeit hat: Man liebt den Verrat, aber nicht den Verräter, so traf dies in diesem Fall hundertprozentig zu.

Diese Haltung konnte er auch im Gespräch mit dem Vertreter der Ständigen Vertretung nicht unterdrücken. Er erzählte ohne Unterlaß. Der nutzte natürlich dieses Mitteilungsbedürfnis. Und fragte ihn aus. Ich ließ ihn gewähren.

Sein Zellengenosse habe beim Schachspiel etwa sein Niveau, worauf der StäV-Mitarbeiter bemerkte, daß sei doch ein guter Zufall, worauf er zu hören bekam, in Stasihaft werde nichts dem Zufall überlassen. Wenn die Kommunikation oder der Draht mit dem Vernehmer oder Zellenkumpan nicht funktioniere, werde ein anderer ausgesucht, bis es klappt. Wenn bei den Vernehmungen der Kaffee nicht schmecke, gäbe es Tee oder ein anderes Getränk, genauso wäre es mit den Zigaretten. Alles werde auf den Häftling abgestimmt, damit dieser nur richtig und wahrheitsgemäß aussage.

Nach Abschluß der Untersuchungen wurde entschieden, die gerichtliche Hauptverhandlung vor erweiterter Öffentlichkeit durchzuführen, mit viel Presse, Fernsehen und etwa 80 Zuhörern. Meist fanden die Gerichtsverhandlungen aus Sicherheitsgründen und um die Arbeitsmethoden der Staatssicherheit und inoffizieller Kräfte zu schützen unter Ausschluß der Öffentlichkeit statt. Oder im Beisein einer »kontrollierten Öffentlichkeit«: Dann saßen Genossen des MfS in Zivil im Saal.

Der Prozeß vor dem Stadtgericht Berlin dauerte mehrere Tage. Der Angeklagte schilderte seine Straftaten mit zynischer Offenheit. Er spreizte und schmückte sich damit.

Von den Zuhörern kannten mich nicht wenige. Sie wunderten sich, wieso ich ständig neben einem Mitarbeiter der Ständigen Vertretung in der ersten Reihe saß, der jeden Abend in der »Aktuellen Kamera« zu besichtigen war. In den Pausen standen wir beisammen und unterhielten uns, denn andere Gesprächspartner fand der Westdeutsche nicht.

Nach der Verhandlung verabschiedeten wir uns mit Handschlag, um uns am nächsten Vormittag ebenso zu begrüßen. Einige Genossen rümpften die Nase. So intim müsse man nun wirklich nicht mit dem Klassenfeind sein, tadelten sie mich.

An der Prozeßführung des Vorsitzenden Richters gab es nichts auszusetzen. Das Auftreten des Verteidigers mißfiel dem Mitarbeiter der StäV, er wünschte sich mehr aggressive Angriffslust, wie er es aus westdeutschen Gerichtssälen kannte. Überrascht hingegen war er wegen des Umstandes, daß man Angeklagten wie Zeugen verbale Attacken auf die DDR durchgehen ließ. Mit stoischem Gleichmut ertrug der Richter alle Ausfälle.

Der Angeklagte wurde zu 15 Jahren Haft verurteilt. Er hoffte, in sehr kurzer Zeit freigekauft zu werden.

Aber er irrte sich. Er hatte nicht nur zu viel geplaudert, sondern sich auch als Krimineller zu erkennen gegeben: Für so einen machte sich im Westen keiner krumm. Niemand wollte sich die Finger schmutzig machen.

Wochen nach dem Prozeß sprach der Leiter der Rechtsabteilung der StäV in der Hauptabteilung Konsularische Angelegenheiten der DDR vor. In dem Gespräch ging es unter anderem auch um jenes Verfahren. Man habe sich durch die Medien der DDR mißbraucht oder vorgeführt gefühlt, erklärte er. Dadurch, daß ihr Vertreter ständig optisch präsent gewesen sei, könne man schlußfolgern, daß man entweder das Handeln des Verurteilten billigte oder, wie die DDR-Seite, es entschieden ablehnte. Man sei aber als Institution neutral. Man werde darum künftig eine Teilnahme an solchen Verhandlungen kritisch prüfen und möglicherweise ihnen fernbleiben, wenn das Fernsehen übertrage.

Tja, heute spielt das Fernsehen natürlich eine ganz andere Rolle, wie ich ein Vierteljahrhundet später erfuhr. Ich war zu jener bereits erwähnten Gerichtsverhandlung gegangen, bei der man fünf meiner Genossen den Marsch zu blasen beabsichtigte.

Der seinerzeit verurteilte Schleuser überzog wie gewohnt. Der Richter mußte ihn mehrmals ermahnen, doch bei der Sache und der Wahrheit zu bleiben. In der Verhandlungspause fütterte er die zahlreich erschienenen Medienvertreter mit jenen Gräuelmärchen, die sie zu hören wünschten. Mehrere Monate habe er in quälender Einzelhaft zubringen müssen, plapperte er in die hingehaltenen Mikrofone.

Ich mischte mich ein.

»Sie haben nicht einen einzigen Tag allein in einer Zelle zugebracht. Und man mußte Sie weder physisch noch psychisch foltern: Sie haben freiwillig gesungen wie eine Nachtigall.«

Der Mann erkannte mich und machte sich sofort von dannen. Nun richteten sich plötzlich die Kameras auf mich.

»Woher wissen Sie das?«

Ich sagte, wer ich bin und was ich tat.

Am Abend lief auf allen Kanälen die Fernsehberichte, am Tage darauf konnte man vom Prozeß in den Zeitungen lesen.

Ich sah nur das, was dieser Wichtigtuer von sich gegeben hatte.

Den öffentlich geäußerten Widerspruch suchte ich vergebens.

Damit konnte ich leben. Schließlich waren die fünf angeklagten Mitarbeiter der Untersuchungsabteilung vom Gericht freigesprochen worden.

Kinkels Kurier

Der Fall des einstigen Militäraufklärers Baumann, der als »Roter Admiral« in die Geschichte einging, ist hinlänglich bekannt und beschrieben. Der vermeintliche Admiral war nur Korvettenkapitän, und er war es auch schon nicht mehr, als BND-Chef Kinkel ihn zur Chefsache erklärte. Er war ein Trinker, ein Gestrandeter, der 1979 mit seiner Lebensgefährtin, einer Ärztin, in Haft geriet bei dem Versuch, sich in den Westen abzusetzen.

Ich komme auf den Fall nur deshalb zu sprechen, weil ich bei den Gesprächen mit ihrem Verbindungsmann H. vom BND zugegen war. Dieser hatte an mehreren Operationen gegen die DDR mitgewirkt. Im Auftrage von Pullach sollte er die beiden über Ungarn ausschleusen, und als dieses Unternehmen scheiterte, unternahm man einen weiteren Anlauf. Auch dieser Versuch scheiterte, und zwar gründlich: alle drei wurden verhaftet. Die weiteren Untersuchungen waren nicht sonderlich schwierig, da alle drei geständig waren.

Die Ständige Vertretung wurde informiert, daß der Bundesbürger H. sich in Untersuchungshaft befinde.

Wir schlossen intern Wetten ab, wer sich zum Besuch anmelden würde: einer seiner heimlichen »Kollegen« oder ein Uneingeweihter und gänzlich Ahnungsloser.

Es erschien einer, der so tat, als wisse er nichts. Folglich tat er auch überrascht, als ich ihm im Vorgespräch gestattete, alles mit H. zu erörtern, auch die ihm vorgeworfene Straftat. Das war bekanntlich sonst tabu. Wir wollten aber auf diesem Wege dem BND die Nachricht übermitteln, daß alle drei »gesungen« hatten, wir also über Zusammenhänge und Hintergründe informiert waren. Das würde zwangsläufig für Reaktionen in Pullach sorgen, die wiederum für unsere Spionageabwehr und Aufklärung interessant sein könnten.

H. eröffnete das Gespräch mit der Behauptung, seine Festnahme sei langfristig vom MfS vorbereitet worden (was durchaus zutraf) und mit Unterstützung von Baumanns Lebensgefährtin eingefädelt worden. Dabei habe der BND geholfen.

Das war natürlich Unsinn, wiewohl der BND nicht unschuldig war: Der Dilletantismus in Pullach und handwerkliche Fehler hatten unserer Spionageabwehr natürlich zugearbeitet.

Da H. also gleich zur Sache kam und, wie man so sagt, sich ans Eingemachte wagte, trat der Abgesandte aus der Hannoverschen Straße sofort auf die Bremse. Er fürchtete, daß offenkundig Interna des Dienstes zur Sprache kommen könnten, was er verhindern mußte. Und damit hatte er offenbart, daß er doch nicht der heurige Hase war, als der er sich vorgestellt hatte.

Er ermahnte H. und bat um Zurückhaltung. Nichts über Strafvorwurf und den Sachverhalt, sagte er, keine Details. »Wir sind nicht allein.« Er warf mir einen Blick zu.

Ach, räumte H. ein, da wäre nichts Neues fürs MfS dabei, denen habe er bereits alles erzählt, was er wisse. »Auch, wie leichtfertig und dumm die Zentrale gehandelt hat.«

Er forderte den »Diplomaten« auf, umgehend dem Bundeskanzleramt in Bonn, der für das BND zuständigen Instanz, darüber zu berichten, damit rasch sein Austausch vorbereitet werde und er nicht im DDR-Knast Moos ansetze.

Der reagierte sachlich: »So lange kein rechtskräftiges Urteil vorliegt, können wir nichts unternehmen.«

Nach etwa sechs Monaten erfolgte der zweite Besuch bei H., diesmal kam ein anderer.

H. erkundigte sich, wie Bonn und der BND auf das erste Gespräch reagiert hätten.

Er kenne zwar den Inhalt des Berichtes über den ersten Besuch, sagte der Befragte, aber es habe keine Resonanz gegeben. Auch nicht beim Hinweis auf diesen zweiten Besuch.

Dabei blätterte er scheinbar desinteressiert in seiner Handakte.

Auf dem Gesicht von H. machte sich Enttäuschung breit.

Er erklärte, daß er sich vergessen und abgeschrieben fühle. Auch Rechtsanwalt Dr. Wolfgang Vogel habe ihn wissen lassen, daß man in Bonn nicht auf seinen Fall reagiert habe.

Völlig klar: Man hatte H. abgehängt und rächte sich nun durch Inaktivität für sein Mitteilungsbedürfnis uns gegenüber.

Im Juni 1980 wurde H. in einer gerichtlichen Hauptverhandlung zu lebenslangem Freiheitsentzug verurteilt.

Entgegen dem Ratschlag seines Rechtsanwaltes, Berufung einzulegen, nahm H. dieses Urteil sofort an. Er hoffte offenbar, mit einem rechtskräftigen Urteil rascher ausgetauscht zu werden und damit freizukommen. Er sollte sich täuschen.

Wie wir nämlich mitbekamen, bagatellisierte der BND gegenüber Bonn den Fall, der natürlich kein Ruhmesblatt für den Nachrichtendienst war, was dazu führte, daß H. zunächst auf keine Austauschliste kam.

H. saß einige Zeit hinter Gittern und wurde erst 1982 ausgetauscht. So rächte sich der BND an seinem sangesfreudigen ehemaligen Mitstreiter. Er war das Bauernopfer für das Versagen des BND-Chefs Klaus Kinkel, der später Bundesaußenminister werden sollte.

Auch Mord aus Eifersucht wurde zum Politikum

Die Teilung Berlins trieb viele Blüten. Der Besucherverkehr erlaubte es manchem Westberliner Gernegroß, in Ostberlin »den Larry zu machen«, wie der Volksmund sagte. Und nicht wenige junge Frauen aus der DDR-Hauptstadt hängten sich an solche Aufschneider, weil sie dadurch leicht an Westgeld und Westsachen kamen. Mancher stattete seiner »Ostbraut« sogar eine Wohnung aus, in der man sich regelmäßig zum Schäferstündchen traf.

So hatte denn der Westberliner St. eine junge Frau aus Marzahn »an Land gezogen«, der er die Wohnung finanzierte, sie mit Kleidung und sogar Lebensmitteln aus Westberlin versorgte. Sie arbeitete jedoch weiterhin als Kellnerin – schon um unnötige Fragen zu vermeiden, etwa die: Womit bestreiten Sie Ihren Lebensunterhalt?

Nun läßt sich denken, daß eine solche Beziehung zu einem »Westonkel« kein tragfähiges Fundament für eine Partnerschaft auf Dauer ist. Folgerichtig kam es zu einer Beziehung zu einem DDR-Mann, die mehr Zukunft versprach. Davon sagte sie ihrem Westberliner Freund nichts: Niemand verzichtet freiwillig auf ein Zubrot, zumal auf ein derart attraktives.

Dennoch bekam St. irgendwann davon Wind.

Er fuhlte sich in seiner Ehre und Eitelkeit verletzt, er raste vor Eifersucht, sagte er später dem Richter. Vielleicht fühlte er sich auch um seine Investion betrogen und nicht nur um seine Liebe.

Er kaufte sich in Westberlin eine Pistole, eine Schreckschußwaffe, die aber aufgebohrt war und mit der man Kugeln mit dem Kaliber 6,35 mm verschießen konnte. Damit wollte er den neuen Partner seiner Freundin aufsuchen.

Er reiste mit Pistole und Patronen am Körper im PKW in die DDR-Hauptstadt ein und fuhr direkt zur Kneipe in Marzahn, in der seine Freundin arbeitete. Dort wartete er, bis sie mit dem neuen Partner erschien. Er wollte beide »zur Rede stellen«, was diese ablehnten. Daraufhin zog er die Waffe und schoß mehrmals auf den Mann, bis die Pistole ihren Dienst versagte. Dann setzte er sich ins Auto und raste davon. An der Grenze wurde er festgenommen.

St. wurde dem Haftrichter vorgeführt, der Haftbefehl erließ, und in die Untersuchungshaftanstalt eingeliefert. Während der Vernehmungen erklärte er immer wieder, er könne sich an nichts erinnern. Er habe einen Filmriß gehabt.

Die Dienststellen in Westberlin wurden über seine Inhaftierung informiert. Da in diesem Fall keine besonderen Sicherheitsinteressen vorlagen, kam es bald zu einem Gespräch mit einem Vertreter der StäV, bei dem alle Regelungen aufgehoben worden waren. Ich infomrierte über das ballistische Gutachten der Waffe, die psychiatrische Begutachtung des Beschuldigten, über die Vernehmung der Freundin des am Bein schwer verletzten Partners und Aussagen anderer Zeugen der Tat.

Der Diplomat übermittelte Grüße des Arbeitgebers und dessen Zusicherung, daß er zu ihm stehe und ihn unterstützen wolle. Es wurde zwischen St. und dem StäV-Mitarbeiter vereinbart, daß Rechtsanwalt Vogel die Vertretung übernehmen solle. Die Gerichtsverhandlung fand in Anwesenheit eines Mitarbeiters der Ständigen Vertretung statt. Der war ein studierter Jurist, der seinen ersten Prozeß in der DDR erlebte. In den Pausen und bei späteren Begegnungen im Rahmen der Häftlingsbesuche lobte er die exakte und solide Prozeßführung; offenkundig hatte er mit dem Schlimmsten gerechnet: Nun war er angenehm überrascht worden. Er habe sein Urteil über die DDR-Justiz revidieren müssen, sagte er mir, und seine Feststellungen auch nach Bonn ans Bundeskanzleramt übermittelt.

Insofern hatte das Eifersuchtsdrama auch sein Gutes.

Dieser Fall sollte nicht der einzige sein, wo die DDR-Seite die andere Seite mit ihrer Reaktion überraschte. Ob sich mancher der Entscheidungsträger auf der anderen Seite dadurch auch beschämt fühlte, wage ich zu bezweifeln. Und auch das stellte kein Problem dar: Schließlich war das ja nicht beabsichtigt. Wir zeigten uns flexibel im Interesse der Betroffenen, nicht für die Obrigkeit.

G., aus einer Großbauernfamilie in Bayern stammend und Juniorchef des Hofes, reiste zum Besuch in die DDR ein und meldete schon bald den Verlust seines Passes und der Zählkarte. Der vermeintliche Diebstahl erwies sich als leicht durchschaubarer Versuch, einem entfernten Verwandten auf diese Weise die – illegale – Ausreise nach Westberlin zu ermöglichen. Der Mann wurde festgestellt und G. für seine Mitwirkung an einer vorbereiteten Schleusung zu 20 Monaten verurteilt.

Der erste Besuch erfolgte vier Wochen nach seiner Inhaftierung, der zweite nach sieben Monaten.

Im Vorgespräch informierte mich der Diplomat, daß er in Bayern bei der Familie gewesen sei und erfahren habe, daß der Vater lebensbedrohlich erkrankt sei. Die Familie rechne mit dem Schlimmsten, und das bereits in wenigen Tagen. Er holte ein Schreiben aus der Kollegmappe, das an die dreißig Unterschriften trug. Es war an den Generalstaatsanwalt der DDR gerichtet. Die Familie bat um die vorzeitige Entlassung von G., der die Geschäfte nach dem Ableben des Familienvorstands übernehmen müsse.

Der Vertreter der StäV schob mir das Schreiben über den Tisch und bat mich um Weiterleitung.

»Nicht, daß ich mich davor scheute«, sagte ich und schob es wieder zurück. »Erstens bin ich zur Entgegennahme solcher Papiere nicht berechtigt, zweitens, denke ich, ist es wirksamer, Sie nutzen dafür den diplomatischen Kanal: Die Ständige Vertretung schickt den Brief mit einem Anschreiben an unser Außenministerium. Ich würde Ihnen vorschlagen, auf die Dringlichkeit der Prüfung zu verweisen und deutlich zu machen, daß das Ansinnen der Familie offiziell unterstützt werde. Dem ist doch so?«

Er nickte. »Selbstverständlich.«

Die Nachricht über den Zustand seines Vaters schockte G. natürlich. Dann jedoch überlegte man gemeinsam, was man – neben jenem Antrag auf vorzeitige Entlassung – machen könne, um die daraus resultierenden Probleme zu meistern. Schließlich erteilte G. dem Diplomaten Prokura, mit der Familie neuerlich Kontakt aufzunehmen und einigen von ihm benannten Personen konkrete Aufgaben zu erteilen, die unmittelbar zu erledigen waren.

Die Visite sprengte jeden bisher gültigen Rahmen: Nach zweieinhalb Stunden war alles besprochen und geregelt.

Ich kündigte bei der Generalstaatsanwaltschaft das besprochene Schreiben an. Das ging dort, wie besprochen, drei Tage später auch ein.

Allerdings war der Tod schneller gewesen. Im Anschreiben der Ständigen Vertretung wurde mitgeteilt, daß der Vater am Tag nach dem Besuch in der Magdalenenstraße verstorben sei.

Der Generalstaatsanwalt entschloß sich nach Konsultationen mit verschiedenen Dienststellen, G. sofort aus der Haft zu entlassen und ausreisen zu lassen, damit er an der Beisetzung des Vaters teilnehmen könne.

Als ich G. an die Ständige Vertretung übergab, stellten alle Beteiligten überrascht fest, daß er keine Papiere besaß. Und in der Kürze der Zeit konnte die Behörde auch keine neuen ausstellen.

Also regelte ich, daß G. ohne Dokumente ausreisen konnte.

Westkaffee und Inflation

Es ist ein offenes Geheimnis, daß alles im Kapitalismus Ware ist und auf dem Markt seinen Wert erfährt, auch Währungen teilen dieses Schicksal auf dem globalen Markt. Hinzu kommen noch weitere nationale Faktoren, die über die Stabilität einer Währung befinden. Auch die vermeintlich »harte D-Mark« unterlag einem nationalen Preisverfall, was man Inflation nennt. Das war einer der Gründe, weshalb im Laufe der Jahre der Warenwert des Weihnachtspaketes von 25 auf zuletzt 125 DM angehoben wurde.

So rasch stiegen aber die Preise nicht, die Inflation lief stetig und galoppierte nicht. Daher wurde bei jeder Anhebung zuvor diskutiert, was man in das Angebot mit aufnahm. Darüber gab es stets Diskussionen, etwa ob man eine Kerze hineinpacken solle oder nicht. Dadurch sah mancher die Sicherheit gefährdet: Konnte nicht die Zelle in Brand geraten? Trotz dieser Einwände wurden Kerzen genehmigt – sie durften aber nur am 24. und 25. Dezember entzündet werden.

Die Ständige Vertretung beauftragte eine Firma mit dem Füllen der einheitlichen Pakete, die bei einer Zolldienststelle angeliefert und danach auf die VP- und MfS-Dienststellen aufgeteilt wurden. In den MfS-Bereich gingen etwa 85 Prozent. Bis zum 24. Dezember vormittags mußte jeder von der StäV betreute Häftling sein Präsent erhalten haben.

Dabei gab es anfänglich Probleme, weil dieser oder jener vergessen worden war.

Etlich verurteilte Spione verweigerten allerdings die Annahme, im Durchschnitt waren das pro Fest etwa 20 Personen. Sie wollten damit weniger das MfS, sondern mehr die Ständige Vertretung treffen, weil sie sich von ihr nicht ausreichend betreut fühlten. Mit ihrer Geste signalisierten sie: Wenn ihr euch das Jahr über nicht um uns kümmert, könnt ihr uns auch zu Weihnachten gestohlen bleiben! Wir lassen uns nicht kaufen.

Diese Pakete gingen noch zwischen den Feiertagen an die Ständige Vertretung zurück.

Mitunter kam es aber auch zu ärgerlichen Zwischenfällen. So

berichtete ein Häftling, der aus der U-Haft außerhalb Berlins in die Magdalenenstraße gebracht worden war, dankbar dem Abgesandten der Ständigen Vertretung, wie er gemeinsam mit den Zellengenossen den Inhalt des Weihnachtspaketes verzehrt hätte. Sie hätten allerdings zur Stolle auch gern Kaffee getrunken – doch das Pfund sei ihm vom Effektenverantwortlichen in der U-Haft mit dem Hinweis abgenommen worden, es werde ihm nach Überstellung in den Strafvollzug ausgehändigt werden.

Nun ist ein Kaffeepäckchen eine eher lächerliche Angelegenheit, gemessen am Gesamtwarenwert weniger als drei Prozent. Doch für einen Häftling ist das keine Bagatelle, und unter den gegebenen Umständen ein Politikum ersten Ranges.

Ich horchte mindestens ebenso auf wie der Diplomat und beeilte mich zu versichern, daß ihm umgehend der Kaffee ausgehändigt werde, dafür werde ich selber bürgen.

Im Nachgespräch machte der Mann aus der Hannoverschen deutlich, daß er diesen Vorfall melden müsse.

Und das geschah auch: Sechs Tage später wurde eine offizielle Note im MfAA abgegeben, in der gegen die willkürliche Zurückhaltung eines Kaffeepäckchens protestiert wurde.

Inzwischen hatte ich jedoch schon mit der Anstaltsleitung telefoniert und die Aushändigung veranlaßt, der Häftling hatte bereits den Empfang quittiert. Das konnte ich im MfAA vortragen, nachdem ich dort wegen der Note einbestellt worden war.

Wochen später erschien jener Mitarbeiter zum Besuch, der die Kaffeegeschichte losgetreten hatte. Ich erkundigte mich, leicht vergrätzt, warum er denn eine solche Lawine losgetreten habe, obgleich er mir doch versichert habe, daß er zwar Meldung machen, aber keine Note veranlassen werde.

Da offenbarte er mir, wie so etwas in der Ständigen Vertretung laufe.

Er hatte, wie angekündigt, Meldung gemacht.

Daraufhin war, wie nach jedem Besuch, der Bericht nach Bonn geschickt worden. Dort entschied man, ob man eine Note für das MfAA verfaßte oder nicht. Die Entscheidung war stets von der aktuellen politischen Lage abhängig. In angespannten Situationen verhielt man sich pingelig, in normalen Zeiten lockerer.

In diesem Falle war es so, daß sich die Post des Häftlings an die StäV, die acht Tage unterwegs war, mit der Note »gekreuzt«

hatte. Man hatte offenkundig nicht die Geduld gehabt, auf die Eingangsbestätigung zu warten.

Er habe, wovon ich überzeugt war, die Weiterleitung der Note verhindern wollen, erklärte mir der Diplomat, doch das wäre eben nur eine bestimmte Zeit gegangen.

Im nächsten Jahr drängte die Ständige Vertretung darauf, Käse, Fisch und Vitamintabletten in das Weihnachtspaket zu packen. Als das Ansinnen von seiten der DDR abgelehnt wurde, wurde auf der Gegenseite auch der Geschenkbeutelinhalt für die in der BRD inhaftierten DDR-Bürger reduziert. Nach einigem Hin und Her einigte man sich schließlich, Vitamintabletten und vakuumverpackten Käse zuzulassen. Fischkonserven wurden bis zuletzt nicht gestattet. Die scharfkantigen Weißblechdosen hätten auch für andere Zwecke benutzt werden können.

Zuweilen trug sich auch Kurioses zu.

In einem Geschenkbeutel, der wie üblich vor der Übergabe an den Häftling kontrolliert worden war, fand man einen silbernen Damenring mit Stein.

Das stellte alle Beteiligten vor ein Rätsel. Und löste in der Behörde die in solchen Fällen übliche Aufregung aus.

Für wen war der Schmuck bestimmt? Wer war der Absender? Und: Was sollte das bedeuten.

Alle Überlegungen und Nachfragen liefen ins Leere. Schließlich wurde der Leiter der Rechtsabteilung der StäV zur Hauptabteilung Konsularische Angelegenheiten einbestellt. Er bekam den Ring vorgelegt und bat um einige Tage Zeit, um die erbetene Auskunft geben zu können.

In der Ständigen Vertretung wurde nunmehr intensiv geforscht, um zu klären, *wie* der Ring in den Geschenkbeutel gelangt war und welchem Zweck er dienen sollte.

Nach einer Woche meldete sich der Vize-Chef der StäV.

Eine Frau, die den Beutel gepackt hatte, vermißte seither ihren Ring.

Er konnte nunmehr auf diplomatischem Wege zurückgeführt werden.

Flucht in die DDR

Die Annahme, die in der DDR existierende soziale Sicherheit und andere für das Dasein wichtige Bedingungen würden dazu führen, daß Menschen aus der kapitalistischen Welt zu uns in Scharen kämen, erwies sich als illusorisch. Und vermutlich lag es nicht nur an der antikommunistischen Propaganda, daß viele um die realsozialistischen Länder, DDR inklusive, einen Bogen schlugen.

Gleichwohl kamen manche zu uns. Genauer: Sie liefen vor der Polizei in der Bundesrepublik oder Westberlin weg, weil sie dort straffällig geworden waren. Und auch bei uns wurden sie kriminell. Zuweilen schon beim Grenzübertritt, weil der nämlich illegal erfolgte. Mitunter konnten sie sich nicht einmal legitimieren.

Die Haftunterlagen wurden zunächst auf die vom Festgenommenen angegebenen Personalien ausgestellt. Dann sandte die Hauptabteilung Konsularische Angelegenheiten des MfAA an die jeweilige Botschaft, die Ständige Vertretung oder den Westberliner Senat eine Note folgenden Inhalts: »Bei der Begehung einer Straftat wurde eine Person festgenommen, die angibt, Bürger … (Staatsbezeichnung) zu sein. Sie ist nicht im Besitz von Personaldokumenten. Als ihren Namen gibt sie … (Name, Vorname, Geburtstag und Geburtsort) an und will … (Wohnadresse) wohnhaft gewesen sein. DDR-Organe bitten um Identifizierung.«

Nach einer gewissen Zeit, es dauerte zuweilen mehrere Wochen, bestätigte die Ständige Vertretung per Note, daß eine Person unter den angegebenen Personalien am angegebenen Wohnort gemeldet ist. In wenigen Fällen wurde auch bestätigt, daß diese Person abgängig sei. Es folgte die obligatorische Festnahmemeldung an die festgelegte Stelle, und die Ständige Vertretung konnte einen Besuchsantrag stellen.

Bei Staatsbürgern aus afrikanischen oder asiatischen Staaten oder bei Palästinensern gab es meist Schwierigkeiten. Die Vertreter erklärten, daß in ihrer Heimat Personen nicht so registriert werden würden, darum könne man sie auch nicht identifizieren. In solchen Fällen wurde der Botschaft oder dem Vertreter der palästinensischen Befreiungsfront (PLO), die in der DDR ein Büro unterhielt, gestattet, den Festgenommenen zu besuchen und ihn eventuell die Selbstauskünfte zu bestätigen oder zu dementieren lassen.

Einige Jahre funktionierte so die Identifizierung durch BRD- und Westberliner Dienststellen, bis 1982 ein Fall eintrat, der eine Änderung der Praxis notwendig machte.

Ein in Berlin-West wegen schweren Raubes einsitzender Westberliner flüchtete bei einem Krankenhausaufenthalt aus der Strafhaft. Er stieg über die Mauer und wurde dabei von den Grenzposten festgenommen. Er hatte keinerlei Dokumente bei sich, nichts, was auf seine Person hinwies. In der Vernehmung durch MfS-Mitarbeiter sagte er aus, daß er arbeitslos sei und in die DDR übersiedeln wolle.

Bei seinen Angaben zur Person nannte er Namen und Adresse. Wie sich bald erwies, schlüpfte er dabei in die Identität seines Schwagers, der im Rheinland lebte.

Es wurde die übliche Identifizierung bei der Ständigen Vertretung eingeleitet. Nach einer Woche kam die Bestätigung, daß der Mann ein real existierender Bundesbürger sei.

Bei der Überprüfung in unseren Unterlagen kam jedoch zutage, daß eben jene Person wiederholt die Transitstrecke nach Westberlin benutzt hatte – obgleich sie doch bei uns in U-Haft saß. Und auch andere widersprüchliche Aussagen nährten den Verdacht, daß nicht jener Mann vor uns saß, der sich uns vorgestellt hatte.

Daraufhin wurden konspirative, inoffizielle Überprüfungsmaßnahmen vor Ort eingeleitet.

Wenige Tage später war klar, daß der U-Häftling gelogen hatte. Damit konfrontiert, verweigerte er die Aussage.

Durch inoffizielle Nachforschungen wurden schließlich seine Flucht aus dem Haftkrankenhaus Westberlin und seine Straftaten bekannt. Wir informierten die Ständige Vertretung. Nach Bestätigung der Identät wurde der Mann an die Westberliner Behörden übergeben.

Die Übergabe erfolgte an der Grenzübergangsstelle Oberbaumbrücke von Staatsanwalt zu Staatsanwalt.

Wir verbanden damit die Erwartung, daß durch ein Prinzip der Gegenseitigkeit begründet werde, d.h. daß aus der DDR geflohene Straftäter künftig auf ähnliche Weise zurückgeführt werden würden. Diese Erwartung erfüllte sich nicht.

Das Ministerium für Auswärtige Angelegenheiten der DDR nahm diesen Vorfall zum Anlaß, dem Leiter der Ständigen Vertretung die Forderung zu übermitteln, bei künftigen Identifizierungsersuchen stets ein Foto des Betreffenden beizufügen.

In der Regel wurde diese Forderung künftig auch realisiert. In einigen Fällen jedoch bereitete die Beschaffung eines Fotos große Schwierigkeiten, weil von Inhaftierten keine Paßfotos angefertigt wurden. Als Ersatz wurden uns deshalb hin und wieder Privatfotos übermittelt.

In den 60er Jahren, nach Mauerbau und vor Abschluß des Vierseitigen Abkommens, lief der Besucherverkehr von Berlin nach Berlin ein wenig schwierig. Westberliner mußten bei Passierscheinstellen in Westberlin Papiere beantragen, mit denen sie dann in die DDR-Hauptstadt einreisen konnten. Um dieses bürokratische Procedere zu unterlaufen, beschafften sich etliche Westberliner BRD-Pässe, indem sie eine Adresse im Bundesgebiet angaben. Mit einem BRD-Paß konnte man problemlos die Grenze passieren.

Im juristischen Sinne war das eine Täuschung.

Und sie wurde von den BRD-Behörden unterstützt, indem sie einen Hauptwohnsitz beurkundeten, der nicht der Hauptwohnsitz war. Aber im Kalten Krieg gegen die DDR war alles statthaft.

Wir wußten davon und gingen stillschweigend darüber hinweg.

Nur bei Straftaten endete diese Kulanz.

Wenn ein Westberliner bei uns wegen einer Straftat gestellt wurde und sich dann mit Paß als vermeintlicher Bundesbürger zu erkennen gab, wurde über die Hauptabteilung Konsularische Angelegenheiten – in Abstimmung mit der Dienststelle des Generalstaatsanwaltes – eine Note an die StäV gesandt, in der um Bestätigung ersucht wurde, daß der Festgenommene ständiger Einwohner von Berlin (West) und unter der vorgegebenen Adresse in Westberlin polizeilich gemeldet sei.

Als das nach einigen Jahren der Zusammenarbeit mit der StäV erstmals von der DDR gefordert wurde, interpretierten die Ständige Vertretung und auch Bonn dieses Ansinnen als eine Schikane der DDR. Was es nicht war.

Kein Salomo im Westen

Aus der Bibel ist die Geschichte des König Salomo bekannt, der den Streit zweier Frauen um ein Kind klärte, indem er anbot, es zu teilen, damit jede davon abbekäme, da jede behauptete, die leibliche Mutter zu sein und sich darum weigerte, ihr Kind herzugeben. Als Salomo diesen Vorschlag gemacht hatte, erklärte die eine, daß sie, um das Leben des Kindes zu retten, ihren Anspruch zurückziehe. Daraufhin sprach der König ihr das Kind zu, denn er wußte nun, daß nur sie die leibliche Mutter sein konnte.

Der Schiedsspruch ging als Salomonisches Urteil in die Geschichte ein.

Mitunter gab es im deutsch-deutschen Verkehr vergleichbare Fälle. Jedoch versuchte man selten, auf der Gegenseite eine Entscheidung im Interesse des Kindes herbeizuführen. Da fällte man Entscheidungen aus politisch-ideologischen Gründen. Salomonisch waren diese nie.

Wurden Kinder oder Jugendliche aus der DDR, die illegal in die BRD oder nach Westberlin gelangt waren, dort aufgegriffen, benachrichtigte man selten die Ständige Vertretung der DDR in Bonn. Fragten wir nach, hieß es: Wenn der Betroffene es nicht will, daß die DDR-Vertretung informiert werde, respektieren wir die Bitte. Das gelte auch für Jugendliche. Bei Kindern entscheide dies ein Vormund.

Mein Erstaunen wurde mit dem Hinweis quittiert: So verstünde man eben die Wiener Konsularkonvention.

Ja, hieß es weiter, die DDR lege sie anders aus, das sei bekannt.

Und um dem ganzen noch die Krone aufzusetzen, forderte man in einigen Fällen tatsächlich, daß im Rahmen einer Familienzusammenführung nicht etwa das Kind zurückkehrte, sondern daß die Eltern aus der DDR das Kind aus der BRD selbst abholen sollten. Der Sinn dieser Übung war auch klar.

Noch aberwitziger war der Umgang mit Deserteuren. Überall auf der Welt werden Fahnenflüchtige juristisch verfolgt. Die USA etwa jagen ihren abgängigen GI weltweit hinterher.

Deserteure aus der Bundeswehr, die illegal in die DDR gekommen waren, hatten zunächst gegen DDR-Recht verstoßen: Sie hatten die Grenze ohne gültige Einreisepapapiere passiert. Das war eine Straftat, die zunächst zur Festnahme führte. Da es sich um Bundesbürger handelte, mußte die Inhaftierung folgerichtig der StäV gemeldet werden – was grundsätzlich geschah. Stellten die Deserteure den Antrag auf Verbleib in der DDR, wurden sie nach Pankow überstellt. In der Parkstraße befand sich eine sogenannte Spezialunterkunft. Dort fanden auch die Treffen mit den Vertretern der StäV statt. Zuweilen bedurfte es großer Überredungskunst auf unserer Seite, daß die geflüchteten Soldaten überhaupt zu einem solchen Gespräch bereit waren. Einige erklärten gleich nach der Begrüßung, sie würden in der DDR bleiben, erhoben sich und verließen den Raum. Andere erklärten ihre Gründe, weshalb sie von der Fahne gegangen sind. Obgleich ihnen Straffreiheit im Falle der Rückkehr zugesichert wurde, machte keiner von der Offerte Gebrauch.

Im Laufe der Jahre wechselten zwölf Bundeswehrsoldaten die Seiten, ohne daß die DDR dies propagandistisch ausgeschlachtet hätte.

Desertierte hingegen ein NVA-Soldat, wurde die DDR-Vertretung nicht einmal informiert. Und bekam man dort auf anderen Wegen davon Nachricht und suchte um ein Gespräch nach, wurde dies mit der Begründung abgelehnt, daß es keinen Bedarf gebe.

Es gab auch Fälle, wo die DDR kein Interesse an einer Strafverfolgung hatte und darum den Straftäter der Westseite übergab bzw. ihr zuspielte. Zwei sind mir noch in Erinnerung:

Der etwa 70jährige V., in der Bundesrepublik wegen Kriegsverbrechen zu einer lebenslangen Haftstrafe verurteilt, flüchtete während seines Hafturlaubes in die DDR. Ohne Ausweis stellte er sich den Grenzposten. Von seiner Strafe hatte er bereits 22 Jahre in den verschiedenen Haftanstalten verbüßt. Trotzdem war er in relativ guter körperlicher und geistiger Verfassung.

V. wurde wegen unerlaubten Eindringens in die DDR inhaftiert. und zur Identifizierung der Ständigen Vertretung gemeldet. Es kam die Mitteilung, daß es sich bei ihm um einen rechtskräftig verurteilten flüchtigen Kriegsverbrecher handele. Ein Besuchsantrag wurde nicht gestellt.

V. wurde bei uns vernommen. Es wurde bald klar, daß er ein notorischer Querulant war. Wie er berichtete, beschwerte er sich fortgesetzt bei den bundesdeutschen Justizorganen über Formfehler in der Gerichtsverhandlung, seiner Behandlung und die Unterbringung in den Haftanstalten. Bei jeder Entscheidung legte er Widerspruch ein und ging bis zu den höchsten juristischen Instanzen. Vermutlich war das der Grund, weshalb er nach 22 Jahren noch immer einsaß. Das war selbst bei Kriegsverbrechern unüblich.

Der Generalstaatsanwalt der DDR erwartete nun ein Auslieferungsersuchen.

Natürlich kam es nicht. Die andere Seite war offenkundig froh, daß sie diesen Quälgeist losgeworden war. Sie wollte ihn nicht zurück.

Daraufhin setzten wir ihn in einen sogenannten Interzonenzug. Wir fesselten ihn mit Handschellen auf einen Sitz am Fenster und deponierten den Schlüssel für ihn unerreichbar im Abteil.

Dann riefen wir in der Ständigen Vertretung an, nannten Zug, Waggon, Abteil und Platznummer.

Durch operative Maßnahmen kontrollierten wir, was nach dem Passieren der Grenze geschehen würde. Unsere IM berichteten, daß V. vom BGS abgeführt wurde. Mithin: Die StäV hatte die Nachricht durchgestellt.

Wir hatten unser Problem gelöst – und sie ihres zurück.

Der Westberliner U. kam aus Asien über den Flugplatz Schönefeld in die DDR-Hauptstadt. Von dort wollte er nach Westberlin weiter. Wie alle aus Asien Einreisenden wurde auch U. intensiv von den DDR-Zollorganen kontrolliert. Dabei wurde Rauschgift gefunden, wenn auch nur wenige hundert Gramm. U. wurde festgenommen. Nebenher stellte man fest, daß U. im westdeutschen Fahndungsbuch zur Festnahme ausgeschrieben war.

U. wurde offiziell dem Westberliner Senat als Festnahme gemeldet, und von der StäV kam eine offizielle Bestätigung der Person. Die Bestätigung enthielt jedoch keinerlei Hinweis darauf, daß U. in Westberlin und in der BRD als Straftäter gesucht wurde.

In den Vernehmungen stellte sich heraus, daß er nahezu ein Jahr in Asien gewesen war, dort in der Drogenszene gelebt hatte und nicht wußte, was in dieser Zeit in Europa geschehen war. Während seiner Abwesenheit war er von Westberliner Drogenhändlern belastet worden. Davon wußte er nichts. Folglich auch nicht, daß er in Westberlin zur Fahndung ausgeschrieben war.

Der Besuch des StäV-Vertreters wurde vereinbart. Zum Besuchstermin erschien ein Mitarbeiter, der neu war und noch nie einen Häftlings besucht hatte. Er war unerfahren und wußte angeblich auch nichts von der Fahndung.

Ich hatte keine Veranlassung, öffentlich zu machen, daß wir im Besitz des westdeutschen Fahndungsbuches waren.

Der Besuch war sehr kurz. Der Inhaftierte äußerte keine Bitten, und die StäV hatte nichts mitzuteilen.

Geschenkbeutel und Geld wurden übergeben.

Die Geschichte erfuhr eine Pointierung.

Auf der Arbeitsebene wurde durchaus regelmäßig und konstruktiv zwischen den Organen der Rechtspflege und Justiz gesprochen. Auf der DDR-Seite saßen der Staatssekretär und Mitarbeiter des Justizministeriums, Kollegen aus dem MfAA und der Generalstaatsanwaltschaft. In dieser Runde wurde auch die Übergabe von U. auf der Oberbaumbrücke vereinbart.

Doch U. weigerte sich, den Weg in die »Freiheit des Westens« zu gehen. Er erklärte, daß ihm die Haftanstalt in der DDR besser gefalle.

Da zeigte sich die DDR wieder einmal von ihrer grausamen, diktatorischen Seite: Zwei kräftige Grenzer führten ihn ohne Handschellen und gegen seinen Willen über die Brücke – auf der Westberliner Seite wurde er bereits von mehreren Polizisten erwartet.

Kaum hatte U. den weißen Streifen überschritten, klickten die Handschellen.

Aus der Besuchspraxis

Zu den Anlaufproblemen bei den Diplomatenbesuchen gehörte eine von uns herbeigeführte, keineswegs jedoch beabsichtigte Irritation bei den Häftlingen. Diese wurden, wie bereits bekannt, zum Treffen nach Berlin gebracht. Sie wurden im Vorfeld schriftlich von der Ständigen Vertretung über das Stattfinden einer solchen Begegnung unterrichtet, doch aus verständlichen Gründen nannte man weder Ort noch Zeitpunkt. Es war eine allgemeine Ankündigung.

Der Häftling bestieg den Gefangenentransporter, nachdem er zuvor Zivilkleidung angezogen hatte, ohne daß ihm gesagt worden war, wohin die Reise geht und was deren Zweck ist. Hinzu kam noch, daß es den Begleitpersonen untersagt wurde, mit ihnen zu sprechen. Sie saßen stumm wie die Fische.

Diese Umstände lösten bei einigen schlimme Befürchtungen aus – bis hin zu Todesängsten, weil sie annahmen, man brächte sie zur Hinrichtung.

Als ich das merkte, was wir mit dieser Konspiration auslösten, telefonierte ich mit den Anstaltsleitern und forderte sie auf, die ihnen Anbefohlenen eindeutig zu informieren und sie nicht über den Anlaß der Reise im Ungewissen zu lassen. Es dauerte einige Wochen, bis auch der letzte es begriffen hatte. Doch dann ging es.

Ein gänzlich anderes Problem ergab sich aus der Tatsache, daß sich die Magdalenenstraße 14 im Areal der MfS-Zentrale befand. Die Diplomaten, die zu Besuchen erschienen, stellten ihre Fahrzeuge unmittelbar vor dem Hause ab, obgleich dort ein Parkverbot galt. Sie schützte jedoch das CD-Schild vorm Abschleppen.

Gegenüber befanden sich zwei Einfahrten zur MfS-Zentrale, zudem passierten viele Mitarbeiter, die per U-Bahn zum Dienst kamen und die Station »Magdalenenstraße« nutzten, diesen Ort.

Unsere Abwehr bekam bald mit, daß die CD-Fahrzeuge nicht nur dazu genutzt wurden, Besucher zu befördern. Es wurden auch Fahrzeuge und Personal des MfS fotografiert. Die Gefangenentreffs dienten also auch zur Legendierung von klassischer Spionage.

Aus diesem Grunde wurde Ende der 70er Jahre ein neues Objekt für die Diplomatenbesuche gebaut. Die Zufahrt erfolgte über die Alfredstraße, die parallel zur Magdadelenstraße verlief und ebenfalls an die U-Haftanstalt grenzte.

Nunmehr lautete die Adresse nicht mehr Magdalenenstraße 14, sondern Alfredstraße 11.

Der Umgang miteinander hatte auch etwas Sportives, zumindest würde man heute dieses wechselseitige Austesten und Belauern so bezeichnen. Aber Kalter Krieg und Sport waren nun mal zwei verschiedene Felder. Hier ging es um Politik und um vermeintlichen Terraingewinn und weniger um Wettbewerb. Deshalb war es auch nicht so harmlos, wie es sich aus heutiger Perspektive vielleicht darstellt.

Unter den festgenommenen Straftätern waren mitunter auch welche, die geistig verwirrt schienen. Daher wurde jeder einem Nervenarzt vorgestellt. Erwies sich die Vermutung als begründet, wurde er institutionalisiert, die Gegenseite informiert und aufgefordert, den Patienten abzuholen.

Das lief über Jahre reibungslos, bis eines Tages aus der StäV die Klage kam, Diplomaten seien keine Krankenpfleger. Die DDR möge darüber nachdenken, wie man die Rückführung von Nervenkranken nach Westberlin oder in die Bundesrepublik anders löse.

Über das MfAA wurde Erich Mielke offiziell darüber informiert. Ich erhielt von ihm Befehl, mir was einfallen zu lassen. Ich schlug vor, daß künftig der Transport bis zur Grenzübergangsstelle durch das DRK erfolgen solle. Ein Fahrzeug der StäV müsse jedoch in Sichtweite den Wagen begleiten. An der Grenze würde dann der Kranke dem DRK der BRD bzw. Westberlins übergeben werden.

Beschlossen, verkündet und mit der Gegenseite per Handschlag besiegelt.

Nun aber begann das »Ausloten«.

Ein für seine provokante Art bekannter StäV-Mitarbeiter begleitete den ersten Transport, hatte bald – angeblich – Mühe, seine Pferdestärken unter der Motorhaube im Zaum zu halten, pfiff auf die auf den Autobahnen der DDR zulässige Höchstgeschwindigkeit von 100 km/h und raste davon.

Man könne nicht von ihm verlangen, daß er so langsam »durch die Gegend schaukele«, erklärte er später. Über die Hauptabteilung Konsularische Angelegenheiten des MfAA informierte ich anderentags die Ständige Vertretung und drohte für den Fall der Wiederholung Konsequenzen an.

Nun wollte man offenkundig in Erfahrungen bringen, welcher Art die sein könnten.

Bei der nächsten Gelegenheit schickten sie einen anderen Fahrer, der uns allerdings auch bereits einschlägig bekannt war.

Es wiederholte sich das gleich Spiel. Auf der Autobahn gab er Gas und entschwand. Nichts mehr mit dem verabredeten Sichtkontakt (an dem uns auch schon deshalb gelegen war, um uns hinterher nicht dem möglichen Vorwurf auszusetzen, wir hätten beim Transport den Kranken »ausgetauscht«).

Der Fahrer des DRK-Transporters informierte uns. Er erhielt Weisung, ins Krankenhaus zurückzukehren.

Am nächsten Tag erkundigte sich wie erwartet die Ständige Vertretung, was mit dem Trasport geschehen sei: Man habe stundenlang am Grenzübergang vergebens gewartet.

Ich erinnerte an unsere Verabredung. »Und als der Sichtkontakt bei Kilometer 280,7 verlorenging, drehte der Fahrer weisungsgemäß um.«

Schweigen auf der Gegenseite.

Bei allen nachfolgenden Transporten fuhr das CD-Fahrzeug mit Tempo 100 korrekt hinter dem DRK-Fahrzeug hinterher.

Anfang 1975 ließ ein Mitarbeiter der StäV nach seinem Besuch in der Magdalenenstraße seine Handakte liegen. Mit war nicht klar, ob er dies mit Absicht oder aus Unachtsamkeit getan hatte. Die Lektüre war insofern für uns interessant, als daraus u.a. ersichtlich war, was nach dem Eingang einer Festnahmemeldung in der Ständigen Vertretung passierte. Informiert wurden per Fernschreiben das Bundeskanzleramt, das Innenministerium, das Bundeskriminalamt in Wiesbaden, der Berlin-Beauftrage der Bundesregierung, der Generalbundesanwalt, das zuständige Landesamt für Verfassungsschutz, das Justiz- und das Innenministerium des

Bundeslandes sowie die Polizeidienststelle am Wohnort. Diese mußte die Angehörigen noch am gleichen Tage über das eingegangene Fernschreiben informieren.

Wir kopierten umgehend die Akte.

Aber was dann damit machen?

Offiziell hätten wir sie via MfAA der Ständigen Vertretung übergeben müssen. Damit aber wäre der vergeßliche Mitarbeiter erledigt gewesen. Daran konnten wir nicht interessiert sein, wohl aber, daß er uns als verläßliche Partner schätzen lernte. (Immer unterstellt, daß seine »Vergeßlichkeit« keine operative Maßnahme von ihrer Seite war, um uns zu testen.)

Nach einer Stunde kehrte der Mann völlig aufgeregt in die Magdalenenstraße zurück. Der Wachposten am Eingang stellte eine Telefonverbindung zu mir her. Nein, sagte ich, mir sei nicht aufgefallen, daß er eine Akte habe liegenlassen. Aber er könne gern mit dem Posten das Zimmer aufsuchen und noch einmal selber nachschauen.

Er fand dort, natürlich, die Akte.

Beim nächsten Besuch erkundigte er sich, ob ich in die Akte hineingeschaut habe.

Ich tat so, als hätte ich die Frage überhört: Wie hätte ich darauf reagieren können, wo ich doch überhaupt nicht mitbekommen hatte, daß er etwas zurückgelassen hatte.

Er insistierte weiter: Gesetzt den Fall, ich hätte es bemerkt – was wäre dann geschehen?

Ich sagte, daß sie auf dem großen Dienstweg in die Hannoversche Straße gegangen wäre.

Er atmete erleichtert auf, weil er sich der Konsequenzen in einem solchen Falle bewußt war.

Wir haben darüber nie mehr gesprochen.

Aber unser Geheimnis verband uns fortan.

Im Frühjahr 1979 kam ein Mitarbeiter der StäV zum Häftlingsbesuch. Er hängte seinen Mantel in den Wandschrank. Der Besuch verlief ohne Vorkommnisse. Anschließend diskutierten wir aktuelle Ereignisse. Als er ging, vergaß er den Mantel.

Ich wäre für dieses Gewerbe nicht brauchbar, wenn mich nicht berufsbedingte Neugier befallen hätte. Allerdings fand ich nicht das erwartete Tonaufzeichnungsgerät in der Manteltasche, sondern lediglich einen Taschenkalender mit Terminen, Namen und Telefonnummern.

Was tun? Der Diplomat konnte jede Minute zurückkommen, um seinen Mantel zu holen. Ein Kopiergerät befand sich nicht in unmittelbarer Nähe. Den Mantel zum Außenministerium zu bringen? Das hätte ihn wahrscheinlich in Schwierigkeiten gebracht. Das schien mir unfair, zumal dieser StäV-Mitarbeiter immer sehr sachlich und korrekt war. Also schrieb ich aus dem Kalender soviel wie möglich ab.

Nach etwa 45 Minuten erschien der Diplomat an der Wache. Der Kalender war wieder im Mantel, und ich war nicht mehr anwesend. Er holte seinen Mantel, prüfte, wie mir der Posten nachher erzählte, ob sein Kalender noch vorhanden war und verließ das Objekt. Späteren Begegnungen mit ihm ging ich zunächst aus dem Wege und ließ seine Häftlingsgespräche durch andere Mitarbeiter durchführen. Nach etwa einem Jahr trafen wir uns bei einem Besuch wieder. Über den Mantel wurde nicht gesprochen.

Über meine Notizen freuten sich die verantwortlichen Mitarbeiter der Hauptabteilung II, die für die operative Bearbeitung der Ständigen Vertretung zuständig waren. Es seien echte Perlen darunter gewesen.

Allerdings äußerten sie Unverständnis, daß ich kein Kopiergerät hatte, und versprachen Änderung.

Auf die wartete ich bis zum Ende meiner Dienstzeit.

Mitte der 80er Jahre nahmen wir in Leipzig zwei westdeutsche Kriminelle fest. Sie firmierten in der Bundesrepublik als Geschäftsleute und hatten uns nahestende Bundesbürger nachweislich geschädigt. Also hielten wir es für ratsam, sie aus dem Verkehr zu ziehen.

Wie üblich wurde die Ständige Vertretung über die Verhaftung am Rande der Messe in Kenntnis gesetzt, der Besuch eines Mitarbeiters wurde vereinbart.

Im Vorgespräch mit dem Diplomaten gab dieser zu erkennen, daß die westdeutsche Seite wisse, daß es sich bei dem einen Inhaftierten um einen mehrfach Vorbestraften handle.

Bei der Begrüßung ließ der Inhaftierte dem StäV-Mitarbeiter ein Papierkügelchen in dessen Hand gleiten. Das Gespräch verlief sehr zurückhaltend und endete wie üblich mit der Übergabe des

Geschenkbeutels und des Geldbetrages. Der Inhaftierte äußerte den Wunsch nach einer anderen Zigarettensorte, verabschiedete sich und verließ das Besucherzimmer.

Der StäV-Mitarbeiter begann, seine Utensilien in seiner Aktentasche zu verstauen, und sagte dabei beiläufig: »Hier ist etwas liegengeblieben.« Er reichte mir den Kassiber.

Ich polkte das Papier vorsichtig auseinander.

Der Mann hatte gekritzelt, er kenne Täter und Hintermänner des Flugzeugabsturzes in Lockerby und könne dazu zweckdienliche Aussagen machen. (Es sollte sich bald herausstellen, daß er bluffte. Er wußte nichts, glaubte aber, sich auf diese Weise interessant zu machen und spekulierte darauf, daß ihn schon deshalb der Westen schnell freikaufen würde.)

Ich habe lange gegrübelt, warum mir der Mann aus der StäV den Kassiber übergab.

Vermutlich nahm er an, die Sache sei von uns inszeniert worden, um seine Seriosität zu testen.

Aber vielleicht lege ich auch viel zu viel hinein in diese Geste.

Auch bei einem anderen Thema wird gestritten. Das heißt: Gestritten wird eigentlich nicht, denn wenn es von den »Meinungsführern« überhaupt öffentlich benannt wird, dann in denunziatorischer Weise. Ich rede von den sogenannten Zelleninformatoren.

Für die »Aufarbeiter« gelten sie als Spitzel, die ihre Zellengenossen für einen »Judaslohn« verrieten. Wobei sich der damit postum geschürte Unmut gegen die Untersuchungseinrichtung, also das MfS, richtet und weniger gegen jene, die mit uns zusammenarbeiteten. Zum einen: Wir waren, was völlig legitim ist, an guten Vernehmungsergebnissen interessiert. Für die Vernehmungstaktik war es darum nützlich, viele Informationen zu gewinnen. Auch auf diesem Wege. Zum anderen: Niemand wurde dazu gezwungen, mit uns zu kooperieren. Jene, die uns halfen, folgten darin ausschließlich eigenen Intentionen. Oft fiel die Entscheidung darüber nach dem ersten Gespräch mit einem Vertreter der StäV, in das die Inhaftierten meist mit sehr hohen Erwartungen gingen. Sie hofften, daß dort über ihre Freilassung gesprochen werde. Als diese Illusion platzte, sahen die meisten, daß sie letztlich auf sich selbst zurückgeworfen waren. Nach dem Prinzip »Hilf dir selbst, dann hilft dir Gott« orientierten sie sich neu. In dieser

Phase der Enttäuschung und Ernüchterung suchten wir das Gespräch mit ihnen und signalisierten, wie sie uns unterstützen könnten. Damit, das begriffen sie alsbald, würden sie auch sich helfen.

Die auf diesem Wege gewonnenen Informationen wurden jedoch niemals als Beweismittel für die gerichtliche Hauptverwandlung verwandt.

Freie und geheime Wahl in einem Gefängnis?

Anfang 1980 ersuchte die Ständige Vertretung in einer Note an das Außenministerium der DDR, daß die einsitzenden Bundesbürger an der Wahl des Deutschen Bundestages im Oktober teilnehmen dürften. Ihnen sollte das Recht eingeräumt werden, ihr Votum per Briefwahl abzugeben.

Ungeachtet der Tatsache, daß das auf unserer Seite als Provokation verstanden wurde, mußte darauf reagiert werden. Gemäß den Wahlgesetzen in der Bundesrepublik und in der DDR hatte die Stimmenabgabe geheim zu erfolgen. Dem stand die Festlegung entgegen, daß Briefe aus der Untersuchungshaftanstalt nur nach Kontrolle des Untersuchungsorgans und des Staatsanwaltes abgesandt werden durften; Briefe aus dem Strafvollzug wurden vor der Absendung durch die Anstaltsleitung kontrolliert. Damit aber war die Wahl ja nicht mehr »geheim«.

In diesem Sinne wurde eine Antwortnote formuliert.

Eine Teilnahme an der Bundestagswahl war somit ausgeschlossen.

Ich glaube aber nicht, daß der sozialliberalen Koalition diese Stimmen aus der DDR fehlten: Die Regierung wurde 1980 im Amt bestätigt und 1982 durch ein konstruktives Mißtrauensvotum im Bundestag gestürzt. Und danach regierte bekanntlich die Koalition CDU/CSU/FDP unangefochten sechzehn Jahre.

In Gesprächen mit der Hauptabteilung Konsularische Angelegenheiten versuchten StäV-Mitarbeiter zu erreichen, daß die Inhaftierten Tageszeitungen aus der BRD und Westberlin erhielten. Die Ständige Vertretung erklärte sich sogar bereit, diese Zeitungen in Berlin selbst an die Haftanstalten zu liefern.

Wir zogen uns auf die Formel zurück, daß nach der Untersuchungshaft-Vollzugsordnung nur in der DDR lizenzierte Zeitungen zugelassen seien.

Dieses Verdikt wurde verschiedentlich versucht zu unterlaufen. So verschickte 1984 ein Mitarbeiter der StäV an die vier von ihm betreuten Untersuchungshäftlinge den annähernd 300 Seiten umfassenden Jahresbericht des Bundesamtes für Verfassungsschutz. Im Begleitschreiben teilte er mit, daß der Jahresbericht für sie bestimmt von Interesse sei.

Der für das Ermittlungsverfahren zuständige Staatsanwalt verfügte die Beschlagnahme. Später wurde durch das Gericht bestätigt, daß die Berichte eingezogen werden.

Im Außenministerium wurde darüber mit dem Leiter der Rechtsabteilung der Ständigen Vertretung diskutiert. Dieser wollte nichts davon gewußt haben. Und auch der Hintergrund der Aktion blieb im dunkeln.

Für mich war der Bericht durchaus interessant. Er bestätigte meine Auffassung, daß der Verfassungsschutz der BRD die gleichen Mittel und Methoden zur Bekämpfung politischer Gegner anwandte wie das MfS. Er lieferte mir gute Argumente für die Diskussion mit StäV-Diplomaten.

Es kam hin und wieder vor, daß Häftlinge erkrankten. Ihre Behandlung erfolgte teils in der Untersuchungshaftanstalt durch den Anstaltsarzt, gegebenenfalls auch unter Hinzuziehung eines Facharztes. In schwierigen Fällen erfolgte eine Verlegung ins Haftkrankenhaus des MfS nach Berlin-Hohenschönhausen. Es kam auch vor, daß besonders komplizierte Fälle im Haftkrankenhaus der Volkspolizei in Leipzig-Meusdorf behandelt wurden. Dort wurden auch Operationen aller Art ausgeführt.

Wenn inhaftierte Ausländer so schwer erkrankten, daß sie vom Arzt als nicht vernehmungsfähig eingeschätzt wurden, erfolgte die Absage des vereinbarten Diplomatenbesuches. Die Hauptabteilung Konsularische Angelegenheiten und der Staatsanwalt wurden darüber informiert. Von dort ging eine Note an die Ständige Vertretung bzw. an die Botschaft. War der Inhaftierte genesen, wurde ein neuer Termin vereinbart.

In leichteren Fällen fand der Termin wie geplant statt. Bei solchen Besuchen war der Anstaltsarzt zugegen und erläuterte dem Diplomaten das Krankenbild, die Behandlung und den Genesungsstand. Bei Inhaftierten mit Herz- und Kreislaufbeschwerden veranlaßte ich, daß eine Krankenschwester dabei war, um bei plötzlich auftretenden Beschwerden die notwendigen Maßnahmen einzuleiten. Bei drogenabhängigen Häftlingen war ebenfalls ein Arzt beim Besuch mit anwesend, um den Diplomaten über den Zustand zum Zeitpunkt der Festnahme zu informieren. Der Arzt wies auch auf die Möglichkeit einer Entziehungskur im Haftkrankenhaus hin.

Einige Häftlinge waren bei ihrer Festnahme auch völlig verlaust und verdreckt, manche unterernährt oder anderweitig verkommen. Auch in solchen Fällen wurden die Diplomaten über die in der U-Haft durchgeführten Maßnahmen unterrichtet.

Ferner erhielten die inhaftierten BRD- und Westberliner Bürger oft eine zahnärztliche Behandlung, im Bedarfsfall sogar Zahnprothesen. Auch darüber wurde später nie ein Wort verloren.

Ich vestehe das.

W. gehörte zu den unangenehmen Mitarbeitern der StäV mit Profilneurosen. Er versuchte sich auf meine Kosten wichtig zu machen. Im Beisein des Häftlings provozierte er Streitgespräche, in denen er so tat, als müsse er gegen alle von uns aufgestellten Regeln vorgehen. Er suchte darum den Tabubruch. So war es bekanntlich untersagt, Namen von Mitgefangenen zu erwähnen. W. veranlaßte den Häftling, sich darüber hinwegzusetzen. Der nannte einen Zeugen, einen DDR-Bürger, mit Namen und Hausnummer.

Die Kreisdienststelle des MfS meldete wenig später tatsächlich, daß dort W. mit Blumen, Sekt und Pralinen aufgekreuzt sei. Wir konnten nicht nachweisen, daß hier eine Zeugenbeeinflussung stattgefunden hatte. Gleichwohl war das ein Vorgang, der nicht folgenlos hingenommen werden konnte. Er wurde beim nächsten Kontakt mit dem Leiter der Rechtsabteilung angesprochen. Dieser erklärte, daß dies offenkundig ein Alleingang gewesen sei, er wisse davon nichts.

Also handelten wir. Wir wußten über unsere operative Aufklärung, wie der Terminkalender von W. aussah. Stellte er einen Besuchsantrag, legten wir den Termin auf jenen Tag und Stunde, wo er garantiert nicht konnte. So mußte seine Vertretung den Besuch wahrnehmen.

Es dauerte nicht lange, da verschwand W. gänzlich von der Liste der Besucher.

Die StäV hatte verstanden.

Salzgitter und die Folgen

»Salzgitter« war das Synonym für die dort ansässige *Zentrale Erfassungsstelle der Landesjustizverwaltungen zur Dokumentation von Gewalttaten durch Staatsorgane der DDR.* Das war ein Instrument des Kalten Krieges mit Doppelfunktion. Einerseits diente es der Einschüchterung von Staatsbürgern der DDR, die bestimmte Pflichten und Rechte ihres Staates erfüllten bzw. durchsetzten. Andererseits sollten die Feinde der DDR einen »Kummerkasten« erhalten, in den sie alle ihre »schrecklichen Erfahrungen mit dem Zonenregime« abladen konnten. Es bediente die Neigung vieler Menschen zum Denunzieren und Wichtigmachen. Und diese folgten darin der antikommunistischen Propaganda ...

Mit diesen Auswirkungen hatte auch die Ständige Vertretung zu kämpfen. Als nämlich in der DDR einsitzende Westberliner und Bundesbürger von ihren Verwandten völlig legal und normal besucht werden konnten, machten davon nur sehr wenige Gebrauch. Sie fürchteten für sich Konsequenzen. Da konnte die StäV noch so werben und sich bemühen, die Vorurteile und Vorbehalte auszuräumen – sie vermochte es nicht.

Einige Verwandte von Inhaftierten waren nur bereit, in die DDR zu kommen, wenn sie von Bundesbediensteten begleitet werden würden. Die StäV kam dem Wunsch nach, wenn auch widerwillig. Zum vereinbarten Zeitpunkt reisten die Angehörigen meist mit Flugzeugen in Westberlin an, wurden dort abgeholt und im PKW zur Magdalenenstraße 14 gebracht. Dem gingen oft mehrere Telefongespräche voraus. Nach der Anmeldung fand das Gespräch zwischen Inhaftierten und Verwandten statt. Dabei wurde nicht auf die Uhr geschaut, wir verhielten uns großzügig.

Der Diplomat wartete unterdessen in einem anderen Zimmer.

Es gab auch Fälle, in denen darum gebeten wurde, daß er in ihrer unmittelbaren Nähe bliebe. Doch die entspannte Atmosphäre führte á la longue zu einer Entkrampfung.

Die Besucher konnten ein Geschenkpaket mit Kuchen, Gebäck, Schokolade, Zigaretten, Kosmetikartikel, Dauerwurst und

Familienfotos übergeben, auch Geld war erlaubt. Natürlich wurde der Paketinhalt kontrolliert, Medikamente und Alkohol zum Beispiel wurden zurückgewiesen.

Nach dem Besuch brachte der Mitarbeiter der StäV den Besucher wieder zum Flugplatz.

Die meisten Besucher kamen beim nächsten Mal ohne Begleitung. Sie hatten gesehen, daß sie nichts zu befürchten hatten.

Doch auch die Ständige Vertretung hielt diese Art der individuellen Betreuung nicht nur für lästig, sondern auch für völlig unnötig. Sie reduzierte im Laufe der Jahre ihr Engagement in dieser Hinsicht, um es dann ganz zu lassen.

Entweder man traute dem MfS oder ließ es eben bleiben.

Die Ständige Vertretung tat es. Warum also sollten es ganz normale Westberliner und Bundesbürger nicht auch tun?

Frische Luft für die Gefangenen

Zu den ersten Monita nach Anlaufen der Besucherregelung gehörte die Klage, daß es sonntags keine Freistunde gebe, also keine Bewegung an frischer Luft. Rückfragen bestätigten das.

Daraufhin wollte die StäV wissen, ob das ebenfalls in der Untersuchungshaftvollzugsordnung festgeschrieben sei. Das war es nicht. Allerdings gab es dafür eine normale Erklärung: An den Wochenenden war vom Personal nur die Mindestbesetzung präsent.

Gleichwohl gab sich die Gegenseite damit nicht zufrieden. Man hatte sich schließlich das Mandat erteilt, Anwalt der Entrechteten hinter DDR-Gittern zu sein. Es wurde eine offizielle Note angekündigt.

Ich versuchte, die Sache nicht eskalieren zu lassen und bot eine Lösung unterhalb dieser Reizschwelle an. Nach Rücksprache mit den Anstaltsleitern schlug ich vor, daß auch sonntags »geführt« werde, wie im Amtsdeutsch die Freistunde genannt wurde.

Ehe sich das jedoch überall durchgesetzt hatte, dauerte es Wochen.

Die Note kam schneller.

Die inhaftierten Ausländer konnten jederzeit und so oft sie wollten mit ihren Botschaften bzw. mit der Ständigen Vertretung schriftlich verkehren. Die Schreiben aus MfS-Haftanstalten trugen weisungsgemäß kein Datum. Ob diese Praxis aus der Zeit der sowjetischen Berater Anfang der 50er Jahre stammte, weiß ich nicht, ich nehme es aber an. Die Briefe wurden nacheinander vom Anstaltsleiter, dem Vernehmer und vom Staatsanwalt kontrolliert. Das dauerte seine Zeit. Und um diese Zeitspanne nicht publik werden zu lassen, wurde die tradierte Praxis »Briefe ohne Datum« beibehalten.

Das wurde von der Ständigen Vertretung ebenfalls moniert. Zuerst sprachen es die StäV-Mitarbeiter an, später folgte eine Note an das Außenministerium der DDR.

Dort verstand man diesen Unsinn auch nicht. Er sollte abgestellt werden. Die StäV heftete sich das als Sieg an die Fahne.

Die Tatsache, daß jemand aus seinem bürgerlichen Dasein verschwindet, wirft natürlich bestimmte Fragen auf. Kommt jemand in den Knast und hat Familie, klären diese die Angehörigen. Aber wenn es keine gibt – was dann?

Diese Problem stand auch vor der Ständigen Vertretung.

Es gab bei nicht wenigen Inhaftierten daheim, also in der Bundesrepublik und in Westberlin, Polizei- und Gerichtstermine, Vorladungen von Behörden, Verpflichtungen gegenüber Arbeitgebern, Vermietern und Gläubigern, Termine bei Drogen- und Sozialberatern oder Arbeitsämter etc. Blieb die Miete aus, konnte die Wohnung zwangsgeräumt werden etc. pp. Das heißt, es mußten auf diplomatischem Wege Dinge geregelt werden, die der Inhaftierte allein nicht veranlassen konnte. Und erklärte sich am Wohnort niemand bereit, die anstehenden Aufgaben für den zwangsweise Abwesenden zu übernehmen, mußte sich die StäV selbst engagieren.

Für diesen Zweck benötigten sie eine Vollmacht.

Diese wurde bei einem Besuch in der Magdalenenstraße ausgefertigt. Aber, wie wir später in Erfahrung brachten, in der StäV um einen Satz ergänzt:

»Die Vollmacht wurde in der Haftanstalt Berlin-Lichtenberg, Magdalenenstraße, von [Name, Vorname] in Gegenwart eines Mitarbeiters der Ständigen Vertretung der BRD bei der DDR angefertigt.« [Unterschrift des Mitarbeiters der StäV], Datum und Dienstsiegel.

In einigen Fällen war es notwendig, Dokumente, Geldkarten und anderes an die Eigentümer oder Bevollmächtigten zu übergeben. Alles erfolgte ohne Unterschrift und per Handschlag zwischen MfS und Diplomaten. Es gab keine Unregelmäßigkeiten.

Jedem Inhaftierten wurde nach Verkündung des Haftbefehls eine Liste von Rechtsanwälten zur Auswahl vorgelegt. Rechtsanwälte aus der BRD und Westberlin waren in der DDR nicht zugelassen. Obwohl Rechtsanwalt Dr. Wolfgang Vogel und seine Kanzlei die meisten Fälle übernahm (was auch seinem hohen Bekanntheitsgrad in der Bundesrepublik zugeschrieben werden konnte), wurden auch andere DDR-Rechtsanwälte mit der Vertretung beauftragt.

Mitunter schreckten die Inhaftierten zurück, Vogel das Mandat zu erteilen, weil sie meinten, er sei für sie unbezahlbar. Diese Sorge konnte ihnen genommen werden. Der Rechtsanwalt genieße nicht nur das Vertrauen der DDR-Regierung, sondern auch das der Verantwortlichen in Bonn, erklärten die Diplomaten. Er sei der Anwalt der Bundesregierung und werde folglich auch von dieser bezahlt. Sie sollten sich keine Sorgen wegen möglicher Kosten machen.

Eines der leidigen Themen, die nahezu jeder Mitarbeiter der StäV im Vor- oder Nachgespräch mit mir zu erörtern wünschte, waren die sogenannten Maueropfer: Menschen also, die bei dem Versuch, die Staatsgrenze der DDR illegal zu passieren, zu Schaden oder ums Leben kamen. Natürlich sprachen sie nur über jene, die von Ost nach West wollten, nicht umgekehrt.

Wenn ich sagte, daß die Staatsgrenze hinlänglich markiert sei und jeder wisse, was ihn dort erwarte, winkten sie ab: Wenn man keine andere Wahl habe, die DDR zu verlassen, gehe mancher eben auch dieses Risiko ein.

Dann sagte ich: Wenn einer die DDR partout verlassen wolle, könne er dies auch legal und ohne sein Leben zu riskieren.

Daraufhin bekam ich zu hören: Auch das sei kein leichter und kurzer Weg. Das Grundübel bestünde einfach darin, daß die DDR ihre Bürger wie Leibeigene betrachte und sie ungern ziehen lasse.

Ja, räumte ich ein, jeder hat hier die Schule besucht und eine Ausbildung bekommen, seine Qualifikation erfolgte ausschließlich auf Staatskosten – ist es da nicht verständlich, wenn eben das Gemeinwesen, welches die Schulen, Lehrer, Berufsausbilder und Universitätsprofessoren finanziert, von dieser langjährigen Investition etwas haben will? Es gehe doch nicht an, daß die DDR die Ausbildung übernehme, die Bundesrepublik aber den Nutzen daraus ziehe?

Dann kamen sie mir mit den allgemeinen Menschenrechten und daß es jedem gestattet sein müsse, in der Kürze seines Daseins jenen Platz auf der Welt selbst zu wählen, wo er leben möchte. Schon immer wären Menschen auf dieser Erde hin und her gewandert, ganze Völker hätten dies schon getan. Kein Staat der Welt besäße das Recht, seine Bürger in Sicherungsverwahrung zu nehmen, quasi einzusperren.

Ach, sagte ich, wenn wir es nur mit einem natürlichen Bewegungsdrang zu tun hätten, wäre es der DDR um ihre Existenz nicht bange: Gewiß kämen dann mindestens wieder so viele Menschen zu uns wie uns zuvor verließen, das würde sich auf Dauer schon einpendeln und ausgleichen. Doch angesichts der politischen Situation von Normalität im grenzüberschreitenden Personenverkehr zu sprechen, hielte ich ein wenig für übertrieben. So lange jeder, der der DDR den Rücken kehrt, als Votum gegen die DDR verstanden oder gar als »Kämpfer« für Freiheit und Demokratie gefeiert werde, könne man nicht so tun, als sei alles im Lote.

Und die Toten? Es gebe keinen zwingenden Grund, Menschen an einer Grenze zu erschießen. Das sei grausam, barbarisch und nicht zu rechtfertigen.

Da konnte ich nichts darwider sagen.

Halt, doch.

Ich ließ mir seit 1977 von jenen Genossen, die die westdeutsche und Westberliner Presse systematisch auswerteten, alle Beiträge ausschneiden, in denen darüber berichtet wurde, wie Menschen in Grenznähe von BGS, Zöllner und Polizei behandelt wurden. Ich war selbst überrascht, wie viele Menschen tödlich oder lebensgefährlich verletzt wurden beim Versuch, die BRD-Grenze zu überschreiten. Nur die wenigsten Meldungen fanden den Weg auf die große Bühne. Die meisten blieben in der Lokal- und Regionalpresse hängen.

Wenn also die Debatte an den Punkt kam, daß es keine Idee gebe, die es legitimiere, Menschen an einer Grenze zu erschießen, stimmte ich fortan zu. Dann huschte ein Lächeln über das Gesicht meines Gesprächspartners, er wähnte mich geschlagen.

Doch ich schlug meine Mappe auf, sagte noch einmal: »Stimmt, Sie haben völlig recht«, und trug dann die Fälle vor, die ich der westlichen Tagespresse entnommen hatte.

Damit war das Thema vom Tisch.

Es sollen, wie in den 90er Jahren in einigen Verfahren gegen unsere Grenzsoldaten bekannt wurde, mindestens 420 Menschen von westdeutschen Sicherheitsorganen an der BRD-Staatsgrenze erschossen worden sein.

Die Staatsanwaltschaft hat diese Zahl nie dememtiert.

»Freikauf« und »Austausch«

In den 60er Jahren entwickelte sich die Praxis des sogenannten Freikaufs. Die Bundesregierung zahlte über ihre Mittelsmänner, namentlich in der Kirche, bestimmte Beträge für inhaftierte Bürger, die aus verschiedenen Gründen in die Bundesrepublik wollten. Auch wenn dies durchaus einen praktischen Hintergrund hatte, etwa den, daß die DDR sich die Ausbildung oder Betreuung angemessen vergüten ließ, was durchaus legitim war, hatte der Vorgang einen unangenehmen Hautgout. Mancher sprach gar von »Kopfgeld«, und sofort fühlte man sich in den Wilden Westen der USA versetzt, wo einst »Kopfgeldjäger« Menschen jagten und zur Strecke brachten, sie also gegen ein Salär dem Sheriff auslieferten: tot oder lebendig.

Daß es jedoch allen Beteiligten mehr oder minder unangenehm war, merkte man an der konspirativen Behandlung des Themas. Das galt für beide Seiten. Und auch heute wird darüber kaum geredet, obgleich doch sonst kein Vorgang zu banal ist, um der DDR etwas am Zeug zu flicken. Hier breitet man nachsichtig den Mantel des Schweigens, denn verurteilte man im Nachgang diesen »Menschenhandel«, müßte man sich mit verurteilen.

Spione hingegen wurden nicht »freigekauft«, sondern ausgetauscht. Erstmals wurde im Februar 1962 auf der Glienicker Brücke zwischen Potsdam und Berlin (West) ein solcher Wechsel vollzogen. Der vom sowjetischen Himmel geschossene US-Pilot Gary Powers marschierte gen Westen, und von dort kam Robert Abel, der von New York aus ein sowjetisches Kundschafternetz aufgebaut hatte. Nachdem er 1957 enttarnt worden war, hatte man ihn zu dreißig Jahren Haft verurteilt.

Am Zustandekommenden dieses Deals war Rechtsanwalt Wolfgang Vogel maßgeblich beteiligt, wie er auch in alle nachfolgenden Austauschaktionen involviert war. Man spricht davon, daß er bis 1989 weltweit am Austausch von etwa 150 Spionen aus 23 Staaten beteiligt gewesen sein soll.

Und als stiller Unterhändler wirkte er daran mit, daß viele

Zehntausende DDR-Bürger, die im Rahmen von »Familienzusammenführungen« oder eben als »Freigekaufte« ihr Land verließen, legal von Ost nach West ziehen konnten.

Die Option des Austauschs stellte natürlich für die Geheimdienste beider Seiten eine gewisse Sicherheit dar. Es konnte nämlich nach dem Prinzip der Gegenseitigkeit verfahren werden. Erstens: Ich behandle deine Spione so, wie ich wünsche, daß du meine behandelst. Zweitens: Gibst du mir meine unversehrt zurück, bekommst du auch deine wieder.

Dieser Umstand ermutigte mindestens ebenso wie die Tatsache, daß man mit der Ständigen Vertretung eine Residentur bekommen hatte. Namentlich Günter Gaus sprach sich wiederholt dagegen aus, daß BRD-Dienste die StäV zum Stützpunkt machten – doch verhindern konnte er es natürlich nicht.

Die erfolgreiche Anwerbung von DDR- und Bundesbürgern sowie Westberlinern durch BND, Verfassungsschutz und MAD erfolgte nicht zuletzt mit dem Versprechen, im Falle der Festnahme würde sich sofort die Ständige Vertretung einschalten und alles weitere übernehmen. Dadurch wurde das tatsächliche Risiko heruntergespielt, die Übertretung von Gesetzen der DDR bagatellisiert.

Ich hatte darum kein Interesse, in den Diplomatengesprächen die Themenbeschränkungen durchzusetzen: Das Spionageproblem sollte durchaus offen erörtert werden. Vor allem jener Punkt: Die Ständige Vertretung wird alles unternehmen, damit Sie schnell freikommen!

Der Diplomat mußte an dieser Stelle reinen Wein einschenken: »Die Ständige Vertretung kann das nicht! Hier wurde ein Versprechen von Dritten abgegeben, das wir nicht erfüllen können! Wir können uns um Sie kümmern, auf der politischen Ebene Ihre Interessen vertreten. Aber wir sind nicht die Instanz, die auf Ihre Freilassung drängen oder diese gar veranlassen könnte.«

Angesichts dieses Offenbarungseides machte sich Unmut auf beiden Seiten breit. Bei den Inhaftierten, die nunmehr bemerkten, daß man sie getäuscht hatte – bei den Diplomaten, weil sie den Unmut darüber zu spüren bekamen. Nicht wenige gaben mir zu verstehen, daß sie aus eben diesem Grunde nicht gut auf ihre Nachrichtendienste zu sprechen waren. Sie mußten die unappetitliche Suppe auslöffeln, die ihnen andere eingebrockt hatten.

Ich hatte dafür Verständnis.

Auf meine Frage, ob sie ihre Meinung auch das Bundeskanzleramt wissen ließen, erhielt ich meist ein bitteres Lächeln.

Wir hatten uns verstanden.

Im Dezember 1975 wurden in Düsseldorf Günter und Christel Guillaume verurteilt. Es befanden sich weitere Kundschafter aus der DDR und anderen sozialistischen Staaten in der BRD in Untersuchungs- oder Strafhaft. Bundeskanzler Schmidt und einige seiner Minister erklärten, Guillaume und andere Ost-Agenten würden unter keinen Umständen freigelassen. Das erhöhte die ohnehin in Bautzen II bestehenden Spannungen. Denn: Menschenhändler, Schmuggler, Diebe und andere Kriminelle wurden von der Bundesregierung nach zwei bis drei Jahren freigekauft, Spione hingegen saßen länger. Jetzt aber hatte Bonn erklärt, nicht auszutauschen. Diese Ankündigung ließ die Hoffnung bei den 98ern in Bautzen schwinden. (Die Häftlinge, die nach § 98 StGB der DDR wegen Spionage verurteilt worden waren, nannten sich selbst so. 105er waren die Menschenhändler und Kriminellen.) Sie fürchteten nun, ihre Strafe in voller Länge absitzen zu müssen. Einige gerieten in Panik. Die Fristen zwischen den Besuchen der Ständigen Vertretung wurden immer kürzer, bald waren es nur noch vier Monate.

In den Gesprächen ging es nur um eine Frage: Wann werde ich ausgetauscht?

Die Mitarbeiter der Ständigen Vertretung befanden sich in einer prekären Lage. Sie kannten die Haltung der Bundesregierung und mußten dafür um Verständnis werben. Einige Strafgefangene gerieten angesichts dessen außer sich und verloren die Beherrschung. Ihr Unmut richtete sich gegen Bonn, gegen den Dienst, der sie ins Feuer geschickt hatte und, da diese nicht verfügbar waren, vor allem gegen ihr Gegenüber.

In diesen Fällen mischte ich mich ein und bat um Sachlichkeit, denn die StäV-Mitarbeiter hatten mit dem Austausch am wenigsten zu tun. Ich empfahl den Häftlingen, Briefe an die Bonner Regierung zu schreiben und ihre Angehörigen in der BRD zu aktivieren.

Die Auseinandersetzungen wurden immer lauter und heftiger.

Ich goß natürlich insofern Öl ins Feuer, als ich – im Auftrag – stets erklärte, daß die DDR sie selbstverständlich vorzeitig entlassen werde. Einzige Bedingung: Die Bundesregierung verhält sich adäquat. Jeder im Raum wußte, was das hieß.

Damit war auch klar, daß nicht die DDR mauerte. Natürlich nicht: Wir wollten ja unsere Kundschafter freibekommen! Dafür ließen wir diese Agenten gern laufen. Sie waren ohnehin für jeden Dienst der Welt »verbrannt« und stellten für uns nach der Entlassung keine Gefahr mehr dar.

1985 erfolgte dann bekanntlich der größte Agenten-Austausch des Kalten Krieges auf der Glienicker Brücke. Wir tauschten 23 Westspione gegen vier Kundschafter von uns.

Der Veitstanz zuvor hatte aber nunmehr ein Ende: Ab 1986 konnten die Mitarbeiter der Ständigen Vertretung die in Bautzen II einsitzenden Bundesbürger und Westberliner dort besuchen. Die ausdauernden Proteste von dort wegen der langen Autofahrt nach Berlin und zurück für ein kurzes und meist ergebnisloses Gespräch trugen Frucht. Nunmehr mußten die Diplomaten stundenlang auf die Autobahn.

Auch ich profitierte davon. Ich hatte nunmehr nur noch halb so viel zu tun.

Spucke und nackte Hintern

Wer einsaß, tat dies nicht aus freien Stücken. Und daß man darüber verärgert war, versteht sich auch von selbst. Der Groll saß tief, bei manchem war es unversöhnlicher Haß. Ein erklärter Feind der DDR blieb dies auch hinter Gittern. Daß einer vom Saulus zum Paulus wurde, geschah höchst selten.

Die Aversion wurde auf verschiedene Weise artikuliert. Der eine rotzte auf den Spion in der Zellentür, wenn er dahinter das Auge des Wachposten erkannte. Der andere reckte ihm seinen entblößten Hintern entgegen, was bedeuten sollte: Ihr könnt mich mal …

Ich informierte darüber die StäV und bat darum, auf die Inhaftierten einzuwirken, sich in der U-Haft diszipliniert zu verhalten. Wenn Gewalttäter oder Provokateure die Anstaltsordnung nicht einhielten oder Häftlinge einen Haftkoller bekamen und nicht zu beruhigen waren, wurden sie vom Anstaltspersonal diszipliniert. Man legte ihnen für kurze Zeit Handschellen an oder steckte sie in die Zwangsjacke. In solchen Fällen verfügte der Staatsanwalt mitunter auch einige Tage Arrest. Über solche Vorkommnisse wurden die Diplomaten in den Vorgesprächen unterrichtet. Wenn im Gespräch der Inhaftierte sich beklagte, lief der Protest ins Leere: Der Diplomat wußte schon Bescheid.

Das Verhältnis zwischen den Mitarbeitern der Ständigen Vertretung und den MfS-Mitarbeitern wurde im Laufe der Jahre immer entspannter. Das führte dazu, daß einige Häftlinge sich beim Leiter der Ständigen Vertretung über seine Mitarbeiter beschwerten und diese der Kumpanei mit dem MfS bezichtigten.

Ich weiß nicht, wie man dort auf solche Anscheißerei reagierte, vermute aber, daß man das dort mindestens so wichtig nahm wie bei uns. Diplomatenbesuche spielten in Parteiversammlungen und vor Staatsbesuchen stets eine Rolle.

Minister Erich Mielke gehörte seit 1950 der SED-Grundorganisation in der Hauptabteilung Untersuchung an, und zumindest an ihren Wahlversammlungen nahm er teil. Die Hauptabteilung war ihm auch dienstlich direkt unterstellt. Insofern kann man von einer besonderen Aufmerksamkeit ausgehen. Auf einer dieser Wahlversammlungen, das war 1977, berichtete ich über unsere Tätigkeit mit den Diplomaten. Zu jener Zeit waren 35 Mitarbeiter der Ständigen Vertretung für Besuche angemeldet. Ich sprach kämpferisch von 35 Spionen im Diplomatenrock, auf die wir uns einzustellen hätten.

»Wie könnt ihr so viel zulassen, daß ist doch unmöglich«, rief Mielke an dieser Stelle entrüstet. »Ich werde mich dafür einsetzen, daß das geändert wird.«

In der Pause kam er zu mir. Fragte nach. Ich sagte, daß diese 35 Diplomaten etwa 400 Häftlinge betreuten, und daß die Entscheidung darüber auf der politischen Ebene getroffen worden sei.

Mielke knurrte, das wären trotzdem zu viele, er werde dafür sorgen, daß das geändert wird.

Nun, davon habe ich bis 1989 nichts bemerkt.

Ich merkte auch an zwei weiteren Begebenheiten, daß die Gefangenenbetreuung nicht jenen politischen Stellenwert in den deutsch-deutschen Beziehungen hatte, die ihm von manchen unterstellt wurde.

Anfang der 80er Jahre kam Bundeskanzler Schmidt in die DDR. Im Vorfeld erhielt ich Befehl zu notieren, welche Veränderungen die Gegenseite anmahnen könnte und wie Honecker darauf reagieren sollte. Ich vermutete, daß Bonn schnelle und umfangreiche Information über Festnahmen anmahnen werde, kürzere Fristen bis zum ersten Besuch, größere und individuelle Geschenkbeutel, schnellere Beförderung des Briefverkehrs sowie eine Neuregelung der Rückführung von Nervenkranken und Minderjährigen. Mein Vorschlag lautete: Alles so lassen wie es ist, und wenn es Änderungswünsche zur gegenwärtigen Praxis gibt, sollten diese Bestandteil eines Konsularvertrages zwischen der BRD und der DDR werden.

Die Fragen der Häftlingsbetreuung kamen zwischen Helmut Schmidt und Erich Honecker überhaupt nicht zur Sprache. Es wurde lediglich eine Liste mit Problemen übergeben, die sich mit meiner Prognose deckte. Sie wurden auch auf unterer Ebene nicht erörtert, so daß alles beim Alten blieb.

Das Gleiche wiederholte sich 1987 beim Honecker-Besuch in Bonn. Auch bei Helmut Kohl reichte die Zeit nicht, über die Häftlingsbetreuung zu sprechen.

Leute aus der Hannoverschen Straße in Mitte

Die Ständige Vertretung der Bundesrepublik war natürlich ein exklusiver Ort. Im Selbstverständnis der BRD natürlich keine Botschaft, denn dies hätte die DDR zum Ausland gemacht. Und das widersprach den politischen Intentionen Bonns. Spätestens seit 1969 jedoch, als der SPD-Kanzler Willy Brandt die Formel von den zwei Staaten in Deutschland prägte, akzeptierte zumindest ein Teil der Bonner politischen Klasse die Tatsache, daß nicht nur die BRD allein Deutschland in der Welt vertreten konnte. An der gängigen Lesart aber, daß »die Kommunisten« Deutschland gespalten hätten und diese Tatsache rückgängig gemacht werden müßte, änderte das nichts.

Zu den großen Geschichtslügen des 20. Jahrhunderts gehört jene, daß die Sowjetunion allein Schuld daran trüge, daß 1945 ein »Eiserner Vorhang« in Europa herunterging und damit die Teilung des Landes in der Mitte und damit des Kontinents vollzogen wurde. Damit wird völlig ausgeblendet, daß Nazideutschland erst seine Nachbarn und dann die Sowjetunion überfiel und schließlich eine weltweite Antihitlerkoalition eine bedingungslose Kapitulation erzwang. Ohne den 30. Januar 1933 keinen 1. September 1939 und kein 8. Mai 1945. So war die Kausalkette. Wenn deutsche Panzer zuvor nicht bis Moskau gerollt wären, wären russische Tanks auch nie bis zum Harz vorgestoßen.

In Jalta auf der Krim sprachen Anfang 1945 die Großen Drei – Stalin, Churchill, Roosevelt – über die deutsche Nachkriegsordnung. Es gab etliche Überlegungen, die alle ein Ziel hatten: Deutschland sollte nie wieder militärisch und wirtschaftlich so mächtig werden, daß es Kriege führen könnte. Dabei hatte der bereits 1944 formulierte Plan des US-Finanzministers Morgenthau gute Aussichten. Dieser sah die vollständige Entindustrialisierung Deutschlands und seine geographische Verkleinerung vor. Der Rest des Landes sollte zum Agrarstaat gemacht, die Deutschen aus den abgetrennten Gebieten umgesiedelt und jeder einzelne für die Verbrechen des Dritten Reiches bestraft werden.

Stalin unterlief mit seinem Vorschlag zur Bildung von Besatzungszonen den Morgenthauplan. Nach seiner Vorstellung sollten in ihren Zonen die Alliierten Sorge für den wirtschaftlichen und demokratischen Neuaufbau tragen. Die Zusammenarbeit der Allierten im Kriege würde auch im Frieden für die notwendige Gemeinsamkeit der Siegermächte und damit für Deutschlands Einheit sorgen.

Ein jetzt im Bundesarchiv im Berlin aufgefundene Notiz im Nachlaß von Elli Winter, der Frau Anton Ackermanns, wirft auf Jalta ein neues Licht.

Wenige Tage nach der Konferenz, ehe Details überhaupt publik wurden, bat der einstige Chef der Komintern, Georgi Dimitroff, die in Moskau lebende Führung der KPD zu sich: Wilhelm Pieck, Walter Ulbricht, Anton Ackermann und eben Elli Schmidt. Er informierte sie über die beabsichtigte Bildung von militärischen Besatzungszonen und erklärte die Konsequenzen. »Das ist die Spaltung Deutschlands!« Und Elli Schmidt schrieb: »Uns standen die Tränen in den Augen. Denn wir deutschen Kommunisten haben immer für ein sozialistisches Deutschland gekämpft.«

Der Prozeß der deutschen Teilung begann also lange vor 1945, und er war ursächlich keineswegs den deutschen Kommunisten anzulasten. Und im bald einsetzenden Kalten Krieg wurde die Spaltung forciert, an der mindestens der Westen so beteiligt war wie der Osten. Bevor es eine DDR gab, wurde ein westdeutscher Separatstaat mit der Maßgabe gebildet: Lieber das halbe Deutschland ganz als das ganze Deutschland halb. Dieser Staat forcierte die Westintegration Westdeutschlands und zwang Ostdeutschland zur Ostintegration. Daß die UdSSR wie die andere Großmacht USA eigene geostrategische Interessen verfolgte, gehört auch zur historischen Wahrheit, steht aber auf einem anderen Blatt. Bei der Frage: Wer spaltete Deutschland und vertiefte die Teilung?, gibt es folglich nur eine Antwort: nicht die deutschen Kommunisten!

Die 1969 in Bonn angetretene sozialliberale Koalition, ansatzweise auch schon die zuvor regierende Große Koalition, entwickelte in dieser Hinsicht einen pragmatischen Realitätssinn. Sie nahm die Tatsache der deutschen Teilung als gegeben hin und suchte nach Wegen, damit umzugehen – ohne sich einerseits als weltfremd dem internationalen Gespött auszusetzen und anderseits den vermeintlichen Verfassungsauftrag von 1949 aufzugeben, nämlich die staatliche deutsche Einheit (natürlich unter westdeutscher Flagge) herzustellen. Dazu wollte man auch weiterhin alle Möglichkeiten unterhalb des »Schießkrieges« nutzen.

In dieser Strategie hatte die Ständige Vertretung in Berlin ihren besonderen Platz. Sie war ein politischer Brückenkopf. Anders als andere Botschaften, deren vornehmster Zweck in der Verbesserung der bilateralen Beziehungen bestand, erfüllte die Institutionen in der Hannoverschen Straße sehr komplexe Aufgaben. Offizielle und inoffizielle.

Das erklärt auch ihren exklusiven Platz in der Hierarchie der Bundesregierung. Sie unterstand direkt dem Bundeskanzleramt. Das Personal kam auch von dort sowie aus dem Auswärtigen Amt, aus Innen- und Justizministerien der Länder. Es war hochqualifiziert und unterschied sich allein schon dadurch von anderen Botschaftsbesatzungen, wo man meist Leute unterbrachte, die man loswerden wollte oder versorgen mußte. Ich hatte es oft mit studierten und promovierten Juristen zu tun, die bereits in der Justiz oder als Referenten in Ministerien oder bei Staatssekretären tätig gewesen waren. Und den meisten war bewußt, daß ihr Einsatz in Ostberlin einen Karriereschub bedeutete. Allein diese Wahrnehmung und Erwartung signalisierte, wie exponiert dieser Job war.

Einer zum Beispiel, mit dem ich zu tun hatte, wurde unmittelbar nach seiner Abberufung hier Botschafter in einem amerikanischen Staat.

Aber auch finanziell war die Arbeit in der Ständigen Vertretung lukrativ. Ganz zu schweigen davon, daß man in drei Minuten »in der Heimat« war und von illegalen Wechselkursen profitierte.

Keiner der mir durch die Häftlingsbesuche bekannt gewordenen StäV-Mitarbeiter hat erklärt, er sei gegen seinen Willen in die Ständige Vertretung versetzt worden.

Die Tätigkeit in der DDR dauerte bis auf wenige Ausnahmen in der Regel drei bis fünf Jahre. Wie lange und wie die Mitarbeiter der StäV auf ihren Einsatz in der DDR vorbereitet wurden, habe ich nicht in Erfahrung bringen können. Von einigen hörte ich, daß ihre Vorbereitung sehr kurz gewesen sei, was man auch an ihrem sehr geringen Wissen über die DDR bemerkte.

Für uns waren von den durchschnittlich 95 akkreditierten Diplomaten der Ständigen Vertretung nur jene 35 interessant, die auf der Liste der Berechtigten für die Häftlingsbesuche verzeichnet waren. Die anderen haben wir nicht kennengelernt. Eigentlich waren es nur 33, denn – wie bereits erwähnt – weder der Leiter noch sein Stellvertreter wurden jemals bei uns vorstellig.

Als Besuchsberechtigte wurden alle Mitarbeiter der Rechtsabteilung geführt. Doch da diese keine 33 Personen zählte, wurde der Kreis durch Mitarbeiter anderer Abteilungen aufgefüllt. Nach welchen Gesichtspunkten das erfolgte, habe ich nicht ergründen können. Sie stammten offiziell aus der Politischen Abteilung, der Abteilung für Landwirtschaftsfragen, der Wirtschaftsabteilung, der Abteilung für Kultur und der Protokollabteilung. Sie erzählten mir das eher entschuldigend, weil sie im Umgang mit Häftlingen sich oft sehr ungeschickt anstellten. Das spürten auch die besuchten Häftlinge. Einzelne Mitarbeiter äußerten mir gegenüber, daß ihnen Begegnungen mit den Kriminellen unangenehm seien.

Auf dieser Strecke war von ihrer hohen fachlichen Qualifikation wenig zu spüren. Man sah sofort, daß sie noch nie in solchen Kreisen zu tun hatten und meist nur im bürgerlichen Milieu verkehrten. Sie wirkten verstört und nur bedingt kommunikationsfähig.

Wenn Häftlinge beispielsweise über ihre Delikte sprachen oder wie sie vom Geheimdienst angeworben wurden, gaben sie sich nicht nur ahnungslos: Sie waren es auch mitunter.

Es gab auch einige, die sich auf die Berechtigtenliste setzen ließen und nur einen Besuch absolvierten. Ich hatte den Eindruck, daß sie lediglich aus Neugier kamen, um hinterher berichten zu können, sie hätten die Haftanstalt von innen gesehen und der Stasi ins Auge geblickt. Sie brauchten den »Horrortrip« wohl für ihre Biographie und um Farbe in ihre Beamtenlaufbahn zu bringen.

Auf der anderen Seite waren solche Visiten auch sehr ernüchternd. Insbesondere in den 70er Jahren verbanden nicht wenige Häftlinge mit dem Besuch aus der Ständigen Vertretung die Erwartung, daß sich diese Institution für ihre Freilassung einsetzen, wenn nicht gar veranlassen werde. Diese Hoffnungen zerschlugen sich rasch. Denn die Entscheidung über einen Austausch oder

Freikauf wurde nicht in der Hannoverschen Straße, sondern in Bonn getroffen. Das sagte man ihnen auch so deutlich.

Für nicht wenige Häftlinge wurde dann klar, daß sie sich verspekuliert und aufs falsche Pferd gesetzt hatten. Und nach dem populären Grundsatz »Hilf dir selbst, dann hilft dir Gott« nahmen sie ihr Schicksal in die eigenen Hände. Sie befanden sich im Gewahrsam der DDR. Also mußte man sich die DDR nicht zum Feinde, sondern zum Freunde machen, wenn man vorzeitig freigelassen und abgeschoben werden wollte, sagten sie sich. Und kooperierten mit uns. Das reichte von Informationen über ihren Auftraggeber, über Straftaten anderer bis hin zur weiteren Unterstützung unserer Aufklärung nach ihrer Entlassung. Letzteres war die Ausnahme, nicht die Regel, zumal die Gegenseite jeden in den Westen entlassenen Häftling »durch die Mangel« drehte und an Lügendetektoren anschloß, um festzustellen, ob jemand »umgedreht« worden war.

Das MfS und die Ständige Vertretung waren sich jedoch einig, die notwendige Zusammenarbeit nicht zu belasten. Wir mußten uns aufeinander einlassen, weil unsere jeweiligen politischen Dienstherren es so wollten. Folglich verkehrten wir gesittet und kultiviert, ohne daß wir unsere jeweiligen Überzeugungen aufgegeben hätten oder versucht waren, den jeweils anderen zu missionieren. Darum war auch keiner Seite an besonderer Publizität gelegen. Wir arbeiten still, korrekt und effektiv miteinander.

Nicht aus Scham, weil wir etwas Unanständiges taten. Sondern im Wissen darum, daß einige Ideologen und Sensationsjournalisten dies mit ihrem engen Horizont nicht begreifen würden. Es gab eine politische Realität in Deutschland. Und mit der mußten beide Seiten umgehen.

Das haben manche noch immer nicht begriffen.

Und es gab nicht nur die Ständige Vertretung

In den 80er Jahren sorgte ein Amerikaner im westdeutschen und Westberliner Blätterwald für Schlagzeilen. Der Endsechziger war unweit des Checkpoint Charly, dem Grenzübergang Friedrichstraße in Berlin-Mitte, von unseren Grenzern von der Mauer geholt worden. Der grauhaarige Greis hatte mit dem Vorschlaghammer auf dem Beton herumgeklopft und auch darauf gepinkelt, um – wie er später erklärte – das Trennende »in der Welt« zu zerstören und aufzuweichen.

Auf diese Weise sollte die Menschheit von ihm »vereint« werden. Das sei sein Lebensziel.

Der alte Herr mit dem Vollbart trug keinerlei Papiere bei sich, mit denen er sich identifzieren ließ. Wir informierten dennoch die US-Botschaft in der Niederkirchnerstraße. Der Konsul erschien und erkannte den Mann. Er war bereits in Westberlin gelegentlich auffällig geworden und hatte die US-Behörden auf den Plan gerufen. Mithin: er war kein unbeschriebenes Blatt.

Gegen den 67jährigen wurde Haftbefehl erlassen. Bei der Vernehmung war er sehr kooperativ und berichtete über seine Aktivitäten unter dem Motto »Welt ohne Grenzen«, die er schon jahrzehntelang verfolge.

An jedem Freitagnachmittag erschien gegen 14.30 Uhr in der Magdalenenstraße der US-Konsul zu Besuch bei ihm. Dabei gab es Tage, an denen der Alte kein Wort sprach. Er war wirklich sehr wunderlich.

Der DDR-Generalstaatsanwalt entschied, ihn in die BRD auszuweisen. Das geschah.

Eine Woche später saß er wieder mit einer Spitzhacke auf der Mauer. das Spiel wiederholte sich. Dann geschah es zum dritten Male. Danach wurde entschieden, ihn zu verurteilen. Wieder erfolgte eine Meldung über seine Festnahme an die US-Botschaft, es gab die Freitagsbesuche.

Beim seiner ersten Visite ließ sich der Konsul ausführlich über den Alltag in der Untersuchungshaftanstalt informieren: über Verpflegung, Umgang durch das Bewachungspersonal, Hygiene, Wäsche- und Büchertausch usw. Er begründete das damit, daß das sein erster Fall sei und er wissen wolle, wie die U-Haft in der DDR ablaufe.

Beim nächsten Besuch forderte mich der Konsul auf, dem Inhaftierten zwei zusätzliche Badetage in der Woche einzuräumen.

Ich erklärte ihm, daß seine tägliche Körperhygiene durch die Nutzung von fließend kaltem und warmem Wasser ausreichend gewährleistet sei.

Der Inhaftierte selbst äußerte, daß ihm die gegebenen Möglichkeiten völlig genügten, und lehnte jegliche Besserstellung gegenüber den anderen Häftlingen ab. Danach schilderte er ausführlich die hygienischen Bedingungen in Haftanstalten der USA, die er konkret benannte. Er wäre in seinem langen Leben allein siebenmal in den USA und über zehnmal in anderen Staaten der Welt inhaftiert gewesen. Und nirgendwo hätte er in den Zellen fließend kaltes und warmes Wasser sowie eine Wassertoilette vorgefunden.

Der Konsul klopfte mir mit freundschaftlichem Blick auf die Schulter und meinte: »Herr Schütze, betrachten Sie die Bitte als nicht gestellt.«

Die Abteilung Internationale Verbindung beim Generalstaatsanwalt war bald der Meinung, daß ein Diplomatenbesuch pro Woche zuviel sei. Ich erhielt den Auftrag, eine mögliche Reduzierung auf ihre Wirkung zu testen. Beim nächsten Besuch fragte ich den Konsul, was passieren würde, wenn er künftig nur aller zwei oder drei Wochen kommen dürfte.

Er grinste, denn er hatte verstanden. Und sagte dann diplomatisch verklausuliert, was er von dieser Idee hielt: »Der Fall hat weltweite Publizität erhalten. Täglich erkundigen sich Menschen aus den USA und aus anderen Ländern nach dem Zustand des Häftlings.« Er müßte dann künftig die Auskunft verweigern, weil er ja nicht informiert sei, und könne lediglich den Grund mitteilen, weshalb das so wäre.

Wir hielten an der Besuchspraxis fest. Jeden Freitag gab ich 14.30 Uhr dem US-Konsul die Hand.

Die Hauptverhandlung wurde anberaumt und dem Angeklagten ein Rechtsanwalt beigeordnet. Der Konsul kündigte seine Teilnahme am Prozeß an. Ich betreute ihn. Wir saßen im Gerichtssaal nebeneinander und spazierten in den Pausen durch die Gänge.

Der Direktor des Stadtbezirksgerichtes, der den Prozeß führte, war sehr gut vorbereitet. Das Publikum verhielt sich diszipliniert. Für den Inhaftierten war es eine große Bühne, auf der man ihn auch spielen ließ. Er konnte sehr ausführlich seinen Lebenslauf und vor allem seine Visionen von einer »Welt ohne Grenzen« darlegen.

Das Gericht legte besonderen Wert auf die Feststellung, daß die strafbaren Handlungen unter Mitwirkung Westberliner Bürger geschehen seien und die Westberliner Polizei sich passiv verhalten habe. Das Mitwirken westlicher Besatzungsmächte konnte nicht nachgewiesen werden.

Der Konsul machte sich Notizen und achtete besonders auf den Dolmetscher, der die Aussagen des Inhaftierten für das Gericht übersetzte. In der Beweisaufnahme wurden die von westlichen TV-Stationen gedrehten Bilder gezeigt, Grenzposten der DDR vernommen, Einschätzungen über den entstandenen Schaden und ein psychiatrisches Gutachten eines namhaften Professors verlesen.

Bereits in der ersten Pause lobte der Konsul die Arbeit des Dolmetschers als äußerst korrekt. Er wundere sich aber darüber, daß das Gericht dem Angeklagten so viel Zeit für die Darlegung seiner Gedanken einräume und das Gericht einen so großen Aufwand in einer so banalen Sache betreibe.

Er glaubte, so schien mir, daß der Prozeß ausschließlich für ihn inszeniert worden wäre.

Ich schlug ihm darum vor, daß er gern auch anderen Verfahren beiwohnen könne, wenn er möchte. Wir seien immer so präzise und umfassend. Für uns sei auch ein vermeintlich harmloser Zwischenfall an der Grenze ein Politikum. Er möge nicht vergessen: Diese Mauer trenne nicht nur eine Stadt. Sie sei gleichsam auch die Frontlinie der beiden mächtigsten Militärbündnisse dieser Welt.

Er ging darauf nicht ein und erklärte mir stattdessen, wie Gerichtsverfahren in den USA in der Regel abliefen. Nur bei Angeklagten, die ihre Straftat bestritten oder jegliche Aussage verweigerten, würden die Beweise vorgelegt. Der Mann hier habe gestanden.

Die Plädoyers des Staatsanwaltes und des Verteidigers verfolgte der Konsul mit großer Aufmerksamkeit. Am Ende erklärte er nicht zum ersten Male, daß er einen derart exakten, juristisch fundierten Prozeß nicht erwartet hätte und nach Rückkehr in die Botschaft seine Mitarbeiter wie auch das Außenministerium in Washington darüber informieren wolle.

Auch nach seiner Verurteilung wurde der Häftlings durch die US-Botschaft intensiv betreut. Zu Weihnachten brachte der Konsul Geschenke. Es war üblich, daß vor Weihnachten die Untersuchungsführer mit den Inhaftierten ein gemeinsames Mittagessen einnahmen. Darüber hat von den tausenden Häftlingen später kein einziger erzählt. Anläßlich dieses Weihnachtsessens wurde der Inhalt des Geschenkbeutels auf einem Tisch aufgebaut und zusammen mit dem Häftling fotografiert. Diese Fotos überreichte ich dem Konsul bei seinem nächsten Besuch mit der Bitte um Weiterleitung an die Familie und Freunde des Verurteilten.

Schon bald wurde der Häftling von einem Rechtsanwalt nach Westberlin gebracht und dort einem Vertreter der USA übergeben. Die US-Botschaft in der DDR hatte sich geweigert, für den Inhaftierten ein ordentliches Personaldokument auszustellen. Die Gründe habe ich nie erfahren.

Häufig hatten wir auch mit Diplomaten aus Frankreich, England, Österreich, Italien, Holland und der Schweiz zu tun. Im Laufe der Zeit gerieten etliche Bürger aus diesen Staaten beim MfS in Haft. Es fanden Besuche durch die jeweiligen Konsulate statt.

In den Jahren unserer Tätigkeit waren etwa 12 bis 16 Personen mit französischem Paß wegen unterschiedlicher Straftaten inhaftiert. Dic Konsuln waren jedes Mal an einem Treffen mit ihren Staatsbürgern interessiert. Sie traten sehr korrekt auf, waren überaus freundlich und enthielten sich politischer Kommentare oder sonstiger Äußerungen gegen die DDR.

Die Republik Frankreich hat eine äußerst komplizierte Gesetzgebung beim Erwerb der französischen Staatsbürgerschaft. Die Bürger der ehemaligen Kolonien Frankreichs und ihre Kinder konnten unter bestimmten Bedingungen nach der Entlassung ihrer Staaten in die Souveränität die französische Staatsbürgerschaft erwerben. Diese Möglichkeit hätten nach Angaben der Konsuln Hunderttausende aus den ehemaligen Kolonien genutzt, um die Staatsbürgerschaft zu erlangen, viele aber hätten sie sich auch rechtswidrig erschlichen. Deshalb sei es Aufgabe aller französischen Konsulate in der Welt, bei festgenommenen Franzosen zuerst diese Frage zu klären.

Mit dieser Maßgabe wurde beim ersten Besuch jeder inhaftierte Franzose einer ausführlichen Befragung unterzogen. Das galt besonders für Festgenommene mit dunkler Hautfarbe oder fremdländischem Aussehen. War er in Afrika, Asien oder auf dem amerikanischen Kontinent geboren, wurde er vom Konsul intensiv befragt, wo seine Eltern bzw. Großeltern herkamen und wie die genauen Umstände des Erwerbs der französischen Staatsbürgerschaft waren. Antwortete der Betreffende zögerlich oder gar nicht, drohte der Konsul mit dem sofortigen Abbruch der Betreuung und der Entlassung aus der Staatsbürgerschaft.

Das waren keine leeren Worte. In fünf Fällen erreichte die Hauptabteilung Konsularische Angelegenheiten des MfAA eine Note, in der mitgeteilt wurde, daß die Botschaft die französische Staatsbürgerschaft des Inhaftierten nicht anerkenne und darum seine weitere Betreuung ablehne.

Die Briefe, die die Betroffenen an ihre Botschaft richteten, wurden nicht beantwortet.

Die Betreffenden waren danach ohne jegliche konsularische Betreuung. Sie waren staatenlos.

Die Hauptabteilung Konsularische Angelegenheiten, die ich aus dienstlichen Gründen in jeder Woche einige Male aufsuchte, befand sich in der Clara-Zetkin-Straße, einer Parallelstraße zur Allee Unter den Linden. Da ein Parkplatz schwer zu finden war, mußte ich meinen Wagen in der Nähe abstellen. Eines Tages traf ich vor dem Meißener Porzellanladen Unter den Linden den französischen Konsul. Wir begrüßten uns freundlich und sprachen über den nächsten Besuch, über Urlaub und Wetter.

Als ich nach etwa einer Stunde in meine Dienststelle zurückkehrte, wurde ich zusammen mit dem Abteilungsleiter zu unserem Vorgesetzten beordert. Zugegen war der für uns zuständige Mitarbeiter der Kaderabteilung. Mit ernster Miene wurde ich gefragt, ob und welche außerdienstlichen Beziehungen ich zu westlichen Diplomaten unterhalte.

Mir war natürlich sofort klar, was der Anlaß für diese Frage war.

Unser Zoll, der den Porzellanladen ständig im Blick hatte, um möglichen Schiebereien zuvorzukommen, hatte auch mich und den Konsul im Visier gehabt. Sie waren mir dann zum Auto gefolgt, hatten die Kfz-Nummer notiert, den Halter ermittelt und umgehend der Kaderabteilung des MfS gemeldet. Dort glaubte man offenkundig allen Ernstens, daß Dank revolutionärer Wachsamkeit ihnen ein dicker Fisch an die Angel geraten war: ein Oberstleutnant des MfS beim Begegnungstreff mit dem französischen Konsul!

Ich lachte und klärte den albernen Irrtum auf. Die Genossen der Kaderabteilung zogen lange Gesichter und von dannen.

Als in Rom der Christdemokrat Aldo Moro die Regierung führte, wurden mehrere italienische Staatsbürger wegen aktiver Mitwirkung am organisierten Menschenhandel in der DDR inhaftiert, darunter auch ein Mannequin mit italienischem Paß und ständigem Wohnsitz in Westberlin. Die 22jährige Schönheit war Mitte der 70er Jahre bei mehreren Aktionen als Kurier eingesetzt worden und in Diplomatenkreisen sehr bekannt.

Beim Vorgespräch mit dem italienischen Konsul erschien unangekündigt Rechtsanwalt Dr. Wolfgang Vogel. Sie begrüßten sich und verständigten sich darauf, daß Vogel die Verteidigung übernehmen solle. Der Rechtsanwalt unterbreitete den Vorschlag, an der Begegnung der Inhaftierten mit dem Konsul teilzunehmen, was ich jedoch ablehnte. Daraufhin erklärte Vogel, daß er sich anschließend mit ihr treffen werde.

Die Festgenommene – schwarzhaarig, mit dunklem Teint und voller Temperament – wurde vorgeführt. Wahrscheinlich war sie nicht nur als Mannequin tätig gewesen. Die Begrüßung durch den Konsul war sehr herzlich, um nicht zu sagen: intim.

Obwohl beide sehr gut die deutsche Sprache beherrschten, redeten sie miteinander nur italienisch. Es sei international üblich, daß in der Muttersprache miteinander kommuniziert werde, wies mich der Konsul hin, als ich einen Einwurf machte.

Ich zog einen Dolmetscher hinzu.

Zu Beginn des Gespräches erregte sich die junge Frau, daß sie bei der Festnahme angeblich mißhandelt worden sei. Die Einlieferung in die Haftanstalt sei für sie demütigend und verletzend gewesen. Sie bat den italienischen Konsul, er solle bei der Regierung der DDR dagegen protestieren.

Mich wunderte dieser Gesprächsbeginn, da der Informationsbogen nichts dergleichen enthielt.

Deshalb versuchte ich, die Anschuldigungen aufzuklären. Ich schilderte ihre Festnahme: Sie instruierte gerade eine DDR-Bürgerin, die in einem präparierten LKW über die Transitstrecke ausgeschleust werden sollte. Sie war dann in die Untersuchungshaftanstalt eingeliefert worden. Dort sollte sich wie üblich ausziehen. Dabei waren nur Frauen zugegen. Da sich die Festgenommene weigerte, ihre Kleidung abzulegen, half das weibliche Wachpersonal nach. Gewalt sei dabei jedoch nicht angewandt worden.

An ihrem Unterleib trug sie eine goldene Kette. Ohne Schloß. Sie war von einem Westberliner Juwelier angelegt worden und diente der Gewichtskontrolle, wie sie sagte. Jeder Zentimeter Zuwachs an der Taille würde dadurch signalisiert werden.

Nun gab es aber unsere Vorschrift, daß jeglicher Schmuck abzulegen war.

Was also tun? Der Anstaltsleiter entschied, die Kette mit einer Zange zu entfernen.

Das löste bei der jungen Frau einen südländischen Gefühlsausbruch aus, der vom Dolmetscher nur schwer zu übersetzen war.

Mißliche Lage auch für den Konsul. Er erkundigte sich, ob man da nicht etwas toleranter hätte sein können.

Hätte, aber man mußte nicht. Ich fragte zurück, ob er mir sagen könne, wie man unter den gleichen Umständen in Italien reagiert hätte.

Er blieb mir die Antwort schuldig und versuchte die Frau zu beruhigen. Allerdings sagte er auch, daß wegen dieses Kettchens die Botschaft keinen diplomatischen Protest einreichen werde.

Gleichwohl kam Post aus Rom.

Aldo Moro erinnerte Erich Honecker an ihre Begegnung am Rande des KSZE-Gipfels 1975 in Helsinki und bat um seine Intervention. Er möge fünf in der DDR inhaftierte Landsleute, darunter eben jene junge Frau, laufen lassen. Es handele sich ausnahmslos um Personen, die aus einfachen Verhältnissen stammten und durch ihre Tätigkeit die Existenz der Familie sicherten. Blieben sie weiter in Haft, müßten ihre Angehörigen hungern.

Mit solchen Appellen ans Mitgefühl brachte man bei Erich Honecker immer eine Saite zum Klingen. Minister Mielke und Generalstaatsanwalt Streit wurden um Überprüfung gebeten, was natürlich Entlassung hieß. Das Mannequin erhielt in einer Plastiktüte das Kettchen zurück.

Sie verzichtete darauf, es vom MfS neuerlich anpassen zu lassen.

Die Noten des United Kingdom begannen stets so: »Die Botschaft Ihrer Britannischen Majestät beehrt sich …« Das ist mir deshalb so in Erinnerung, weil sich das Vereinigte Königreich wie kein anderer Staat um seine im Ausland inhaftierten Landeskinder kümmerte. Mag sein, daß es in unserem Falle als generelle Unverschämtheit galt, daß wenige Jahrzehnte nach dem Ende des Zweiten Weltkrieges Staatsbürger einer Siegermacht in ein deutsches Gefängnis kamen. Bundesrepublikanische Diplomaten trösteten mich: So verhalte sich London auch bei Festnahmen in der BRD.

Die Briten achteten strikt darauf, daß die DDR die Abkommen, insbesondere den Konsularvertrag, buchstabengetreu einhielt. Als hingegen in England ein Ehepaar aus der DDR wegen Spionage inhaftiert wurde, nahm man es damit nicht so genau.

Wir hatten Ende der 70er Jahre eine Engländerin festgenommen. Sie wollte einen Trainer im Leistungssport, mit dem sie ein Verhältnis hatte, aus der DDR ausschleusen. Ihre Festnahme wurde schnell gemeldet. Es kam nach wenigen Tagen zum Besuch durch den britischen Konsul. Kein anderer Konsul hat mich und die Dolmetscherin so ignoriert wie dieser. Wir waren für ihn Luft.

Er ließ sich von der Inhaftierten alles genauestens schildern, insbesondere die Verkündung des Haftbefehls und die Kontaktaufnahme zum Rechtsanwalt. Da sie einen Rechtsanwalt aus dem Verzeichnis gewählt hatte, wurde sie vom Konsul angehalten, die Entscheidung zu korrigieren und Rechtsanwalt Dr. Vogel mit der Verteidigung zu beauftragen. Ferner wollte er über die hygienischen Bedingungen und die Versorgung in Untersuchungshaft informiert werden.

Als er mehrfach versuchte, die Gesprächsbedingungen durch entsprechende Fragen zu unterlaufen, unterbrach ich das Gespräch.

Er verwies auf angebliche Praktiken in England und wollte wie gehabt das Gespräch fortführen.

Die Inhaftierte zeigte sich weniger arrogant und blasiert.

Wenige Tage später lud der finnische Botschafter zu einem Empfang. Dort kam es zu einer Begegnung zwischen dem Politbüromitglied Alfred Neumann und dem britischen Botschafer. Dieser, von einem Konsul offensichtlich instruiert, klagte über die Behandlung der Britin. Sie drohe zu erkranken, weil das Essen zu schlecht sei, es fehle an Vitaminen.

Am nächsten Tag setzte Neumann Mielke ins Bild.

Der wies an, »die Angelegenheit in Ordnung zu bringen«.

Die war aber nicht unordentlich, sondern wie immer.

Ich ließ mir den Speiseplan der letzten zwei Wochen geben und bat darum, auch den letzten Apfelgriebsch aufzunehmen.

Nach Rücksprache mit Mielke brachte ich das mehrseitige Papier in unser Außenministerium mit Bitte um Weiterleitung in die Botschaft des Vereinigten Knögreiches von Großbritannien und Nordirland.

Später erfuhr ich aus der Hauptabteilung Konsularische Angelegenheiten, daß der britische Botschafter offiziell deshalb ins DDR-Außenministerium einbestellt worden war.

Wir hofften, daß diese Erfahrung bleibenden Wert besäße.

Da jedoch irrten wir.

Bei einem anderen Empfang attackierte der Embassedor Politbüromitglied Erich Mückenberger. Diesmal war es jedoch nicht das Essen, sondern die in der Zelle fehlende Bibel in englischer Sprache. Man habe der Frau die Heilige Schrift verweigert.

Das war insofern eine Provokation, als die Frau sehr gut Deutsch sprach und ihr eine Bibel in der Lutherübersetzung vorlag.

Mückenberger informierte Mielke, und der ordnete an, eine Bibel in englischer Sprache zu besorgen. Da es in der DDR-Hauptstadt keine gab, mußte diese in Westberlin gekauft werden.

Beim nächsten Diplomatenbesuch informierte ich den Konsul darüber. Auf meinen Hinweis, daß er künftig solche Probleme hier ansprechen solle, hob er die Nase und sagte gleichermaßen undiplomatisch wie unhöflich: Ich sei für ihn kein Partner.

War das »very british« oder doch nur blasiert?

Die Britin sollten wir schon bald loswerden. Im Vorfeld eines Gespräches zwischen Erich Honecker und einem Funktionär des Weltgewerkschaftsbundes, einem Briten, waren die Themen abgesteckt worden, über die man sich zu unterhalten wünschte. Auf die Agenda war auch das Schicksal dieser Frau gesetzt worden. Aus verständlichen Gründen wollte das DDR-Staatsoberhaupt über eine solche Bagatelle nun wirklich nicht reden und er wies an, sie zu amnestieren. Sie kam noch vor dem Besuch des Gewerkschaftsfunktionärs in Berlin frei.

Die Bibelsache hingegen, so fürchtete ich, könnte Nachahmer finden. Also beantragte ich Devisen für den Kauf der Heiligen Schrift in englischen, französischen, spanischen, russischen und italienischen Ausgaben.

Der Antrag wurde abgelehnt.

Also kam ich gemeinsam mit der für Kirchenfragen zuständigen HA XX auf folgende Idee: Mitunter fuhren kirchliche Mitarbeiter im Dienstfahrzeug nach Ungarn oder in die CSSR, ließen den Wagen stehen und versuchten über die Grenze zu gehen. Sie wurden festgenommen, die Fahrzeuge als »Tatwerkzeug« eingezogen.

Ich sagte: Wir tauschen die Autos gegen Bibeln.

Die Kirche war mit diesem Vorschlag einverstanden. Sie erhielten ihre PKW zurück – und wir von fünf verschiedenen Bibelausgaben je fünf Exemplare.

Die DDR-Führung war an einer guten Zusammenarbeit mit Österreich besonders interessiert, weshalb auf unserem speziellen Gebiet die Zusammenarbeit einwandfrei funktionieren mußte. Der Konsularvertrag war schnell unterzeichnet. Wir informierten in kürzester Zeit über Festnahmen und organisierten innerhalb weniger Tage Besuche bei inhaftierten Österreichern. Trotzdem passierte gleich nach Eröffnung der Botschaft eine Panne.

Eine Mitarbeiterin der Botschaft war in eine Schleusungsaktion aktiv als Kurier verwickelt. Die Mitarbeiter der operativen Diensteinheit behaupteten, sie sei nur eine Bürokraft und besäße lediglich einen blauen Paß, also keinen roten Diplomatenpaß. Daher erfolgte ihre Festnahme.

Ein peinlicher Irrtum. Ihr Paß war rot, sie genoß diplomatische Immunität.

Nach einer kurzen Befragung, bei der sie ihre Mitwirkung an der Schleusungsaktion zugab, entließen wir sie. Um eine Entschuldigung per Note kam die DDR aber nicht herum.

Erich Mielke beauftragte daraufhin die Hauptabteilung Untersuchung, künftig zu entscheiden, wer festgenommen werden soll und wer nicht. Den operativen Abteilungen im MfS wurde die Entscheidungsbefugnis für solche Fälle entzogen.

In den Folgejahren wurden vor allem österreichische Fuhrunternehmer, Kraftfahrer und Studenten von westdeutschen Schleuserbanden akquiriert. Im Schnitt saßen ständig vier bis sieben Österreicher bei uns in Haft.

Bei den Diplomatenbesuchen lockerten wir die Gesprächsbedingungen und ließen die Inhaftierten besonders über die Mitwirkung von BRD-Dienststellen an den organisierten Schleusungsaktionen berichten. In den Vor- und Nachgesprächen brachten die österreichischen Konsuln oft ihre ablehnende Haltung zum Wirken der bundesdeutschen Behörden zum Ausdruck. Ihnen mißfiel die Einbeziehung ihrer Staatsbürger und das ungenügende Engagement der BRD für eine vorzeitige Haftentlassung. Aus diesem Grunde bat die Botschaft um Übergabe von Materialien, die das Vorgehen der BRD-Behörden dokumentierten. Österreich wollte offiziell aktiv werden.

Die Bitten wurden an den Generalstaatsanwalt der DDR und an Mielke weitergeleitet und es wurde entschieden, der österreichischen Seite durch das Außenministerium der DDR Kopien von Protokollen und anderen Dokumenten, von Tonbandaufnahmen von Gerichtsverhandlungen und Beschuldigtenvernehmungen zu übergeben.

Allerdings nutzte auch Österreichs Botschafter, seine Interessen direkt vorzutragen. Wiederholt monierte er gegenüber Politbüromitgliedern, daß es in den Haftanstalten »Salzhering mit Milch« gebe (marinierter Hering mit Pellkartoffeln). Offenkundig war diese Mahlzeit in Österreich eine Zumutung und löste Abwehrreaktionen aus. Es gab tatsächlich bei den Österreichern einen Hungerstreik in Bautzen II.

Also wurde künftig bei den Heringstagen für die Österreicher eine Extrawurst gebraten.

Doch trotz der vermeintlich korrekten Beziehungen zwischen der DDR und Österreich merkten wir, daß es Wien mit der Zusage der Gegenseitigkeit nicht immer sehr genau nahm. 1980 durchbrach ein junger Leipziger bei Nagykanizsa die ungarische Staatsgrenze nach Jugoslawien.

Von dort überschritt er bei Maribor die Staatsgrenze nach Österreich. Dort nahm ihn die Gendarmerie fest. Nach mehreren Tagen wurde er von der Gendarmerie zuerst zum Fotografen und danach zum westdeutschen Konsulat nach Graz gebracht, wo er einen westdeutschen Paß beantragte. Er blieb solange in Gewahrsam, bis das BRD-Konsulat ihm einen Reisepaß und Westgeld ausgehändigt hatte.

Eine Benachrichtigung der DDR-Botschaft erfolgte nicht.

Der Leipziger kam in der BRD nicht klar und kehrte nach zwei Monaten in die DDR zurück. Strafrechtliche Maßnahmen wurden gegen ihn nicht eingeleitet.

In Leipzig befragte ich ihn über seinen Aufenthalt in Österreich. Für die dortige Gendarmerie existierten die DDR und die abgeschlossenen Verträge nicht. Ich notierte alle Einzelheiten und dokumentierte die Verletzung der bilateralen Verträge. Die Aufzeichnungen wurde der DDR-Botschaft in Wien übersandt und waren Grundlage für Gespräche mit dem österreichischen Außenministerium.

Beim nächsten Gespräch mit dem österreichischen Konsul wurde ihm ebenfalls ein solches Protokoll übergeben.

Der Diplomat entschuldigte das Verhalten der Gendarmerie mit dem Hinweis, daß in den ländlichen Gebieten die Beamten die DDR kaum kennten, geschweige denn wüßten, daß es diplomatische Beziehungen zwischen der DDR und Österreich gebe und welche Konsequenzen sich daraus für sie ergäben. Er bat um Nachsicht.

Nach der Wende war ich im Raum Graz.

Jetzt verstand ich den Mann und leistete postum Abbitte.

Die Zusammenarbeit mit der Schweizer Botschaft begann mit einer Blamage. Beim ersten Besuch eines inhaftierten Schweizers monierte der Konsul die Zeitspanne zwischen Unterrichtung über die Festnahme und dem ersten Gespräch. Ich entgegnete ihm wie immer: Der Abschluß eines Konsularvertrages zwischen der Eidgenossenschaft und der DDR schaffte dieses Problem aus der Welt.

Darauf antwortete mir der Konsul lächelnd, die Schweiz habe bisher mit keinem Staat einen Konsularvertrag abgeschlossen und sehe keinen Anlaß, diese Haltung zu korrigieren.

Im Gespräch erkundigte er sich ausführlich über das Wohl des Häftlings, vermittelte einen Rechtsanwalt, übergab einen Geschenkbeutel und interessierte sich für Angelegenheiten, die es in der Schweiz zu regeln galt. Der Inhaftierte trug seine Anliegen vor. Der Konsul sicherte ihm die Erledigung zu. Ich gewann den Eindruck, daß für den Schweizer eine vollkommene Betreuung durch seine Botschaft erfolgen werde.

Der Schock kam am Ende der Visite: Der Konsul erläuterte ihm, daß die Betreuung durch die Botschaft auf Rechnung erfolge. Sollte er brieflich um einen weiteren Besuch bitten, so werde er für folgende Kosten zur Kasse gebeten: Gebühren für Telefongespräche mit dem Außenministerium in Bern betreffs Besuchsgenehmigung und Rückmeldung nach dem Besuch, Benzinkosten für die Fahrt zum Besuchsort (auch nach Bautzen) und zurück zur Botschaft einschließlich Kosten für den Zeitaufwand, für gewünschte Waren und andere Ausgaben. Die Einziehung der entstandenen Aufwendungen erfolge durch das Finanzamt der Schweiz, wenn der Inhaftierte nach seiner Freilassung wieder im Geltungsbereich der Schweizer Regierung lebe und arbeite. Der Konsul ermahnte den Inhaftierten, bei weiteren Kontakten mit seiner Botschaft das zu beachten – das könne rasch ins Geld gehen.

War der Konsul zu Beginn eines jeden Gespräches um das Wohl seines festgenommenen Staatsbürgers besorgt, sparte er am Ende des Besuches nicht mit Kritik. Er mißbilligte die Straftaten und warf dem Häftling vor, daß er damit dem Ansehen der Schweiz in der Welt geschadet habe.

Die Schweizer waren tatsächlich ein besonderes Völkchen.

Die jungen afrikanischen Staaten, die zu Beginn der 60er Jahre ihre Unabhängigkeit erhalten hatten, waren ohne Erfahrung auf dem Gebiet der Außenpolitik und Diplomatie. Die in Berlin eingerichteten Botschaften zählen meist nur fünf bis zehn Mitarbeiter, in der Regel Menschen aus der Ober- oder Mittelschicht, die im Ausland studiert und wenig staatspolitische Erfahrungen hatten.

Die vom MfS inhaftierten Afrikaner lebten in der BRD, kamen oft als Besucher in die DDR und hatten darum auch schon vor ihrer Festnahme Kontakt zu ihren Botschaften in der DDR.

Die afrikanischen Diplomaten gaben sich in der Regel sehr selbstbewußt, um nicht zu sagen: anmaßend. Sie waren nur bedingt bereit, sich an die allgemeinen Spielregeln zu halten. Das führte fortgesetzt zu Dissonanzen, die aber aus naheliegenden Gründen von uns gedeckelt wurden. Wer läßt sich schon gern als Rassist oder ausländerfeindlich beschimpfen. So weigerte sich mancher, am Wachposten seine Klappkarte vorzuweisen oder gar aus der Hand zu geben. Andere forderten Gespräche unter vier Augen mit dem Häftling und wollten die Dolmetscherin und mich vor die Tür schicken. Als ich mich weigerte, der Aufforderung nachzukommen, ging er. Anschließend führte der Botschafter im Außenministerium Beschwerde.

Es brauchte einige Zeit, bis sich der Umgang ein wenig normalisierte und die Bedingungen akzeptiert wurden.

Einige Diplomaten forderten die Vorlage von Beweismaterialien für die Straftaten, die ihren Staatsbürgern vorgeworfen wurden. Sie wurden an den Generalstaatsanwalt der DDR verwiesen, und einige sprachen dort auch vor.

Andere ignorierten die Gesprächsbedingungen, indem sie sich mit dem Inhaftierten in ihrer Heimat- oder gar Stammessprache unterhielten. In solchen Fällen verkürzte ich die Gesprächsdauer. Was blieb mir anderes zu tun übrig?

Bei Staatsbesuchen oder vergleichbaren politischen Begegnungen wurde an die DDR-Führung der Wunsch nach vorzeitiger Entlassung inhaftierter Landsleute oder deren Auslieferung und Überstellung in nationale Haftanstalten herangetragen. Dabei erinnere ich mich an einen Fall.

Der Afrikaner war zu sechs Jahren verurteilt worden. Von einem Minister seines Heimatstaates wurde im Gespräch mit der DDR-Parteiführung angeregt, den Verurteilten zur weiteren Strafverbüßung zu übergeben. Der Fall wurde geprüft und entschieden. Nach drei Jahren, keiner in der DDR dachte noch an den übergebenen Häftling, kam eine Anfrage an das Außenministerium der DDR, ob der Verurteilte nun aus der Haft entlassen werden könnte. Er habe gesühnt, sich diszipliniert verhalten und eine Entlassung würde befürwortet. Die DDR stimmte natürlich zu.

In den 80er Jahren wurde ein libyscher Staatsbürger inhaftiert, der eine DDR-Bürgerin brutal vergewaltigt hatte. Er lebte schon einige Jahre hier, beherrschte die deutsche Sprache und kannte sich in den Lebensverhältnissen gut aus. Im Vorgespräch zum Diplomatenbesuch gab der Libyer die Tat zu, fühlte sich aber völlig unschuldig inhaftiert mit der Begründung, so eine Tat wäre in Libyen nicht strafbar. Im Gespräch mit dem libyschen Diplomaten brachte der Inhaftierte den gleichen Standpunkt zum Ausdruck.

Er habe der Frau eine Zigarette angeboten, die diese angenommen und geraucht habe. Damit hätte sie nach seiner Auffassung ihre Bereitschaft zum Geschlechtsverkehr bekundet. Als sie sich jedoch weigerte, habe der Inhaftierte sich »sein Recht« genommen.

Der libysche Diplomat forderte von mir die sofortige Entlassung seines Staatsbürgers aus der Haft. Der Mann sei unschuldig.

Als ich die Entlassung verweigerte, kündigte er eine sofortige Vorstellung im Außenministerium der DDR an.

Am folgenden Tag wurde der libysche Diplomat in der Länderabteilung des DDR-Außenministeriums vorstellig. Dort wurde er an die Hauptabteilung Konsularische Angelegenheiten verwiesen und geriet an die stellvertretende Leiterin der Hauptabteilung. Der Diplomat schilderte den Sachverhalt und forderte die sofortige Freilassung seines Landsmannes.

Die stellvertretende Leiterin hörte sich alles an und erklärte schließlich, daß ihrer Auffassung nach die Haft völlig begründet sei.

Der Diplomat wurde nun politisch. Wenn Libyen und die DDR diplomatische Beziehungen aufnehmen, dann sei die DDR-Regierung auch verpflichtet, die gesamte Bevölkerung über Lebensweise und Lebensgewohnheiten in Libyen aufzuklären. Jede DDR-Frau sollte wissen, wenn sie von einem Araber eine Zigarette als Geschenk annehme, signalisiere sie damit ihre Bereitschaft zum Geschlechtsverkehr.

Nachdem die stellvertretende Leiterin dieses Ansinnen entschieden zurückgewiesen hatte, drohte der Diplomat, daß Libyen DDR-Bürger in Libyen inhaftieren werde, wenn der Mann nicht entlassen werden würde. Gründe würden sich schon finden.

Wir nahmen die Sache nicht ernst.

Wenige Wochen später wurde jedoch in einem libyschen Hafen ein Offizier der DDR-Seereederei von dortigen Sicherheitsorganen festgenommen und inhaftiert. Ihm wurde vorgeworfen, er habe militärische Objekte fotografiert. Den Beweis blieb die libysche Seite natrülich schuldig.

Es dauerte Monate, ehe wir den Offizier aus dem katastrophalen libyschen Knast freibekamen.

Nach Abschluß des Vierseitigen Abkommens richtete die Sowjetunion in Westberlin ein Generalkonsulat ein. Dessen Mitarbeiter unterhielten auch Beziehungen zu DDR-Behörden, obwohl dies nicht statthaft war. Die Sowjets nahmen sich einfach das Recht.

Die Sache führte zum Konflikt, als das MfS einen in Westberlin lebenden Sowjetbürger wegen umfangreicher Devisenverbrechen inhaftierte. Wir ermittelten, daß der Russe seine engen persönlichen Kontakte zum sowjetischen Generalkonsul in Westberlin für seine Straftaten genutzt hatte.

Die Festnahme des Sowjetbürgers wurde der UdSSR-Botschaft Unter den Linden gemeldet und vom Konsul ein Besuch beantragt.

Im Vorfeld dieses Besuches meldete sich der in Westberlin akkreditierte Generalkonsul bei einem ihm bekannten Mitarbeiter der Abteilung Internationale Verbindung beim Generalstaatsanwalt der DDR und bat darum, an dem geplanten Besuch teilnehmen zu dürfen. Der Staatsanwalt gab dem Ersuchen statt, obwohl der sowjetische Generalkonsul aus Westberlin in der DDR keinerlei Rechte oder Befugnisse hatte.

Ich wurde darüber informiert.

Daraufhin konsultierte ich mich mit dem Leiter der Hauptabteilung Konsularische Angelegenheiten des MfAA.

Dieser lehnte das Ansinnen des Generalkonsuls, wie ich erwartet und erhofft hatte, rigoros ab.

Es war nicht das erste Mal, daß der sowjetische Generalkonsul von Westberlin seinen Aktionsradius auf DDR-Territorium auszudehnen versuchte. Man wähnte sich als Siegermacht und damit als Herr im Hause. Was kümmerte da die Souveränität der DDR?

Ich informierte Mielke und schließlich den Staatsanwalt.

Der war offenbar zu feige, seine Zusage gegenüber dem Generalkonsul zurückzuziehen, denn der erschien am Besuchstage in Begleitung des Konsuls der UdSSR-Botschaft in der DDR.

Der instruierte Wachposten verlangte den Akkreditierungsausweis des MfAA.

Der Generalkonsul besaß natürlich keinen, er war ja nicht bei der DDR-Regierung akkreditiert.

Tja, sagte ich, dann könne er nicht am Gespräch mit dem Häftling teilnehmen. Er könne aber gern im Nebenzimmer warten.

Das tat er. Unter Protest.

Ich war mir nicht sicher, ob es ein Nachspiel geben würde.

Aber es blieb aus.

Wie ich wurde, was ich schließlich war

Im Frühjahr 1953 bereitete ich mich auf die Abitur-Prüfungen der Arbeiter-und-Bauern-Fakultät (ABF) der Leipziger Universität vor. Nach Abschluß der Bautischlerlehre wollte ich studieren. Dazu brauchte ich das Abitur. Ich kam aus proletarischem Hause und war in den 40er Jahren nicht zur Oberschule zugelassen worden. Seit September 1950 lernte ich an der ABF und wollte nach dem Abitur an der Verwaltungsakademie Babelsberg studieren.

Es war also März 1953. Der Direktor der Fakultät rief mich und andere Parteigruppenorganisatoren einzelner Seminare zu sich. Im Raum saß noch ein unbekannter, unauffälliger Mann. Es würden engagierte junge Genossen gesucht, sagte der Direktor, die nach dem Studium in den Parteiapparat gingen. Aha, die SED suchte Kader. Natürlich wurde es nicht so formuliert, sondern: Das sei eine hohe Ehre, auf zentraler Ebene oder im Territorium für die Partei zu arbeiten.

Wir sollten, streng vertraulich natürlich, uns in unseren Seminaren nach geeigneten Studenten und Studentinnen umschauen und übermorgen schon melden. Und zwar dem Genossen da!

Er wies auf den Fremden.

Ich fand mich zum Termin wieder ein. Der Mann hörte sich meine beiden Vorschläge an, nickte und machte sich Notizen. Dann, ich wollte bereits gehen, fragte er plötzlich: »Und was ist mit dir?« Er wollte wissen, woher ich käme, fragte nach Familie und Freunden. Mein Vater sei Oberstleutnant bei der Volkspolizei, sagte ich, bei der Wismut kommandiere er eine Einheit.

Da brach das Gespräch ab. Ich werde von ihm hören, sagte er, und verabschiedete mich.

Drei Wochen später wurde ich erneut zum Direktor bestellt.

Auch der Mann war wieder da. Als wir allein waren, senkte er die Stimme und sagte, er sei vom Ministerium für Staatssicherheit. Und nicht die Partei, sondern das MfS suche Kader, aber das Ministerium wäre Schild und Schwert der Partei, mithin handle es sich ja doch um Parteiarbeit, wenn auch um eine sehr spezielle.

Gut, sagte er mit leiser Stimme, als säße noch jemand im Raum, der unser vertrauliches Gespräch nicht hören sollte. Von allen genannten Kommilitonen hielten sie nur drei für geeignet, einer davon sei ich.

Das schmeichelte mir natürlich, wobei ich mich heute frage, ob es sich wirklich so verhalten hatte. Aber dadurch bekam die geheimnisvolle Sache noch einen exklusiven Anstrich: Ich war einer von lediglich dreien, die man für vertrauenswürdig hielt. Drei von 400 ABF-Studenten. Eigentlich keine sehr gute Quote.

Obgleich um Geheimhaltung gebeten, sprach ich mit meinem Vater über diese Offerte. Er war, bevor er nach Chemnitz zur Wismut wechselte, Leiter der K5 in Leipzig gewesen, das Kommissariat galt als Vorläufer des 1950 gegründeten MfS. Doch weil er in britischer Kriegsgefangenschaft war, hatte man ihn nicht übernommen. Es galt Befehl Nr. 2.

Nachdem ich zugesagte hatte, wurden meine Abiturprüfungen vorgezogen. Als Erklärung gegenüber meinen Kommilitonen hieß es, ich würde zur Parteihochschule wechseln, da beginne demnächst die Ausbildung.

Am 1. Mai 1953 fand das Einstellungsgespräch statt. Noch am gleichen Tage erfolgte die schriftliche Verflichtung und die Übergabe eines Dienstausweises. Nun war ich Mitarbeiter des MfS wie einige Gleichaltrige, die mit mir eingestellt worden waren. Einige waren etwas älter, zwei von ihnen waren noch im Krieg gewesen. Wir alle wurden der Abteilung VIII (Ermittlungen, Beobachtungen, Festnahmen) zugeteilt. In sechs Wochen sollte der Einjahreslehrgangs in Potsdam-Eiche beginnen. (Die Einrichtung wurde später zur Hochschule des MfS.)

Der Kursus war hart nicht zuletzt deshalb, weil es keinen Ausgang gab. Wir wurden mit Struktur und Arbeitsmethoden des MfS vertraut gemacht und hörten Vorlesungen über die imperialistischen Geheimdienste und Untergrundorganisationen wie den Untersuchungsausschuß freiheitlicher Juristen (UfJ), die Ostbüros der westdeutschen Parteien oder die Kampfgruppe gegen Unmenschlichkeit (KgU) – antikommunistische Institutionen, die sich den Kampf gegen die DDR auf die Fahnen geschrieben hatten und mit westlichen Geheimdiensten wie CIA oder MI6 zusammenarbeiteten.

Ein Drittel der Kursanten ging nach Abschluß der Schule gleich nach Berlin in die Zentrale des MfS. Die Leipziger kehrten Ende Mai 1954 zur Bezirksverwaltung in unsere Heimatstadt zurück. Der Bezirkschef rief uns zu sich. In Anwesenheit des Parteisekretärs der BV, des Kaderleiters und verschiedener Abteilungsleiter erfolgte die Verteilung. Die jeweiligen Leiter nahmen den Absolventen gleich mit.

Ich wurde als letzter aufgerufen. Der Chef fragte mich, in welcher Abteilung ich arbeiten möchte.

»In der Spionageabwehr oder in der Abteilung, die sich mit Untergrundverbrechen beschäftige.« Also die Abteilungen II und V (die spätere XX).

»Warum?«

»Ich will unmittelbar am Feind arbeiten, gegen Spione und Täter des politischen Untergrundes aktiv werden. Das traue ich mir zu«, erklärte ich selbstbewußt.

Bei den Anwesenden glaubte ich ein leichtes Grinsen zu beobachten.

»Wenn du am Feind arbeiten willst, dann kommst du in die Untersuchungsabteilung, die IX. Da sitzt du ihm direkt gegenüber«, sagte der BV-Chef.

Was, Vernehmer? »Ich bin doch keine 21 Jahre alt – das kann ich nicht!« Ich wagte leisen Widerspruch. Doch der wurde zurückgewiesen.

»Dein kunftiger Abteilungsleiter ist auch erst 29.«

Damit war das »Kadergespräch« beendet. Ich verließ mit meinem neuen Vorgesetzten das Zimmer.

Mein künftiges Leben war entschieden.

Ich habe danach 35 Jahre als Vernehmer und Untersuchungsführer gearbeitet. Das war eine interessante, aufregende und zuweilen faszinierende Zeit.

Die Untersuchungsabteilung befand sich außerhalb der Bezirksverwaltung und im Polizeipräsidium der Volkspolizei. Unsere Büros waren vormals Zellen, wir saßen im Untersuchungsgefängnis. Ich wurde einem etwa 40jährigen Genossen beigeordnet, der 1946 bei der Kriminalpolizei zu arbeiten begonnen hatte.

Ich nahm an allen Beschuldigten- und Zeugenvernehmungen

sowie an Beratungen teil. Dabei wurde ich auch in die Planung der Vernehmungen einbezogen und hatte diese nach Anleitung zu protokollieren. So wurde ich mit den ersten Schritten der Untersuchungstätigkeit vertraut gemacht. Darüber hinaus mußte ich Abschnitte des Strafgesetzbuches und der Strafprozeßordnung sowie andere gesetzliche Bestimmungen studieren.

Nach einem Monat wurde mir das erste eigene Ermittlungsverfahren übertragen. Sechs 18jährige, geführt vom Sohn des Fleischermeisters, hatten die Bevölkerung einer Kleinstadt an der Mulde tyrannisiert. Erst rissen sie aus Übermut Fahnen und Plakate ab, später verwüsteten sie Gräber und vorbereitete Grabstellen. In der Leichenhalle vergingen sie sich an einem aufgebahrten Toten. Sie warfen Steine in Versammlungsräume und verletzten Teilnehmer. Nachts läuteten sie die Kirchglocken und ließen die Feuerwehrsirene dröhnen.

Ein Großeinsatz der Volkspolizei und des MfS führte zur Festnahme der Bande. Die Genossen der Volkspolizei hatten eine lückenlose Aufstellung der Straftaten mit den entsprechenden Beweismitteln geliefert.

Die sechs Beschuldigten wurden unter drei Untersuchungsführern aufgeteilt. Als Neuer erhielt ich einen zugewiesen. Es war der Labilste von allen, was sicher kein Zufall war.

Jeden Vormittag – die Arbeitszeit begann erst 10.00 Uhr, dann ging es aber bis spät in die Nacht hinein – kamen wir Untersuchungsführer zusammen und legten den Vernehmungsplan für den Tag fest. Bis zur Mittagspause hatte jeder einen Überblick über die Beteiligung »seines« Beschuldigten an der jeweiligen Tat. Wir tauschten die Aussagen aus und stellten dabei fest, welche Details der »eigene« Häftling noch nicht ausgesagt hatte bzw. verschwieg. Dies wurde nachmittags in der Vernehmung geklärt und danach die Aussagen protokolliert.

Damals wurde das Protokoll handschriftlich geführt. Am Ende quittierte der Beschuldigte jede einzelne Seite mit Unterschrift. Und jede Korrektur zum Protokoll mußte hinzugefügt werden. Dadurch waren die Vernehmungen und die Protokollabnahme eine ziemlich lange Veranstaltung, unter sechs Stunden ging es selten ab.

Nach den Vernehmungen kamen wir vier wieder zusammen, verglichen unsere Protokolle und legten weitere Maßnahmen zu dem jeweiligen Komplex fest, zum Beispiel notwendige Zeugenvernehmungen, Überprüfungen oder Suche nach Beweismitteln oder zusätzliche Beschuldigtenvernehmungen.

In den ersten Monaten wurden die Protokolle und sonstigen Dokumente, die ich angefertigt hatte, besonders begutachtet und auf Mängel oder Ungenauigkeiten hingewiesen. Das war mir klar, ich mußte noch lernen. Ich wollte ja Untersuchungsführer werden. Dazu gehörte mehr, als nur Fragen zu stellen.

Waren alle offenen Probleme geklärt, wurde der Schlußbericht geschrieben und die Dokumente in einer Akte zusammengefaßt. Nachdem der Abteilungsleiter oder sein Stellvertreter sie nochmals durchgesehen hatte, wurde die Akte vernäht und versiegelt und dem Staatsanwalt übergeben. (Warum sie vernäht wurde, konnte mir keiner beantworten. Auch Markus Wolf stellt sich in den Erinnerungen an seine Anfänge im Nachrichtendienst 1951 diese Frage: »Das meiste ist zunächst Bürokratie. Nicht nur der Struktur, sondern auch dem Wesen nach sind wir ein Abbild des sowjetischen Dienstes. Unter den Augen der ›Berater‹ und meines unmittelbaren Chefs Robert Korb, pinseln wir Arbeitspläne und nähen diese, wie weiland die zaristische Geheimpolizei, in Aktenordner ein. Worin der Sinn dieser Übung bestehen soll, verschweigen die ›Berater‹. Wir vermögen ihn auch nicht zu erkennen.« So der langjährige HVA-Chef im Buch über Anton Ackermann, seinen Vorgänger in dieser Funktion.)

Der Fall fand seinen Abschluß vor Gericht. An der Verhandlung nahmen mehr als hundert Bürger jener Stadt als Gäste teil, das öffentliche Interesse war groß.

»Mein« nächster Fall kam mir auf den Tisch, als wir noch gegen die Bande der jugendlichen Rowdies ermittelten. Es handelte sich um fünf Lehrer aus einer Kreisstadt im Bezirk Leipzig. Es war bekannt geworden, daß die drei Männer und zwei Frauen Verbindung hatten zum »Untersuchungsausschuß freiheitlicher Juristen« (UfJ), einer Agenten- und Propagandazentrale in Westberlin. Die Untergrundorganisation stand in engen Beziehungen zu den Spionagezentralen der BRD, Frankreichs, Englands und den USA.

Zur Vernehmung wurde mir eine alleinstehende, kinderlose Mittdreißigerin zugeteilt. Sie sagte umfassend aus. Die fünf Lehrer bildeten eine Skatrunde, die sich regelmäßig reihum in den Wohnungen trafen. Sie machten aus ihrer Ablehnung der DDR keinen Hehl. Und als 1952, auf der 2. Parteikonferenz der SED, der Aufbau der Grundlagen des Sozialismus beschlossen wurde, glaubten sie handeln zu müssen. Sie fuhren nach Westberlin, suchten Verbindung zum UfJ und ließen sich dort registrieren. Von da an reisten sie im Abstand von zwei Monaten dorthin, meist einzeln, selten zu zweit. Beim UfJ denunzierten sie besonders aktive DDR-Bürger, im Schnitt, so ermittelten wir, lieferte jeder pro Besuch etwa 20 bis 30 Personencharakteriska. Sie nannten aber auch mögliche neue Partner, die eine ablehnende Haltung zur DDR besaßen. Darüber hinaus berichteten sie über politische Tagesereignisse, Versorgungsengpässe, staatliche Maßnahmen, Festnahmen von Personen und dergleichen. Für diese Informationen erhielten die Beschuldigten bis zu 150 D-Mark.

Die »Skatabende« waren eine Art Nachrichtenbörse, wo die an der Schule und über die Schüler ermittelten Personen, Fakten und Neuigkeiten zusammengetragen und für die Weitergabe an den UfJ verdichtet wurden.

Die Lehrerin verhielt sich kooperativ nicht zuletzt deshalb, weil sie ihren Beruf liebte und gern weiterarbeiten wollte. Die anderen hingegen bestritten alles und zeigten sich ablehnend.

Erstmals erlebte ich, wie man gewonnene Erkenntnisse – ohne daß man die Quelle offenbarte – wirksam gegen die großen Schweiger einsetzte. Nichts entwaffnet einen Beschuldigten mehr als das Gefühl, man wisse ohnehin alles. Dieses Gefühl muß man geschickt aufbauen. Es funktioniert nicht zu behaupten: Wir wissen alles, erleichtern sie ihr Gewissen und gestehen Sie, der Richter wird das zu würdigen wissen! Da sagt der andere: Na, beweis mir das erst mal! Doch wenn man subtil da und dort, beiläufig und fast so, als habe man sich versprochen, dieses oder jenes eigentlich unbekannte Faktum einstreut, kommt der Beschuldigte selber zum Schluß: Der weiß mehr, als er sagt. Und er weiß nicht, wieviel. Da wird dann mancher bereits nervös.

Bei Festnahmen auf frischer Tat oder Vorlage von Beweismaterialien war solches Taktieren nicht notwendig. Da wurden die sichergestellten Beweise gleich bei der Erstvernehmung auf den Tisch gelegt.

Die Tatbeteiligung jedes einzelnen Lehrers war alsbald festgestellt. Nachdem alles protokolliert war, wurde jeder jedem gegenübergestellt. Es gab keine Widersprüche untereinander mehr, die wurden vorher geklärt. Der Untersuchungsvorgang konnte abgeschlossen werden.

Mein nächster, der dritte Fall war ein Spion. Einer von jenen etwa 350 vom MfS im Jahre 1954 festgenommenen Agenten. An einem Novemberabend, es war nach Dienstschluß, rief der Abteilungsleiter Genossen S. und mich zu sich. (Zum besseren Verständnis: Dienstschluß war 24 Uhr.)

»Es läuft eine Aktion gegen Spione.« Mehr sagte er nicht. Wir sollten auf einen Kurier warten, der die Unterlagen brächte.

Später kamen noch der Leiter der Abteilung VIII und der BV-Chef hinzu.

Wir schlugen die Zeit mit Skatspielen tot.

Gegen 2 Uhr erschien der Motorrad-Kurier aus Berlin. Er war völlig durchnäßt und mußte noch weiter nach Gera. Er übergab dem Bezirkschef ein Kuvert. Der öffnete den Umschlag. Er enthielt ein Blatt, das er in die Runde reichte. Darauf stand ein Name und eine Adresse und die Mitteilung, daß dieser E. ein Spion des amerikanischen Geheimdienstes CIA sei, seine Freundin wäre Kurier. Mehr nicht.

Der BV-Chef erteilte dem Mann von der VIII Befehl, die genannte Person sofort festzunehmen und ins Polizeipräsidium zu bringen. Die Zuführung sollte jedoch nicht wie eine Verhaftung aussehen, sondern nach der üblichen Legende verlaufen: »Zwecks Klärung eines Sachverhalts …« In diesem Falle sollte vor allem der Name der Freundin aufgeklärt werden.

Nach einer reichlichen Stunde saß E. im Zeugenzimmer des Polizeipräsidiums. In wenigen Minuten hatte Genosse S. die Personalien des Kuriers herausbekommen. Erst danach wurde E. festgenommen und in die Haftanstalt gebracht.

Danach erfolgte die Erstvernehmung, auch durch den Genossen S. Bis zum Eintreffen der Freundin nahm ich daran teil.

E. war fünfzig Jahre alt und von Beruf Architekt. Während des Weltkrieges hatte er im Range eines Hauptmanns bei der Organisation Todt (OT) als Bauleiter in besetzten Ländern gearbeitet. Nach 1945 war er bei verschiedenen Baufirmen in Leipzig tätig gewesen, seit 1950 gar als Verantwortlicher für Bauten der Sowjetarmee und der Kasernierten Volkspolizei in den Bezirken Leipzig und Dresden. Der US-Geheimdienst wurde weder vom Untersuchungsführer noch vom Beschuldigten erwähnt.

Nach weiteren zwei Stunden wurde die Freundin vorgeführt. Ich begann sofort mit der Vernehmung. Sie entschuldigte ihr Aussehen, sie sei aus dem Bett geholt worden und habe keine Zeit gehabt.

Ich eröffnete ihr, daß gegen sie ein Ermittlungsverfahren nach Artikel 6 der Verfassung der DDR eingeleitet werde. Damit konnte sie natürlich nichts anfangen. Ich erläuterte, daß es um ihre Verbindungen nach Westberlin gehe.

Die dreißigjährige Blonde war vielleicht 1,70 m groß, wog aber schätzungsweise 80 Kilo. Nicht gerechnet der schwere Goldschmuck, den sie an Fingern, Armen und um den Hals trug. In ihrer Handtasche fanden sich Kosmetika westlicher Fabrikation und ein Geldbetrag, der höher war als ihr Monatsgehalt, das sie als Kartenverkäuferin in der Leipziger Oper verdiente.

Woher soviel Geld und der teure Schmuck?

Sie war durchaus dominant, was wohl nicht nur meiner Jugend geschuldet war. Ich machte ihr deutlich, daß sie sich auf den Hocker zu setzen und diesen nur dann zu verlassen habe, wenn jemand das Zimmer betrete. Sie dürfe nicht rauchen, und in der nächsten Pause werde sie die Kleidung wechseln und den Schmuck abgeben.

Damit war die Rollenverteilung geklärt.

Wie sich ergab, war sie mit dem Architekten bereits fünf Jahre liiert. Mich interessierten jedoch ihre Beziehungen zur CIA.

»Welche Beziehungen unterhalten Sie nach Westberlin?«

»Keine – ich war noch nie dort.«

»Kennen Sie Amerikaner?«

»Woher denn. Hier sind doch nur Russen.«

So ging es zwei, drei Stunden hin und her, ohne daß ich auch nur etwas Substantielles hätte in Erfahrung bringen können.

Soviel aber hatte ich schon gelernt, daß man in einem solchen Falle keineswegs das Thema wechseln durfte, weil man dadurch den Eindruck vermittelte, daß man dies ausschließlich deshalb tat, weil man a) nicht weiter wußte und b) nichts in der Hand hatte und es darum c) auf einem anderen Felde versuchte.

Denn welcher normale Mensch stellt zwei Stunden immer wieder dieselbe Frage, ohne daß er konkrete Kenntnisse hat und sich seiner Sache sicher war?

Die Beschuldigte wurde zunehmend unsicherer ob dieser Hartnäckigkeit.

Sie begann mich zu fragen, um zu erfahren, was ich wüßte.

Ich machte ein Pokerface.

Sie kapitulierte nach dreieinhalb Stunden.

Sie fing an, über ihre Verbindungen nach Westberlin zu sprechen. Zuerst seien es nur Einkaufsfahrten gewesen, dann habe sie Post bei Bekannten ihres Freundes abgeliefert.

Nach sechseinhalb Stunden machte ich Schluß.

Danach veranlaßte ich die Einleitung eines Ermittlungsverfahrens, notierte die Einlieferungsanzeige über Festnahmeort und -zeit, Beweismaterial sowie jene Gremien und Personen, die über die Festnahme informiert werden mußten. Diese Unterlagen mit dem Erstvernehmungsprotokoll wurden dem Staatsanwalt übergeben, der einen Antrag beim Haftrichter auf Erlaß eines Haftbefehls stellte. Der Haftrichter ließ die Beschuldigte vorführen. In Gegenwart einer Protokollantin befragte er sie, prüfte die Belastungen, diktierte Vernehmung und Haftbefehl und verkündete diesen. Das wurde von der Beschuldigten unterschrieben. Ihr wurde mitgeteilt, daß sie Haftbeschwerde einlegen kann.

Danach bekam sie Unterwäsche und einen Trainingsanzug – später durften die Inhaftierten in der U-Haft ihre eigene Kleidung tragen. Sodann brachte man sie in den Verwahrraum, also die Zelle. Man informierte sie über die Untersuchungshaftanstaltsordnung (wie soll der Häftling sich verhalten, was ist erlaubt, wie ist der Tagesablauf, was ist verboten). Die Kenntnisnahme quittierte sie mit Unterschrift.

Ich schildere das deshalb so detailliert, weil das bis 1989 eine durchgängige Praxis in der DDR war.

Aus der Perspektive von E. hörte sich die Sache so an:

Er war Ende der 40er Jahre von einem Kriegskameraden, der im Westteil Berlins lebte, angesprochen worden. Er baue doch für die Russen und die KVP: Die Amerikaner seien an Bauplänen und dergleichen interessiert. Natürlich gegen Bezahlung. E. zögerte zunächst, schließlich war das mindestens illoyal gegenüber seinen Auftraggebern. Aber das Zubrot verdrängte die Hemmungen. Anfänglich brachte er alles selbst nach Berlin, ab 1951 schickte er seine Freundin, ohne daß diese konkret wußte, was sie da beförderte. Nur daß die Sache nicht ganz legal war, war ihr allein schon dadurch klar, daß sie die Papiere am Körper versteckte. Später bekam sie eine Tasche mit doppeltem Boden.

Die Tasche mit Geheimfach wurde bei der Hausdurchsuchung, die zwei Tage nach ihrer Festnahme erfolgte, gefunden und dem Untersuchungsvorgang als Beweismaterial beigefügt.

Um nicht aufzufallen, reiste die blonde Walküre nach Schließung der Theaterkasse mit dem Zug nach Berlin, traf sich mit dem Geheimdienstmann zur Übergabe der Spionageinformationen, blieb über Nacht in Berlin und kehrte mit dem Frühzug nach Leipzig zurück. Am Morgen, wenn die Kasse im Theater öffnete, saß sie wieder hinter der Scheibe.

Am Ende der Untersuchungsarbeit kam es zu einer Gegenüberstellung.

E. sagte unvermittelt seiner Freundin, daß sie mit 10 Jahren Haft rechnen müsse. Warum er es tat, war mir unerklärlich.

In der folgenden Nacht versuchte die Dreißigjährige, sich in der Zelle zu erhängen. Doch das Personal entdeckte sie rechtzeitig und rettete ihr das Leben.

Sie kam in das Haftkrankenhaus der VP nach Leipzig-Meusdorf. Dort habe ich sie besucht.

Sie überstand den Suizidversuch wie auch die Haft.

Als Untersuchungsführer in Rostock von 1955 bis 1960

Auf dem 23. ZK-Plenum im April 1955 wurde beschlossen, die Nordbezirke Rostock, Schwerin und Neubrandenburg kadermäßig zu verstärken. Auch mich traf es. Kaderleiter und Parteisekretär teilten mir mit, daß ich nach Rostock gehen werde. Natürlich war ich nicht begeistert. Doch »die Partei« duldete keinen Widerspruch.

Es war wenig tröstlich, daß drei weitere Genossen aus der Abteilun IX mein Schicksal teilen sollten. Am 1. Juli 1955 meldete ich mich beim Leiter der Bezirksverwaltung Rostock als neuer Mitarbeiter. Nachdem er mich begrüßt hatte, teilte er mir mit, daß gerade eine Gruppe von Spionen festgenommen worden sei – ich könne mich gleich in die Arbeit stürzen.

Der Abteilungsleiter IX wurde gerufen. Er nahm mich mit und stellte mich den Mitarbeitern seiner Abteilung vor. Sie waren wesentlich jünger als die Genossen in Leipzig. Die meisten waren Mecklenburger, die plattdeutsch untereinander verkehrten. Es gab aber auch einige Sachsen und Anhaltiner.

Die Rostocker waren durch operative Arbeit der Spionagegruppe auf die Spur gekommen. Sie hatten ein Ehepaar aus Berlin, ein Ehepaar aus Zeitz und einen Journalisten aus Leipzig festgenommen. Der Resident der Organisation Gehlen, aus dem 1957 der BND hervorging, saß in Westberlin. Walter H. war der Bruder bzw. Schwager des Ostberliner Paares.

Dieses fungierte als Kurier. Es wurde auf frischer Tat ertappt. Schnell war auch die Rolle des Bruders in Westberlin aufgeklärt. Genossen der operativen Abteilung sandten von einer Kreisstadt im Bezirk Potsdam ein Telegramm im Namen der Schwägerin an den Residenten, in dem diesem mitgeteilt wurde, daß sie und der Bruder auf der Fahrt nach Rostock bei einem Autounfall verletzt worden waren und nunmehr im Krankenhaus lägen. Er kam, wie erhofft, zum Krankenbesuch und wurde festgenommen.

1955 war die Festnahme eines Residenten der Gegenseite durch das MfS ein bedeutender Erfolg. Der Name dieses Mannes wird übrigens auch im Museum in Peenemünde geführt. Er arbeitete an der Seite Wernher von Brauns in der Raketenentwicklung. Daß er zwischen 1949 und 1955 ein aktiver Geheimdienstler war, der gegen die DDR arbeitete, bleibt in der Ausstellung jedoch unerwähnt.

Das Ermittlungsverfahren war vergleichsweise einfach. Die Beschuldigten belasteten vor allem H., weil sie diesen in Westberlin wähnten. Ich bearbeitete das Ehepaar Sch. aus Zeitz. Der Mann hatte eine Leitungsfunktion in der Lichtpausstelle des Hydrierwerkes. Von dort lieferte er Informationen über Straßen, die Belastbarkeit von Brücken, die Belegung von Kasernen der Sowjetarmee und der Kasernierten Volkspolizei, er nannte Standorte von Müllabladeplätzen militärischer Objekte, berichtete über die Aktivitäten auf sowjetischen Flugplätzen und über Militärtransporte auf Straßen und auf der Bahn. Der Journalist aus Leipzig, den ich gleichfalls vernahm, hatte ähnliche Aufgaben.

Walter H. war sich bald bewußt, in welcher Situation er sich befand. In solch gravierenden Spionagefällen konnte am Ende eines Gerichtsverfahrens sogar das Todesurteil stehen. Er trat darum die Flucht nach vorn an und kooperierte. Das Bezirksgericht Rostock honorierte seine Aussagebereitschaft und verhängte eine lebenslange Haftstrafe. Er wie auch die anderen Angeklagten wurden jedoch später amnestiert.

Die Insel Usedom war Mitte der 50er Jahre noch eine sehr abgeschiedene Gegend. Allein das jedoch erklärte nicht, weshalb ein Bäcker Hakenkreuze buk. Als sich verschiedentlich Unmut darüber regte, erklärte er, daß es sich um Windmühlenflügel und keineswegs um das verhaßte Nazisymbol handle. Und verkaufte weiter sein Backwerk.

Mitarbeiter des Rates des Kreises sprachen wiederholt mit dem Bäcker, vergebens. Das Problem wurde an die Bezirksleitung der SED in Rostock herangetragen. Der 1. Sekretär der Bezirksleitung sprach mit dem Leiter der Bezirksverwaltung des MfS. Hakenkreuze zu verbreiten war strafbar. Es galt zu klären, mit welcher Absicht der Bäcker sie herstellte. Der BV-Leiter entschied, den Bäcker festzunehmen, zu vernehmen und eine Hausdurchsuchung durchzuführen. Während der Erstvernehmung zeigte sich der Bäcker verschlossen. Er bestritt, daß er jemals Hakenkreuze gebacken habe.

Bei der Vernehmung provozierte er mich, indem er nur plattdeutsch mit mir sprach. Er verstand angeblich meine Fragen nicht und antwortete darum dummes Zeug. Nach zwei Stunden kam der Abteilungsleiter und sprach mit ihm platt. Danach sprach der Bäcker hochdeutsch. Aber er blieb bei seiner Argumentation, es seien Windmühlenflügel und keine Hakenkreuze, was er da backe.

Auf meine Frage, ob er jemals eine Windmühle gesehen habe, deren vier Flügel in halber Höhe eine Abwinklung von 90° gehabt hätten, verneinte er. Hartnäckig blieb er dennoch bei seiner Version.

Ich protokollierte meine Fragen und seine Antworten und fertigte die für den Haftbefehl notwendigen Unterlagen an. Es lagen zehn Hakenkreuze vor, die schnell die Runde machten. Der Staatsanwalt, der Haftrichter, der Chef der Bezirksverwaltung und der 1. Sekretär der Bezirksleitung der SED bestätigten: Ja, das sind Hakenkreuze. Ein Haftbefehl wurde erlassen.

Am darauffolgenden Tag wurde das bei der Hausdurchsuchung beschlagnahmte Material in die Untersuchungsabteilung nach Rostock gebracht und besichtigt. Ich hatte erwartet, daß bei der Hausdurchsuchung auch faschistisches Schriftgut entdeckt werden würde. Aber so etwas gab es nicht. Ich fand aber in einem Lehrbuch für Konditorlehrlinge aus dem Jahre 1922 eine Abbildung der »Hakenkreuze«, wie sie der Beschuldigte angefertigt hatte. Im Buch wurde dieses Gebäck als Windmühlenflügel bezeichnet.

Nach einigen Tagen, wir saßen beim Mittagessen in der Kantine der Bezirksverwaltung, kam der Leiter der BV an unseren Tisch und zeigte uns ein »Hakenkreuz«. Es war von der Konsumbäckerei in die Kantine des MfS geliefert worden.

Er entschied noch am gleichen Tag, daß der Bäcker entlassen werden sollte.

Am 11. Dezember 1957 wurde das Gesetz zur Ergänzung des Strafgesetzbuches – Strafrechtsergänzungsgesetz – erlassen. Mit diesem Gesetz wurden in der DDR erstmals Staatsverbrechen und Verbrechen gegen die staatliche Ordnung definiert. Jeder konnte nun nachlesen, was vom Gesetzgeber als Staatsverrat, Spionage, Nachrichtensammlung, staatsfeindlicher Menschenhandel usw. angesehen und juristisch wurde. Für uns Mitarbeiter der MfS-Untersuchungsorgane stellten die gegenüber den bisherigen gesetzlichen Regelungen (Artikel 6 der Verfassung der DDR bzw. Kontrollratsdirektive 38 III A 3) neuen Vorgaben auch qualitative Anforderungen an unsere Arbeit dar. Alle mußten sich deshalb einer Weiterbildung unterziehen, viele – so auch ich – absolvierten ein juristisches oder kriminalistisches Hochschulstudium. Es war nunmehr z. B. möglich, die Abwerbung von DDR-Bürgern nach Westberlin und in die BRD besser zu bearbeiten.

Ende der 50er Jahre verließ eine große Anzahl von Bürgern die DDR. Jedoch kamen viele im Westen nicht zurecht und wollten wieder zurück. Die DDR-Regierung erließ Regelungen, wonach Rückkehrer keine strafrechtlichen Folgen zu befürchten hatten. Das nutzten vor allem Geheimdienste und Untergrundorganisationen in Westberlin aus, um Rückkehrer anzuwerben. Diese wurden zunächst in einem Lager untergebracht und geprüft.

So erklärten 1959 im Aufnahmelager zwei Familien, sie hätten vor ihrem Weggang in die BRD eine Kartenlegerin in Rostock aufgesucht, die ihnen dringend geraten habe, schnell die DDR zu verlassen, sonst werde ihnen Böses widerfahren. Diese Aussagen wurden der Kreisdienststelle des MfS Rostock übergeben. Die Kartenlegerin wurde operativ aufgeklärt. Sie war eine 65 Jahre alte Dame aus Stettin und aus bürgerlichem Hause. Der Krieg hatte sie nach Rostock verschlagen. Sie verdiente ihren Lebensunterhalt mit Wahrsagerei und Kartenlegen und erfreute sich großer Resonanz. Ihre Kunden, über die sie Buch führte, an die 300 Personen, zahlten bar oder mit Naturalien.

Eine konspirative Durchsuchung der Wohnung während ihrer Abwesenheit förderte ein beachtliches Lebensmittellager zutage. Und die Erkenntnis, daß mindestens 20 ihrer Kunden erst kürzlich der DDR den Rücken gekehrt hatten.

Unter ihren Kunden befanden sich auch etliche Funktionäre der SED, des FDGB und der Wirtschaft sowie Angehörige der Sicherheitsorgane und der NVA. Da in diesem Fall auch Sicherheitsinteressen berührt wurden, wurde entschieden, die Kartenlegerin durch das MfS vorläufig festzunehmen und zu prüfen, ob eine Straftat vorliegt.

Die Frau war etwa 1,75 m groß, schlank und hatte schulterlanges, graurotes, strähniges, ungepflegtes Haar und trat sehr selbstbewußt auf. Ich begann mit Fragen zu ihrem Lebenslauf. Sie antwortete bereitwillig. Als wir auf ihre Wahrsagerei zu sprechen kamen, behauptete sie, die Fähigkeit zu haben, den Kunden die Zukunft und besondere Ereignisse voraussagen zu können. Ich nannte das Scharlatanerie. Sie blieb ruhig und meinte, ich solle ihre Kunden befragen.

Ich suchte in ihrer Kartei und fand »zufällig« nur Namen von Personen, die in der BRD lebten. Auf den Karten hatte die »Hellseherin« ihre neuen Adressen vermerkt, und wie sich zeigte, pflegte sie mit allen eine Korrespondenz.

Sie offenbarte ein ausgeprägtes Personengedächtnis. Es genügte nur der Name, und sie konnte zu jedem etwas sagen.

In ihrer Kartei fanden sich ganze zwei Personen, denen sie nicht geraten hatte, in den Westen zu gehen. Das waren ältere Frauen, deren gesamte Familien in der DDR lebten. Über diese beiden Fälle entbrannte zwischen uns ein mehrstündiger Streit.

Dann räumte sie ein, Empfehlungen zum Staatenwechsel nicht wegen der Hellseherei, sondern aufgrund realer Einschätzungen der Chancen für einen Neubeginn im Westen gegeben zu haben.

Ich entschloß mich zu einem Experiment, um die Selbstherrlichkeit dieser Frau zu erschüttern. Mehrere Tage lang übte ich, einen fünfzehn Worte umfassenden Satz in verstellten Handschriften zu schreiben. Dazu benutzte ich zwei verschiedene Füllfederhalter und diverse Bleistifte, mal schrieb ich mit der rechten, mal mit der linken Hand. Das Ergebnis waren sechs scheinbar sehr verschiedene Handschriften. Diese Handschriften gab ich ihr zur Begutachtung. Sie sollte die Schreiber charakterisieren. Dazu ließ ich ihr zwei Tage Zeit. Das Ergebnis verblüffte alle.

Die sechs Schreiber waren nach ihrer Auffassung: ein primitiver, schlecht gebildeter Bauer, eine Frau, ein Handwerker, ein Intellektueller, Arzt bzw. Wissenschaftler. Neben der schriftlichen Einschätzung gab sie noch eine ausführliche mündliche Erläuterung. Sie wollte glänzen.

Ich stellte nur ab und zu eine Frage und zeigte ein ahnungsloses Gesicht. So gingen die Stunden dahin. Ich ließ Kaffee holen und begann, ohne ein Wort zu sagen, den Satz noch einmal zu schreiben. Da ich lange genug geübt hatte, klappte das wunderbar.

Sie schäumte vor Wut, als sie merkte, daß ich sie gefoppt hatte. Fortan sprach sie mich nur noch mit »Teufel« an.

Als ich sie nach drei Tagen wieder vorführen ließ, war sie gebrochen, von ihren übernatürlichen Kräften war nichts geblieben. Sie hatte, wie sie nun aussagte, im Laufe der Jahre sich die Fähigkeit angeeignet, das eigentliche Anliegen der Kunden zu erkennen, darauf einzugehen und ihre Wünsche als Prophezeihung zu vermitteln. Anhand von Kartons und Packpapier – sie warf nichts weg – konnte nachgewiesen werden, daß sie unablässig von 21 dankbaren Kunden Pakete aus der BRD und Westberlin bekam. Diese hatte sie aufgefordert, die DDR illegal zu verlassen. Wir konnten auch mehrere Kunden als Zeugen vernehmen, die trotzdem in der DDR geblieben waren.

Ich schloß den Untersuchungsvorgang ab. Auf Vorschlag der SED-Bezirksleitung fand der Prozeß mit großer öffentlicher Teilnahme statt. Die Presse berichtete ausführlich über den Fall.

Im Oktober 2003 fuhr ich mit dem »Strandexpreß«, einer kleiner Elektrolokomotive mit drei Anhängern, die Strandpromenade in Heringsdorf entlang. Der Stadtführer zeigte den Nachsaison-Urlaubern stolz die in den 90er Jahren erbaute Seebrücke und wies auch auf die aus dem Ostseewasser ragenden dunklen Holzpfähle: »Das sind die Reste der 1958 durch Brandstiftung vernichteten alten Seebrücke. Einer der Brandstifter lebt noch heute in Heringsdorf.«

Im Sommer brannte in zweitägigem Abstand der Wald bei Heringsdorf. Die Polizei begann wegen Brandstiftung zu ermitteln. Tage darauf gingen eine Pension und ein Wohnhaus in Flammen auf. Selbstentzündung wurde auch hier ausgeschlossen.

Der Verdacht fiel auf Angehörige der Freiwilligen Feuerwehr. Es wurde geprüft, wer als erster am Brandort bzw. der Sammelstelle der Feuerwehr war. Es ergab sich kein Hinweis auf den Täter. Die Einwohner von Heringsdorf gerieten in Unruhe. Die staatlichen Organe ebenfalls, denn in steten Abstand heulten die Sirenen. Mal brannte es in Kellern, mal gingen Holzfassaden in Flammen auf.

Nach dem vierten Brand war die Brandermittlergruppe verstärkt worden, und es wurden auch die Kreisdienststelle Wolgast des MfS und Untersuchungsführer der Abt. IX Rostock einbezogen. Hunderte von Einwohnern und Urlaubern, auch die abgereisten an ihren Wohnadressen, wurden befragt.

Nach dem siebten Brand äußerte ein 15jähriger Schüler aus Heringsdorf im Kreise seiner Schulkameraden: »Morgen brennt die Seebrücke.«

In der kleinen Gaststätte auf der Seebrücke äußerte der aus Sachsen stammende Bademeister zur gleichen Zeit ebenfalls: »Morgen Abend steht die Seebrücke in Flammen.«

Am nächsten Abend stand die über 100 Meter lange, um 1900 errichtete Seebrücke tatsächlich in Flammen und brannte bis auf die Holzstümpfe nieder. Die Gaststätte, eine Eisdiele und zehn Kleinverkaufsstellen fielen dem Brand zum Opfer.

Zum Zeitpunkt der Brandstiftung blies der Wind mit Stärke 4, das Holz, sieben Mal mit Ölfarbe gestrichen, brannte wie Zunder. Für die anrückenden Feuerwehren von Heringsdorf, Ahlbeck und Bansin gab es nichts mehr zu tun. Einheimische und Urlauber betätigten sich als Fotoamateure und hielten den Brand und das schließliche Zusammenfallen der Seebrücke im Bild fest. Dabei sind Dokumente entstanden, die später auch dem Gericht vorgelegt wurden.

Noch während die Seebrücke brannte, suchte man den 15jährigen Schüler und den Bademeister, die den Brand vorhergesagt hatten. Alle waren überzeugt, daß sie die Täter waren. Sie wurden gefunden, festgenommen und nach Rostock in die Untersuchungshaftanstalt des MfS gebracht. Der Schüler wurde mir zur Vernehmung zugeteilt. Er und der Bademeister bestätigten, die Äußerungen gemacht zu haben, bestritten aber eine Beteiligung an der Brandlegung. Da ihre Alibis nicht eindeutig waren, wurde gegen beide Haftbefehl erlassen.

Auch in Berlin zeigte man großes Interesse an der Aufklärung des Brandes. Trotzdem mußte unbedingt vermieden werden, ein Geständnis zu gewinnen, das späteren Überprüfungen nicht standhielt. Man kennt das aus Büchern und Filmen, daß unter dem Druck öffentlicher Erwartung oft Zweifel verdrängt werden, weil man ja einen Täter präsentieren muß.

Zwei Tage nach der Seebrücke brannte in Heringsdorf der Keller eines Wohnhauses. Nach dem gleichen Muster. War das ein Trittbrettfahrer, ein Entlastungsversuch oder doch derselbe Täter?

Am übernächsten Tag rückte die Feuerwehr zum Löschen eines Pensionsbrandes aus. Neu hingegen war: Es fanden sich drei handgeschriebene Bogen an zentralen Stellen in Heringsdorf. Darauf wurde gedroht, daß es weitere Brände geben werde, wenn nicht die beiden angeblich unschuldig Inhaftierten freigelassen werden würden.

Das wiederholte sich nach zwei Tagen: Brand und Bekennerschreiben.

Kriminalisten, Schriftgutachter, Psychologen und Neurologen wurden in die Untersuchung einbezogen. Einer kam schließlich auf den Gedanken, die Heringsdorfer Lehrer zu konsultieren. Ein Pädagoge glaubte die Schrift zu kennen und gab uns drei Namen von Schülern, die er vor Jahren unterrichtet hatte. Einer von den dreien absolvierte gerade eine Lehre in Thüringen. Die anderen jedoch wurden zugeführt und Schriftproben wurden von ihnen genommen. Trotz der Schriftverstellungen konnte St. identifiziert werden, ferner überführte ihn auch noch ein Fingerabdruck.

Nach einer Stunde war er geständig, gemeinsam mit Sch. die Brände gelegt und die Briefe geschrieben zu haben. Beide wurden nach Rostock gebracht. Der 15jährige Schüler und der Bademeister wurden noch am selben Tage entlassen. Es stellte sich heraus, daß beide ohne jegliche Überlegungen und unabhängig voneinander den Seebrückenbrand prophezeit hatten.

Mir wurde Sch. zur Bearbeitung zugeteilt. Beide waren zwar schon nach den ersten fünf Bränden der Kriminalpolizei verdächtig und wurden auch als Tatverdächtige vernommen, aber man konnte ihnen nichts nachweisen. Die beiden 17jährigen gehörten der Freiwilligen Feuerwehr Heringsdorf an und taten sich auch bei der Brandbekämpfung hervor. Nach der Vernehmung jedoch waren sie gewarnt. Bei den nächsten Bränden erschienen sie nicht mehr vor den anderen am Einsatzort. Beide waren 17 Jahre alt, hatten einen mäßigen Schulabschluß und keine Lehrstelle erhalten. St. arbeitete als Platzwart in einer Tennisanlage und Sch. bei der Stadtreinigung. Das Ermittlungsverfahren bereitete keine Mühe: Beide waren nicht sehr intelligent, aber sehr gesprächig.

Jeder einzelne Brand wurde detailliert protokolliert: Wie kam es zum Entschluß? Warum wurde der Brand gelegt? Welchen Tatbeitrag leistete jeder einzelne? Wie verhielten sie sich während des Brandes und danach? Welche Zeugen gab es? Welcher Schaden entstand (Gutachten)? Welche Auswirkungen hatte jeder einzelne Brand?

Insgesamt haben wir über 50 Zeugen in diesem Verfahren vernommen. Besonders wichtig war die Begutachtung der beiden 17jährigen durch einen Professor der Neurologischen Klinik hinsichtlich ihrer sittlichen und geistigen Reife für die strafrechtliche Verantwortlichkeit. Der Fachmann kam zu der Auffassung, daß die sittliche und geistige Reife zwar eingeschränkt sei, aber die strafrechtliche Verantwortlichkeit wurde bejaht.

Zunächst wollten sich die beiden nur bei der Brandbekämpfung hervortun. Danach bemerkten sie die wachsende Unruhe unter der Bevölkerung und den Urlaubern. Es reizte sie schließlich, diese zu steigern: ihr Ziel war Panik. Gleichzeitig wollten sie die Sicherheits- und örtlichen Organe vorführen – was ihnen eine zeitlang ja auch tatsächlich gelang. Nach dem Seebrückenbrand hofften sie im Westen auf Anerkennung – schließlich war das eine Widerstandshandlung gegen das »Zonenregime«.

Damit bekam die Straftat auch eine politische Komponente.

Am Ende der Untersuchung führten wir eine Tatortrekonstruktion in Heringsdorf durch. Dazu wurden etwa 15 Mitarbeiter der Kreisdienststelle Wolgast, fünf Volkspolizisten mit Hunden und vier Mitarbeiter der Abteilung IX Rostock eingesetzt. Wir begannen kurz nach 5 Uhr morgens, sobald das Licht Fotos erlaubte. Die Inhaftierten St. und Sch. zeigten an den einzelnen Brandobjekten, wie sie im einzelnen vorgegangen sind. Da die Seebrücke völlig zerstört war, hatten wir eine Attrappe des Müllschachtes anfertigen lassen, an dem beide den Brand gelegt hatten.

Am Ort der Seebrückenruine versammelten sich alsbald viele Heringsdorfer, die wütend forderten, man möge ihnen für 10 Minuten die beiden überlassen. Völlig klar: man wollte Selbstjustiz üben. Es kam zu Tumulten, die Volkspolizisten mußte mit Hunden vorgehen, um St. und Sch. zu schützen. Erstmals wurde ihnen bewußt, was sie da angerichtet hatten.

Am 3. Januar 1958, auf dem Weg zur Arbeit, wartete bereits ein Genosse auf mich auf der Straße und hielt mir die »Ostsee-Zeitung« unter die Nase. Auf der ersten Seite war auf einem großen Foto Präsident Wilhelm Pieck abgebildet, er feierte heute seinen

82. Geburtstag. Auf dem Jackett war deutlich ein Hakenkreuz zu sehen. Das gab Arbeit! In der Dienststelle erfuhr ich, daß bereits ein Drucker, der Leiter der Fotoabteilung und eine Frau festgenommen worden waren. Ich erhielt den Auftrag, die Frau zu vernehmen.

Es galt nun, denjenigen zu finden, der das Hakenkreuz in die Druckplatte eingeritzt hatte. Die Bleiwalze und die Werkzeuge zum Einritzen waren sichergestellt und lagen vor. Die Vernehmungen ergaben zunächst, der Leiter hatte aus dem von Berlin als Muster übersandten Foto den Ausschnitt und die Bildgröße festgelegt und bestimmt, mit welcher Rastergröße das Foto schließlich gedruckt werden sollte. Die Frau leitete den Auftrag an den jüngeren Mitarbeiter weiter. Beide bestritten vehement, die Druckplatte in der Hand gehabt zu haben. Folglich konnten sie auch nicht diese bearbeitet haben. Beide belasteten den jungen Kollegen, der die Druckplatte angefertigt hatte.

Die Leitung des MfS in Berlin und die Sicherheitsabteilung des ZK schalteten sich ein. Vom Minister wurde entschieden, daß drei Druckspezialisten zu unserer Unterstützung nach Rostock kommen sollten.

Doch noch ehe sie eintrafen, hatten wir selber festgestellt, daß es keineswegs eine mechanische Veränderung der Druckplatte gegeben hatte. Die Rasterung des Fotos hatte dieses Hakenkreuz entstehen lassen. Die Chemigraphie war schuld, und der Andruck hatte das übersehen.

Die SED-Bezirksleitung fand sich mit dieser Feststellung nicht ab. Sie witterte Vorsatz und Sabotage. Also wurde noch einmal eine Druckplatte hergestellt. Und siehe da: mit dem gleichen Resultat. Präsident Pieck hatte auf seiner Jacke ein Hakenkreuz!

Die drei Festgenommenen wurden aus der Haft entlassen mit der Maßgabe, künftig alle Fotos auf rasterbedingte mögliche Veränderungen zu prüfen.

Ende der 50er Jahre wurde ein junger Mann im Zug Berlin-Stralsund festgenommen. Bei der Durchsuchung durch das Zugbegleitkommando der Bahn/Volkspolizei wurden bei ihm 15.000 Mark der DDR und 10.000 D-Mark am Körper versteckt gefunden. Er wurde nach Rostock gebracht und von mir vernommen. Es stand nur die Frage: Woher stammte das Geld?

Der Festgenommene wohnte in einem Dorf nördlich von Wolgast an der Peene und war von Beruf Fischer. Ich vermutete, daß er ein Spion war und die militärischen Objekte von Peenemünde und die Peenewerft ausspähte. Darauf konzentrierte ich auch meine Vernehmungen. Ein Haftbefehl wegen des illegalen Besitzes von D-Mark war kein Problem. Der junge Mann bestritt aber den Spionagevorwurf, wenngleich er keine plausible Erklärung für die hohen Geldbeträge hatte. Er sagte aus, was ihm gerade einfiel. Zwei Gegenfragen – und seine Legende fiel zusammen.

So ging das zwei Tage. Schließlich kam das Geständnis.

In seinem Dorf betrieb sein Onkel die einzige Fischräucherei. Alle Fischer waren von ihm abhängig, und das nutzte er aus. Im Ort gab es elf Fischkutter, die entweder in Einzel- oder Familienbesitz waren. Die größten Kutter hatte die Familie B. Im Laufe der Jahre wurden Ersatzteile für die Kutter in der DDR immer knapper. Nach und nach holten sich die Fischer die benötigten Ersatzteile aus Travemünde oder Grömitz in der BRD. Bezahlt wurden die Ersatzteile mit Frischfisch. Aber bald merkten sie, daß das ein lukratives Geschäft war. Zunächst erhielten sie das Doppelte oder Dreifache pro Kilo Fisch in Westmark, dazu kam der hohe Wechselkurs – das brachte viel Geld. Das ging soweit, daß sich die Kutter auf See trafen, den Fang auf den großen Kutter der Familie B. umluden, den dieser in Travemünde verkaufte.

Das Untersuchungsergebnis versetzte die SED-Bezirksleitung in helle Aufregung. Es wurde mit der Volksmarine eine Einsatzleitung gebildet, die diesen illegalen Handel unterbinden sollte.

Die ganze Militärtechnik, ich glaube auch Flugzeuge, wurden eingesetzt, um genau festzustellen, wann und wo die Aktion »Edelfischverkauf« startete. Nachdem der erste Kutter seine Ware an das »Mutterschiff« übergeben hatte, der zweite Kutter gerade anlegte und die übrigen fünf Kutter auf dem Weg dorthin waren, startete die Volksmarine ihre Aktion. Um die Kutterbesatzungen zu verunsichern, wurden auch Warnschüsse abgegeben. Als das »Mutterschiff« mit dem Schiffsführer B. versuchte zu flüchten, wurde ein Schuß vor den Bug gefeuert. Alle acht Kutter wurden aufgebracht, die Soldaten enterten die Kutter und übernahmen das Kommando. Sie wurden in das nächstgelegene Militärobjekt gebracht, wo bereits die Häftlingstransportwagen bereitstanden. Insgesamt zehn Fischer wurden nach Rostock gebracht.

In den Vernehmungen wurde eindeutig festgestellt, wie der alte B. das Dorf beherrschte und seine Macht gegenüber den anderen auszunutzen wußte. Es wurde entschieden, den alten und den jungen B. wegen ihrer Straftaten zur Verantwortung zu ziehen und zu verurteilen. Bei den anderen sechs Fischern wurde von einer weiteren Strafverfolgung Abstand genommen, weil damit zu rechnen war, daß sie künftig die Gesetze achten würden. Sie wurden aus der Haft entlassen, erhielten ihre Kutter zurück und gründeten wenige Tage später die erste Fischereigenossenschaft im Bezirk Rostock.

Die Sekretärin des Hafendirektors in Wismar wurde von der Kreisdienststelle 1958 in einem Operativvorgang (OV) bearbeitet. Sie fuhr in monatlichen Abständen nach Westberlin und schickte wöchentlich einen Brief nach Westberlin mit verschlüsselten Informationen. Es lagen mehrere solcher Briefe vor. Unter der Adresse praktizierte ein Arzt. Sie selbst war aber in keiner Weise krank, so daß angenommen wurde, daß es sich um eine Deckadresse handelte. Die operative Bearbeitung erbrachte keine Erkenntnisse.

Ich wurde beauftragt, die Sache zu klären. Nach dem Studium der Akte sah ich auch keine weiteren Möglichkeiten, zumal auch der Beobachtung der Sekretärin während ihrer Westberlinbesuche durch MfS-Mitarbeiter nicht zugestimmt wurde. Solche Maßnahmen wurden nur in seltenen Fällen genehmigt. Mit dem Leiter der Kreisdienststelle kamen wir überein, die Sekretärin zuzuführen, damit ich sie befragen konnte.

Die junge Frau, 22 Jahre alt, war etwa 1,80 m groß, sehr schlank, trug mittelblondes Haar und hatte ein sympathisches Gesicht. Die Befragung bezog sich von Anfang an auf ihre Verbindungen nach Westberlin. Aufgrund ihrer Tätigkeit beim Hafendirektor durfte sie solche Verbindungen nicht unterhalten. Vier bzw. fünf Stunden lang stellte ich ihr die gleiche Frage: Welche Verbindungen unterhalten sie nach Westberlin? Einige Berichte bestätigten, daß sie von der DDR-Hauptstadt mit der S-Bahn in die Westsektoren gefahren war. Sie bestritt Fahrten wie postalische Verbindungen nach Westberlin. Das MfS müsse sich irren, erklärte sie.

Nach fünf Stunden meldete ich nach Rostock, daß die Sekretärin nicht bereit sei, die von uns vermutete Wahrheit zu sagen. Es wurde entschieden, sie festzunehmen und nach Rostock zu überführen. Während der fast zweistündigen PKW-Fahrt nach Rostock versuchte ich ihr klarzumachen, was sie erwarte, wenn sie weiter leugne: U-Haft, Vernehmungen, Verturteilung, Haft. Sie blieb bei ihrer Aussage.

Am nächsten Vormittag bereitete ich die Haftunterlagen vor. Mein Abteilungsleiter und ich sprachen mit dem Staatsanwalt und dem Haftrichter und erläuterten Briefe und Beobachtungsberichte. Oftmals hatten die Haftrichter, zumeist erfahrene Männer oder Frauen, eine große Wirkung auf einen nicht aussagebereiten Beschuldigten. Bei der Sekretärin blieb diese jedoch aus. Sie erhielt Haftbefehl, und die Vernehmung wurde fortgesetzt. Bei der Einlieferung in die Haftanstalt wurde die junge Frau vom Arzt untersucht.

Als ich in ihrer Gegenwart die Handtasche ansah, fand ich eine Schachtel Tabletten westlicher Herkunft. Die Beschuldigte verlangte, eine der Tabletten nehmen zu dürfen, die sie dringend benötige. Ich erklärte ihr, daß nur der Arzt darüber entscheiden könne. Da sie auf die Einnahme einer Tablette bestand, telefonierte ich in einer Vernehmungspause mit dem Arzt und nannte ihm das Medikament. Er kannte es nicht und meinte, nach seiner Untersuchung benötige die Frau keine Medizin. Am nächsten Tag übergab ich dem Arzt die Tabletten, er wollte sich konsultieren.

Ich hatte auch einen Taschenkalender bei ihr gefunden, in dem Buchstaben und Zahlen von 1 bis 10 eingetragen waren. Ich bat um eine Erklärung und erhielt eine schnippische Antwort, das gehe mich nichts an.

Ich will es kurz machen. Es handelte sich um ein Hormonpräparat. Das Problem der jungen Dame bestand in dem für sie zu kleinen Busen. Sie erhoffte Hilfe durch den Westberliner Arzt, mit dem sie regelmäßig über die Veränderungen ihrer Oberweite korrespondierte. Sie hatten dazu ein Codesystem entwickelt.

Ich sagte ihr, daß sie sich und uns viel Ärger erspart hätte, wenn sie gleich gesagt hätte, um was es ging.

Der Haftbefehl wurde aufgehoben, und sie wurde entlassen.

Im Frühjahr 1959 fand in Rostock das V. FDJ-Parlament statt. Die Bezirksverwaltung des MfS hatte die Tagungshalle abzusichern. Auch ich wurde dazu abgestellt. Bereits am zweiten Tag wurde ich jedoch in die Untersuchungsabteilung zurückgerufen. Ein Arbeiter der Warnow-Werft wurde als Agent gemeldet. Diesmal wurden ein paar Sätze mehr mitgeteilt. Berlin meldete ihn als »Spion für die Zukunft«. Keiner wußte, was das bedeutete.

H. wurde auf dem Weg nach Hause festgenommen. Bei der Körperdurchsuchung wurde ein Zettel gefunden mit Notizen über Schiffe, die an jenem Tag im Hafen von Rostock eingetroffen und ausgelaufen waren, welche Ladungen gelöscht oder übergeben worden waren. Der Mann war 52 Jahre alt und stammte aus einer Großbauernfamilie, im Krieg war er Leutnant. Er war verheiratet, hatte ein Haus in Schönebeck an der Elbe, in dem seine Frau und eine Tochter lebten. Gleich nach der Rückkehr aus englischer Gefangenschaft ging er auf Arbeitssuche nach Rostock. Zunächst war er auf der Warnow-Werft als Materialausgeber tätig, später im Rostocker Hafen. Er hatte eine Anderthalb-Zimmerwohnung in Warnemünde, hielt sich aber oft bei seiner sehr jungen Freundin in Rostock auf. In Abständen von vier bis acht Wochen fuhr er mit der Eisenbahn zu seiner Familie nach Schönebeck.

Die Vernehmung begann ich nach Klärung der allgemeinen Personalien und der Mitteilung über die Einleitung des Ermittlungsverfahrens wegen des Verdachtes der Spionage. H. wurde mit allen Formalitäten in die Untersuchungshaftanstalt eingeliefert und erhielt Anstaltskleidung. Es sollte der Eindruck entstehen, das MfS sei sich der Einleitung des Ermittlungsverfahrens wegen Spionage sicher. Auf Empfehlung meines Abteilungsleiters, der offenbar mehr über H. wußte als ich, trug ich in der Erstvernehmung Uniform; damals hatte ich den Dienstgrad Oberleutnant. Es war nicht zu übersehen, daß H. verängstigt war.

Die Hausdurchsuchung in Warnemünde förderte Spezialpapier und Geheimtinte sowie Adressen in Westdeutschland zutage. Der Verdacht erhärtete sich nun durch die Beweismaterialien.

In den ersten zwei Stunden machte H. keine Aussagen zu seinen Verbindungen nach Westberlin und zur Spionage. Das hatte ich auch nicht erwartet. Über die bei der Festnahme gefundenen Notizen über Schiffsbewegungen sagte er falsch aus. Ich unterbrach die Vernehmung und ließ gegen 13 Uhr den Beschuldigten vom Wachposten abholen. Dabei wurde er sichtbar unruhig und wollte wissen, was nun geschähe. Ich gab ihm eine nichtssagende Antwort und merkte, wie er zu zittern begann.

Der Grund der Unterbrechung war die Mittagspause.

Später erklärte er mir sein Unbehagen. Er war überzeugt, daß er wegen seiner falschen Aussagen nunmehr gefoltert werden würde. Nach zwei Stunden setzte ich die Vernehmung fort, ohne daß etwas Besonderes passierte. Seine Erregung hatte sich gelegt. Ich bestellte zwei Kännchen Kaffee und erklärte, daß ich seine Aussagen vergessen habe und darüber auch kein Protokoll anfertigen werde, wenn er beginne, die Wahrheit zu sagen. Da ich ruhig mit ihm sprach, ihn nicht anbrüllte und ihm seine Lage klarmachte, begann er über seine Verbindungen nach Westberlin zu sprechen. Er vermied Begriffe wie Geheimdienst, Spionageinformationen und versuchte, sein Tun zu bagatellisieren, aber er sprach wenigstens, und so gab es genug Ansprechpunkte. H. erklärte, ein früherer Arbeitskollege aus Rostock habe sich nach Westberlin abgesetzt und ihn gebeten, Informationen zu übermitteln. Dieser Bekannte habe sich schon immer für das Leben in Rostock interessiert.

Später erzählte er, wie es wirklich war.

Etwa 1956 war er von einem in Westberlin lebenden Kriegskameraden, den er hin und wieder besuchte, mit einem Geheimdienstmann in Verbindung gebracht worden. Dieser warb ihn an. Später wurde er mit weiteren BND-Mitarbeitern in Verbindung gebracht. Bei seinen im Abstand von vier bis acht Wochen erfolgten Fahrten zu seiner Familie benutzte er die Hin- oder Rückfahrt zu Treffs in Westberlin.

Zunächst sollte er über Militärtransporte und Stationierungen der Sowjetarmee und später auch der NVA berichten. Dazu erhielt er Anschauungsmaterial zum Erkennen von Waffen, Kriegsschiffen und anderem militärischen Material. Die Spionageaufträge wurden nach und nach erweitert. Später berichtete H. über ein- und auslaufende Frachtschiffe, informierte über Namen, Herkunftsländer und Ladungen. In Hunderten von schriftlichen und mündlichen Berichten lieferte er Informationen über Lieferungen von Holz, Baumwolle, Erze, Dünger, Stahl, Autos und Lebensmitteln sowie über Exportladungen. Aber auch Angaben über bauliche Veränderungen, Zustände der Straßen und Brücken, Stimmung der Bevölkerung u.s.w. enthielten seine Spionageberichte.

In Westberlin wurde er auch auf den Funkverkehr vorbereitet. Er wurde im Empfang und Entschlüsseln von Funksprüchen mit Hilfe von speziellen Rundfunkgeräten und sogenannten Konvertern (Frequenzumwandler) geschult und führte praktische Übungen durch. Diese Methode sollte praktiziert werden, wenn er aus irgendwelchen Gründen nicht mehr persönlich nach Westberlin kommen könne oder die Postverbindung unterbrochen sei. Ende 1958 hatte H. einen solchen Konverter und Codeunterlagen in einer als Champignonbüchse getarnten Konserve erhalten. Er hatte sie mit nach Schönebeck genommen und sie ungeöffnet in seiner Gesteinssammlung versteckt.

Meine Aufregung stieg nach diesen Aussagen. Ich fragte auf der Kreisdienststelle nach der Sammlung. Der Genosse bestätigte, daß sich unter den Steinen auch eine Champignonbüchse befunden habe, aber bei der Hausdurchsuchung unbeachtet geblieben sei. Ich wies auf das Funkempfangsgerät in dieser Büchse hin. Am nächsten Vormittag wurde das Haus erneut durchsucht und die Konservenbüchse sichergestellt, geöffnet und der Konverter sowie die Codeunterlagen gefunden.

Es war, soweit ich weiß, der erste Konverter, der bei einem BND-Spion gefunden wurde. In den folgenden 30 Jahren wurde in den MfS-Ausstellungen diese Champignonbüchse immer wieder gezeigt.

In den folgenden Tagen haben wir in Rostock mit Hilfe des beschlagnahmten Konverters die für die Spione in der DDR bestimmten Funksprüche abgehört. Für H. mit der Decknummer FO 1177 gingen keine Funksprüche ein.

Unser Verhältnis hat sich innerhalb der drei Wochen von Tag zu Tag verbessert. Dann kam die Order von der Hauptabteilung IX, das Ermittlungsverfahren sofort zwecks Vorbereitung eines Prozesses vor dem Obersten Gericht der DDR an die Hauptabteilung IX/1 (Spionageabwehr) zu übergeben. Deshalb fuhr ich mit H. und den Akten nach Berlin.

Im September 1959 fand ein Verfahren gegen drei Spione des amerikanischen Geheimdienstes und H. vor dem Obersten Gericht statt. Die Angeklagten, Zeugen und Gutachter bestätigten die in der Anklage dargelegten Verbrechen.

H. wurde zu lebenslanger Haft verurteilt und später ausgetauscht.

In der Hauptabteilung IX

Am 1. Juli 1960 wurde ich von Rostock nach Berlin versetzt. Ich sollte als Instrukteur die Untersuchungsabteilungen der Bezirke unterstützen und anleiten.

Zunächst wurde ich in der Hauptabteilung IX/1, d.h. bei der Spionageabwehr, eingesetzt. Gleich am ersten Tag wurde mir eine Person zugeteilt, die ohne operativen Vorgang auf frischer Tat festgenommen worden war. Die Beobachtungskräfte des MfS in Westberlin hatten festgestellt, daß der Reichsbahn-Oberamtmann C. in DR-Uniform die Zentrale des *Rundfunks im amerikanischen Sektor* (RIAS) aufgesucht hatte. Anschließend ging er in einen Tabakladen und kaufte zwei Kisten Zigarren. Daraus wurde geschlußfolgert, daß er im Sender Geld erhalten haben mußte. Und wofür zahlte diese Nachrichtenagentur? Es wurde darum entschieden, uns den Eisenbahner nach seiner Rückkehr in die DDR-Hauptstadt zuzuführen und zu vernehmen. In der Untersuchungshaftanstalt war er zunächst in einer sogenannten Wartezelle untergebracht worden, nach der Körperdurchsuchung wurde er zur Befragung vorgeführt.

Der 60jährige, kräftige Mann hatte neben den zwei Zigarrenkisten noch 350 D-Mark in der Tasche. Er kam aus Schwerin, wo er mit seiner Familie wohnte, war Eisenbahner seit jeher und gemäß Laufbahnordnung immer höher gestiegen. Sein Sohn arbeitete auch bei der Eisenbahn, die Schwiegertochter war als Pflegerin in einer Einrichtung für psychisch Kranke tätig.

Ich fragte ihn nach dem Grund seines Berlin-Aufenthaltes, was er in Westberlin gemacht habe und woher die Zigarren und das Westgeld stammten. C. erklärte mir, daß er wegen einer Dienstberatung nach Berlin gekommen sei, anschließend sei er in den Westteil gefahren, was ja nicht verboten wäre. Das Geld habe er von einem Verwandten vor mehreren Jahren erhalten.

Entgegen meiner sonstigen Taktik sagte ich ihm auf den Kopf zu, daß uns bekannt sei, daß er beim RIAS gewesen sei.

Er reagierte völlig gelassen und berichtete von gelegentlichen

Besuchen im RIAS-Gebäude. Dort habe er über die Stimmung und die gegenwärtige Versorgungslage in Schwerin berichtet. Er erzählte das, als wäre es die normalste Sache der Welt. Dafür gab es Honorar, pro Information an die 100 DM.

Im weiteren räumte er offenherzig sogar ein, Kontakt zu amerikanischen Diensten gehabt zu haben.

Ich war überrascht, nach so kurzer Zeit und ohne konkrete operative Hinweise ein Geständnis erhalten zu haben. Nun brauchte ich nur noch überprüfbare Details, um die Aussagen zu belegen.

C. berichtete über seine Aufgaben bei der DR. Er war verantwortlich für sämtliche sowjetische und NVA-Militärtransporte im Reichsbahnbereich Schwerin. Ihm waren die Beladung, die Abfahrts- und Zielorte sowie andere Details der Züge bekannt. Das waren Informationen, an denen die Geheimdienste größtes Interesse hatten. Ferner sagte C. aus, daß er am Tag der Festnahme auch ein Treffen mit einem Mitarbeiter des US-Geheimdienstes gehabt und ihm Berichte über die Militärtransporte der letzten vier Wochen übergeben hätte. Dafür erhielt er 400 DM.

Nach drei Stunden kam der Abteilungsleiter ins Vernehmungszimmer, um zu sehen, wie ich mit dem RIAS-Besucher zurechtkam. Ich ließ C. noch einmal seine Tätigkeit für den US-Dienst seit 1955 schildern und stellte mit Freude das Erstaunen meines Vorgesetzten fest. C. nannte Deckadressen, Namen von Geheimdienstmitarbeitern und Anschriften von Dienststellen, die schnell überprüft wurden. Einige davon waren dem MfS bereits bekannt. Ich versuchte, so viel wie möglich von den Aussagen zu protokollieren. Dadurch dauerte die Vernehmung mehrere Stunden, länger als sonst.

Die Haftunterlagen wurden angefertigt, C. dem Haftrichter vorgeführt und Haftbefehl gegen ihn erlassen. Danach setzte ich die Vernehmungen fort. Jedoch: C. war nicht mehr so aussagewillig wie am Vortage. Irgend etwas hatte ihn verändert.

Erst nach Tagen gab er sich wieder aufgeschlossener.

Was waren die Gründe für dieses merkwürdige Verhalten?

Ich sollte es am Ende erfahren. C. nahm zunächst an, er sollte überworben werden, d.h. aus dem Agenten des US-Dienstes sollte ein Doppelagent gemacht werden, der auch für das MfS arbeitete. Daher verhielt er sich kooperativ. Schließlich hoffte er, auf diese Weise heil aus der Sache herauszukommen. Bald jedoch merkte er, daß diese Absicht auf unserer Seite nicht bestand, er also mit juristischen Konsequenzen rechnen mußte. Darum verschloß er sich.

Nach einiger Zeit jedoch begriff er, daß er sich ohnehin schon zu sehr belastet hatte und allenfalls noch für ein milderes Urteil streiten konnte. Also mußte er ein Minimum an Gesprächsbereitschaft aufbringen. Was er nunmehr tat.

C. erwies sich als sehr intelligent und professionell.

Nach drei Wochen fuhr ich nach Schwerin. Noch einmal wurde das Haus durchsucht und die Ehefrau als Zeugin vernommen. Wir fanden Spezialpapier zum Anfertigen von Spionageberichten, die Frau wußte zudem, was ihr Mann getan hatte. Sie selbst war nicht aktiv, aber eben Mitwisser. Sie konnte die Tage nennen, an denen ihr Mann in Westberlin war.

Nach meiner Rückkehr bestätigte er, daß seine Ehefrau über seine Spionagetätigkeit informiert war.

Mehr noch: Er belastete seinen Sohn und seine Schwiegertochter. Das Paar lebte von 1955 bis Ende der 50er Jahre in Berlin (Ost), ehe es nach Schwerin umzog. In Berlin hatte der Mann für den französischen Nachrichtendienst gearbeitet und war von diesem als Funker ausgebildet worden. Aus der Wohnung im Prenzlauer Berg hatte er wiederholt gesendet. Das war 1956/57 von unserer Funkabwehr festgestellt worden. Doch es gelang nicht, den Sender zu orten und den Funkagenten dingfest zu machen. 1958 übergaben die Franzosen ihren Mann an die Amerikaner. Sodann warb der Sohn seinen Vater an. Er gab, bevor er nach Schwerin übersiedelte, das Funkgerät zurück, blieb jedoch dem Dienst verpflichtet. Seine Frau fungierte fortan als Kurier für ihn wie auch für ihren Schwiegervater.

C. gestand mir, daß seine Absicht darin bestanden habe, Sohn, Schwiegertochter und Ehefrau aus einer Strafverfolgung herauszuhalten. Deshalb habe er ein umfassendes Geständnis abgelegt. Das jedoch erwies sich als spekulativ. Alle wurden strafrechtlich zur Verantwortung gezogen.

Am 12. August 1961, einem Samstag, wurde ich gegen 14 Uhr zur Dienststelle beordert. Dort erfuhr ich mit anderen, daß Mitternacht für alle bewaffneten Organe der DDR Alarm ausgelöst werden würde. Die beiden Vize-Chefs meiner Hauptabteilung sollten Kontakt zu den VP-Inspektionen in Berlin halten, ich sollte als eine Art Dispatcher fungieren und über alle gemeldeten Vorkommnisse informiert werden.

Nach 0.00 Uhr trafen die anderen Mitarbeiter der Hauptabteilung ein. Die DDR schloß die Grenzen nach Westberlin und zur BRD. Schon bald gingen die ersten Meldungen ein, daß Personen versucht hätten, die Postenketten gewaltsam zu durchbrechen. Das waren Berliner, die im Ostteil der Stadt lebten und im Westteil arbeiteten (oder umgekehrt) und nunmehr nach Hause oder eben zur Arbeit wollten und nicht verstanden, daß dies nun nicht mehr gehen sollte.

Jene, die besonders aggressiv gegen die Posten vorgingen, sollten strafrechtlich zur Verantwortung gezogen und inhaftiert werden. Gleichzeitig wurde festgelegt, innerhalb der nächsten drei oder vier Tage einen öffentlichen Prozeß durchzuführen, um für Abschreckung zu sorgen. Noch am Nachmittag erhielt ich den Auftrag, einen solchen Fall zu untersuchen und schnell abzuschließen.

Es handelte sich um einen 22jährigen Westberliner, der nach Hause wollte. Er wurde an eine Passierscheinstelle verwiesen. Er zeigte den Polizisten den Vogel, schließlich lebe er in dieser Straße. Die Diskussion eskalierte, schließlich schlug er den Polizisten ins Gesicht. Mehr noch: Er forderte die Umstehenden auf, es ihm gleichzutun und sich mit dem Zustand, den er als willkürlich und unsinnig bezeichnete, nicht abzufinden. Die Randale war rasch beendet: Der kräftige Mann wurde festgenommen und in die Untersuchungshaftanstalt Magdalenenstraße gebracht. Dort nahm ich meine Arbeit als Untersuchungsführer auf.

Ich teilte ihm mit, daß gegen ihn ein Ermittlungsverfahren wegen Widerstandes und Angriffs gegen die Staatsgewalt, wegen Körperverletzung und Staatsverleumdung eingeleitet werde. Acht Volkspolizisten wurden als Zeugen vernommen.

Am Montag wurde Haftbefehl erlassen, und ich vernahm den jungen Mann zur Person und zum Sachverhalt. Er räumte alles ein. Nach zwei Tagen übergab ich alle Unterlagen dem Staatsanwalt.

Noch in der gleichen Woche fand vor dem Stadtgericht Berlin der erste Prozeß gegen Grenzdurchbrecher/Gewalttäter statt.

Es gab vier Angeklagte, die Medien berichteten ausführlich. Die Botschaft ging sowohl an alle Nachahmer wie auch an unsere Grenzschützer. Ihnen sollte damit gesagt werden, daß die DDR sich entschieden vor sie stellte.

Zwei Wochen zuvor hatte ich als Instrukteur der Hauptabteilung IX/4 aufgenommen. Ich arbeitete vorwiegend mit den Untersuchungsabteilungen der Bezirke Gera, Erfurt und Karl-Marx-Stadt zusammen. Einer der spektakulärsten Fälle meine Anfangszeit trug sich zu Beginn des Jahres 1962 in Thüringen zu. Ein 23jähriger aus dem Bezirk Gera ließ sich per Taxi Richtung Staatsgrenze fahren. Dann schlug er mit einem Holzhammer 33mal auf den Fahrer ein, tötete ihn dadurch und versuchte anschließend mit dem PKW einen Grenzdurchbruch. Dabei wurde er gestellt.

Derart brutale Übergriffe und Gewaltakte häuften sich in jener Zeit. Die Absicht, die DDR zu verlassen, ließ offenkundig bei manchem alle Hemmungen verschwinden. Aus diesem Grunde wurde entschieden, den Prozeß gegen den Taxi-Mörder Sp. vor erweiterter Öffentlichkeit in Gera durchzuführen. Zur Unterstützung wurde ich nach Thüringen beordert. Alle nur möglichen Beweismaterialien wurden herangezogen. Aber auch der Täter mußte darauf vorbereitet werden, daß etwa zweihundert Zuhörer im Saal sitzen würden. Wir teilten ihm die Gutachten sowie die Zeugen mit und womit diese ihn belasten würden. Unvorhergesehenes sollte also ausgeschaltet werden.

Der Tater machte auf mich einen durchaus sympathischen Eindruck, einen Mord würde man ihm niemals zutrauen. In der Hauptverhandlung schilderte er ausführlich, wie er alles geplant hatte, um in den Westen zu gelangen. Die Tötung eines dreifachen Familienvaters nahm er nicht nur billigend in Kauf, sondern sie war überhaupt Voraussetzung für den Grenzdurchbruch. Der Vorsitzende des Gerichtes führte mit viel Feingefühl die Verhandlung zu Ende. Doch er konnte die Empörung über das barbarische Verbrechen weder im Saal noch außerhalb des Gerichtes verhindern.

Wegen Mordes wurde Sp. zum Tode verurteilt.

Der Leiter der Bezirksverwaltung Gera bat Berlin, bis zur Vollstreckung des Urteils Sp. in die Hauptstadt zu verlegen. Da ich ihn inzwischen kannte, wurde ich für die Zeit seines Aufenthaltes in der Haftanstalt für seine Betreuung verantwortlich gemacht. Es bestand die Weisung, daß jeder Häftling mindestens einmal in der Woche vom Untersuchungsführer zum Gespräch aus dem Verwahrraum vorgeführt werden mußte. Das galt auch für die Zeit, in der der Untersuchungsvorgang abgeschlossen war und der Häftling darauf wartete, daß das Urteil rechtskräftig war.

Einmal in der Woche traf ich mich mit Sp. zu einem etwa einstündigen Gespräch. Das war keine sehr angenehme Begegnung, denn ich unterhielt mich mit einem Todeskandidaten. Ich war plötzlich in die Rolle eines Seelsorgers geraten. Ich riet Sp. zu einem Gnadengesuch und formulierte mit ihm das Schreiben an das DDR-Staatsoberhaupt.

Während unserer Gespräche tranken wir gemeinsam Kaffee und knabberten dabei Gebäck. Seine Hauptsorge schien aber darin zu bestehen, ausreichend Zigaretten zu bekommen. Auch dabei half ich ihm. In meiner Gegenwart schrieb er an seine Angehörigen. Es waren keine Abschiedsbriefe. Ich ging davon aus, daß der Staatsratsvorsitzende Walter Ulbricht von seinem Gnadenrecht Gebrauch machen würde und vermittelte Sp. auch diese Überzeugung.

Ich sollte mich nicht getäuscht haben. Ulbricht ließ das Todesurteil in eine lebenslange Haftstrafe umwandeln. Ich freute mich, als ich Sp. dieses Schreiben übergeben konnte. Von ihm fiel alle verständliche Anspannung ab.

Ich verhehle nicht, daß ich mich ebenfalls im Zwiespalt befand. Natürlich war Sp. ein Mörder, er hatte einem Menschen aus egoistischen Motiven das Leben geraubt. Auf der anderen Seite: Die Verwirklichung des alten biblischen Grundsatzes »Aug' um Auge, Zahn um Zahn« machte den Taxifahrer nicht wieder lebendig. Güte und Nachsicht, Gnade vor Recht hingegen sprachen eher für die Stärke eines Staates denn gnadenloses Handeln beim buchstabengetreuen Durchsetzen der Gesetze.

Sp. wurde alsbald in eine Strafvollzugsanstalt verlegt. Später wurde seine Strafe auf 15 Jahre heruntergesetzt, und in den 70er Jahren wurde er schließlich aus der Haft entlassen. Er arbeitete dann im Krankenhaus seines Heimatortes als Heizer und Hausarbeiter.

Im Präsidium der Deutschen Volkspolizei, in der Keibelstraße in Berlin-Mitte, wurde ein Bereich – bestehend aus mehreren Vernehmungszimmern und einem Dispatcher – geschaffen, wo zunächst geprüft wurde, was mit auf frischer Tat oder in straftatverdächtiger Situation festgenommenen oder aufgegriffenen Personen geschehen sollte. In diesem rund um die Uhr besetzten »Stützpunkt« wurde entschieden, ob der Festgenommene wieder entlassen, in eine Gesundheitseinrichtung eingeliefert oder bei Vorliegen einer Straftat das Ermittlungsverfahren durch die VP oder das MfS bearbeitet werden sollte. Dort habe ich viele Vorkommnisse geprüft.

Ende 1962 wurde an einer Grenzübergangsstelle eine Frau aufgegriffen, die sich mit einem Reisepaß der BRD auswies. Dieser war schon einige Jahre alt, das Paßbild entsprach nicht dem aktuellen Aussehen jener 40jährigen Person, die nach Westberlin wollte. Allerdings hatten schon wiederholt Personen auf diese Weise versucht, die DDR illegal zu verlassen. Eine gewisse Ähnlichkeit würde genügen, um mit einem fremden Paß und damit mit einer falschen Identität die Staatsgrenze zu passieren. Das war bekanntlich ein Straftatbestand und wurde juristisch verfolgt, wenn das »doppelte Lottchen« oder der Doppelgänger auffiel.

Die Überprüfung brachte zunächst kein Resultat: Die Kleidung wie der Tascheninhalt waren eindeutig nicht von hier.

Mir wurde die Aufgabe übertragen, den Sachverhalt zu klären. Gegen 20 Uhr wurde die Frau zugeführt. Sie tippte in den Paß, wo als »Besondere Merkmale« notiert war: taubstumm.

Trotz großer Bemühungen gelang es um diese Zeit nicht, einen zu finden, der die Gebärdensprache beherrschte. Es mußte also alles schriftlich abgewickelt werden. Frage notieren, hinüberschieben, Antwort schreiben, lesen, nächste Frage. So ging es hin und her.

Zum Foto bemerkte sie lediglich, es sei ein sehr ungünstiges.

Ich fragte, wo sie arbeite, was sie als Hamburgerin in Berlin gemacht habe, um ihre Feststellung, sie sei Bundesbürgerin, überprüfen zu können.

Sie schien keine meiner Fragen zu verstehen, denn die Auskünfte waren irgendwie sinnlos und unverständlich. Schließlich forderte ich sie auf, ihren täglichen Weg von ihrer Wohnung zum Arbeitsplatz zu schildern. Sie besaß weder PKW noch Fahrrad, wie sie mich wissen ließ. Ich wollte darum wissen, in welchen Straßen von wo bis wohin sie zu Fuß gehe, an welcher Haltestelle sie in welches Verkehrsmittel ein- und wieder aussteige bzw. umsteige.

In einer Pause hatte ich mir einen Stadtplan von Hamburg besorgt und konnte darum gleich überprüfen, ob das stimme, was sie notierte.

Wie sich zeigte, war sie auf eine solche Frage nicht vorbereitet. Sie geriet merklich ins Schlingern. Mir war klar, daß sie mir etwas vormachte. Ich beendete die Befragung und vertagte.

Am nächsten Tag würde mir überdies ein Gebärdendolmetscher zur Verfügung stehen.

Ich brachte, wie üblich, die Frau persönlich in die U-Haft. Wir gingen durch lange Flure und über Treppen, und da es bereits nach Mitternacht war, brannten nicht mehr überall die Lichter.

Der Gang schien die Frau zunehmend zu verunsichern, und plötzlich verweigerte sie die Gefolgschaft. Ich zog sie am Arm weiter, da sie mich ja angeblich nicht verstand. Doch auf einmal, o Wunder, fand sie ihre Sprache wieder. »Wo bringen Sie mich hin? Was passiert mit mir?«

Wir kehrten sofort in das Vernehmungszimmer zurück.

Nun erzählte sie zügig.

Sie hatte in der Tat den ordentlichen Paß von einer Schleuserorganisation bekommen. Mehr noch: Man hatte ihr auch die Kleidung getauscht, da man wußte, wir würden im Zweifelsfall die eingenähten Etiketten überprüfen, ebenso die Kosmetika in der Handtasche.

Aber vermutlich wäre die Sache spätestens aufgeflogen, wenn die »Taubstumme« mit einem Gebärdendolmetscher hätte kommunizieren müssen.

Bonn nahm die Maßnahmen der DDR am 13. August 1961 zum Anlaß, Firmen aus der BRD aufzufordern, die Messe in Leipzig zu boykottieren. Die DDR versuchte das zu kompensieren, indem sie die Einreisebedingungen für die westdeutschen Geschäftsleute erleichterte: Der Messeausweis genügte zur Ein- und Ausreise, ebenso der Personalausweis.

Diesen Umstand versuchten Westberliner Kriminelle zu nutzen.

Zu denen gehörte auch P., der bei einem Einbruch etwa 40 Blanko-Personalausweise erbeutet hatte. Er und drei weitere Kumpane nahmen die Messe zum Anlaß, DDR-Bürger auszuschleusen. Seine Frau wurde als Kurier aktiv und bestellte die »Kunden« nach Leipzig zu einem Vorbereitungstreffen ein. Die Viererbande reiste ebenfalls in die Messestadt.

Die DDR-Bürger kamen aus dem Berliner Raum, stellten Paßbilder zur Verfügung, und die Fälscherbande präparierte die Ausweise. Am Tage vor der geplanten Schleusungsaktion wurden die Ausweise ausgegeben. Übergeben wurden ferner sogenannte Spielsachen, die sie als Bundesbürger auswiesen, Instruktionen und natürlich der Messeausweis. Die potentiellen Flüchtlinge mußten zudem schriftlich erklären, nach ihrer Flucht diese zu bezahlen. Die Tarife bewegten sich bis zu 12.000 DM.

Frau P. wurde jedoch in Berlin (Ost) verhaftet. Sie informierte uns. Dadurch flog die Sache auf. Die rund vierzig Personen sollten in drei Gruppen mit sogenannten Interzonenzügen Richtung München, Frankfurt am Main und Hannover vom Leipziger Hauptbahnhof abreisen.

Ich wurde noch am gleichen Tage mit einem weiteren Genossen nach Leipzig in Marsch gesetzt, dort lief die Aktion bereits an. Im Hotel nahm man die vier Schleuser fest. Und von ihnen mußten wir die Namen der Geschleusten erfahren, die man bei der Grenzkontrolle aus den Zügen holen sollte.

Wir knackten den Widerstand der Ganoven beim Abendessen.

Auf ihrer Liste standen meist Ehepaare mit Kindern.

Gleichwohl: 34 Personen wurden von den Kontrollkräften ausfindig gemacht – acht aber nicht.

P. erhielt eine Haftstrafe von sieben oder acht Jahren. Er wurde vor der Zeit freigekauft und nahm in Westberlin eine Tätigkeit auf. Als Schleuser.

Völlig neue Aufgaben

1966 trafen sich die Generalstaatsanwälte der sozialistischen Staaten. Der wachsende Tourismus setzte neue Probleme auf die Agenda. Mit der Zahl der Reisenden stieg zwangsläufig auch die Zahl der Straftaten. Man kam überein, daß die im Ausland straffällig gewordenen Bürger in ihrem Heimatland juristisch verfolgt werden sollten.

Der Generalstaatsanwalt der DDR konsultierte die Minister des Innern und für Staatssicherheit. Man kam überein, daß erstens die Rückführung der im Ausland straffällig gewordenen DDR-Bürger durch das MfS erfolge und zweitens das MfS prüfe, ob das Ermittlungsverfahren von der Untersuchungsabteilung des MfS oder von der Kriminalpolizei der Volkspolizei bearbeitet werden müsse.

Im Frühjahr 1967 wurde mit den Staatssicherheitsorganen der CSSR, der Ungarischen Volksrepublik, der Volksrepublik Bulgarien und der Volksrepublik Polen vereinbart, *wie* die Übergaben erfolgen sollten. Prag übergab die Festgenommenen an der Grenzübergangsstelle Schmilka und Warschau an der Grenzübergangsstelle Frankfurt (Oder). Aus Budapest und Sofia wurden die Festgenommenen mit dem Flugzeug abgeholt. Auf Wunsch der CSSR erfolgten die Übernahmen ab 1970 ebenfalls mit dem Flugzeug in Prag und Bratislava.

Das MfS verfügte über ein eigenes Flugzeug, zuerst eine Maschine vom Typ AN 24, später vom Typ TU 134. Gelegentlich flogen auch Maschinen der Regierungsstaffel der DDR für das MfS.

Vom Leiter der Hauptabteilung Untersuchung (IX) wurde ich mit der Rückführung der im sozialistischen Ausland inhaftierten DDR-Bürger und der in der DDR inhaftierten Ausländer aus sozialistischen Staaten in ihre Heimatländer beauftragt. Das war für mich eine neue Aufgabe ohne bisherige praktische Erfahrungen auf diesem Gebiet.

Am 2. Juli 1967 flog ich mit der ausgemusterten IL 14, die

früher Staatspräsident Wilhelm Pieck nutzte, zusammen mit anderen Genossen erstmals nach Sofia. Ich sollte mich zunächst einige Wochen in Bulgarien mit den dortigen Verhältnissen vertraut machen.

Nach einer Woche erhielt ich Nachricht, daß Mitglieder einer Bundesligamannschaft während eines Fußballspiels in Varna versucht hatten, eine Familie aus Schwerin mit gefälschten Reisepässen auszuschleusen. Minister Mielke, ohnehin Fußballfan, wollte Details wissen. Ich flog nach Varna, um Einzelheiten zu erfahren.

Die Bundesligamannschaft und Offizielle waren mit einer Chartermaschine nach Varna gekommen. Die Pässe waren zusammen bei der Einreise-Kontrolle vorgelegt worden. Wie sich später herausstellte, hatte man drei BRD-Pässe hinzugeschummelt, die für eine aus Schwerin stammende Familie bestimmt waren, welche bei der Ausreise mitgenommen werden sollten. Die bulgarischen Grenzer knallten in alle Dokumente den Einreisestempel, ohne eine individuelle Kontrolle vorgenommen zu haben. Lediglich eine junge unter den Kontrolleuren war aufmerksam: Als Fußballfan ließ sie sich von jedem ein Autogramm geben.

Darum stutzte sie, als anderentags im Troß auch eine Frau und ein 13jähriger Junge waren, die ins Flugzeug wollten. Sie schlug Alarm. Nunmehr wurden die Pässe genau kontrolliert, was aber keine Widersprüche offenbarte. Alle trugen die Einreisestempel vom Vortag. Die Offiziellen der Mannschaft protestierten. Doch nach Prüfung aller Unterlagen stellte man fest, daß drei Menschen zuviel an Bord waren. Bei der Anreise waren dem Tower 25 gemeldet worden, nunmehr jedoch waren es 28.

Die Vereinsleitung erklärte, das könne nur ein Irrtum sein.

Die Maschine blieb am Boden.

Dann aber bekam einer weiche Knie und gestand.

Die Familie mußte das Charterflugzeug verlassen, die Reisepässe wurden beschlagnahmt. Der Organisator der geplanten Schleusung wurde in Varna nicht ermittelt, er reiste aus.

Der Junge wurde nach Berlin-Schönefeld zurückgeflogen und den Großeltern übergeben. Das Ehepaar kam in eine Haftanstalt nach Sofia.

Bei der Tätigkeit im Ausland mußte die Souveränität des Staates beachtet werden. Darauf legten die Justizorgane besonderen Wert.

Die Rechtshoheit untersagte mir als Ausländer strafprozessuale Maßnahmen und Handlungen. Bei Einsätzen im sozialistischen Ausland waren Vernehmungen von Personen streng verboten. Es war uns lediglich erlaubt, mit DDR-Bürgern ein Gespräch zu führen, um die Übereinstimmung mit den Untersuchungsergebnissen der Bruderorgane zu vergleichen. Die inhaftierten DDR-Bürger wurden jedoch veranlaßt, eigenhändig Niederschriften über die ihnen vorgeworfenen Straftaten anzufertigen.

Kontakte zu inhaftierten BRD-Bürgern, Westberlinern und anderen Ausländern waren uns im sozialistischen Ausland ebenfalls streng untersagt und haben bis 1989 auch nie stattgefunden.

Die bulgarische Grenzsicherung unterschied sich von der unsrigen. Die Grenze zur Türkei und Griechenland, zwei NATO-Staaten, lief über weite Strecken durch menschenleeres Gebirge. Oft befanden sich die Sicherungsanlagen drei bis fünf Kilometer vor dem eigentlichen Grenzverlauf. Der Grenzzaun aus Drahtgeflecht war mit elektrischen Signaldrähten durchsetzt, die beim Berühren Alarm bei den Grenzorganen auslösten. Die Grenzposten befanden sich zwischen Grenzsicherungsanlagen und Grenze, hatten also Raum und Zeit zum Handeln. Außerdem existierte eine Grenzsperrzone, die bis zu 15 km breit war. Sie durfte nicht betreten werden. Die Transitstraßen zu den Grenzübergangsstellen, die durch diese Zone führten, wurden durch Grenzposten gesichert.

Verschiedentlich kamen DDR-Touristen zu der Auffassung, daß wegen der starken Bewaldung und der äußerst geringen Bevölkerungsdichte ein Grenzdurchbruch in Richtung Türkei oder Griechenland machbar sei. Sie drangen in der Dunkelheit in die Grenzsperrzone ein, umgingen Dörfer und Gehöfte und mieden Straßen und Wege. So gelangten sie bis an die Grenzsicherungsanlagen. Nachdem sie stundenlang keine Grenzposten bemerkt hatten, überstiegen sie den Grenzzaun und glaubten sich bereits in der Türkei oder in Griechenland. Sie liefen ungedeckt weiter und waren völlig konsterniert, als plötzlich die alarmierten Grenzsoldaten vor ihnen standen und sie festnahmen.

Ihre Rückführung in die DDR erfolgte mit dem Flugzeug des MfS. Ein Festgenommener wurde von je einem Mitarbeiter bzw. von einer Mitarbeiterin der Untersuchungshaftanstalt Berlin begleitet. Ein Transport umfaßte bis zu acht Festgenommene und

Begleiter, eine Krankenschwester war immer dabei. Stellte sich beim Übernahmegespräch heraus, daß ein Festgenommener krank war, wurde zusätzlich ein Arzt als Begleiter eingesetzt.

Im Vorfeld wurde von mir, später von den anderen Mitarbeitern, entschieden, ob der Festgenommene in der DDR von der Deutschen Volkspolizei oder vom MfS weiter in einem Ermittlungsverfahren bearbeitet werden sollte. Oft liefen bereits wegen anderer krimineller Straftaten Ermittlungsverfahren. Von Berlin aus wurden die Überführten in die jeweiligen Bezirke verteilt.

1982 machten zwei Studenten aus Dresden an der bulgarischen Schwarzmeerküste Urlaub. Sie lebten über ihre Verhältnisse, das Geld ging ihnen bald aus. Sie überfielen eine offizielle Geldwechslerin: Sie gaben vor, DDR-Geld tauschen zu wollen. Als die Frau das Formular ausfüllte, umfaßte einer der Studenten sie von hinten und hielt ihr den Mund zu. Der andere wollte sich der Geldkassette bemächtigen, was ihm aber nicht gelang. Daraufhin schlugen beide die Frau, entwendeten ihr die Kassette und flüchteten. Die Frau schrie so laut, daß mehrere Bulgaren ihr zu Hilfe kamen. Sie verfolgten die Räuber, faßten und verprügelten sie. Nach Monaten noch sah man beiden die Spuren der Selbstjustiz an.

Die Miliz brachte sie in das Gefängnis nach Varna. Ihre Beute betrug einige hundert Lewa, zweihundert DDR-Mark, einige Dollar und einige Geldscheine anderer Währungen. Die Geldwechslerin mußte im Krankenhaus behandelt werden.

Aus ökonomischen Gründen – Geschädigte, Gutachten und sieben Zeugen – wurde entschieden, daß beide Studenten in Varna verurteilt werden sollten. Beide wurden zu je sechs Jahren Freiheitsentzug verurteilt. Ihre Berufung wurde verworfen. Sie kamen in die Haftanstalt für Verurteilte und mußten dort schwer arbeiten.

Später wandte sich das bulgarische Justizministerium an das DDR-Justizministerium zwecks Übernahme der beiden Studenten zur weiteren Strafverfolgung. Im Jahre 1980 war die sogenannte »Berliner Konvention« unterzeichnet worden, nach der die sozialistischen Staaten untereinander die Urteile anerkannten und Straftäter zur Verbüßung ins Heimatland überstellten. Beide Studenten kehrten in die DDR zurück und saßen dann hier ein.

Zu Beginn der 70er Jahre entwickelten kriminelle Menschenhändlerbanden neue Schleusungsmethoden. Dabei wurden BRD-Pässe unter Mißbrauch der Territorien anderer sozialistischer Staaten eingesetzt. Man machte sich den Umstand zunutze, daß Paßkontrollorgane der sozialistischen Staaten die Ein- und Ausreisestempel der Bruderstaaten nicht auf ihre Echtheit prüfen konnten. Jeder Staat hatte sein eigenes, streng gesichertes, meist auf chemischer Basis entwickeltes Sicherungssystem bei den Stempelfarben. Um die Sicherungssysteme untereinander abzustimmen, wäre eine für alle sozialistischen Staaten zuständige Zentrale notwendig gewesen, die es aber nicht gab.

Für alle sozialistischen Staaten aber galt: Wer einen Einreisestempel im BRD-Reisepaß hatte, konnte auch in jedes Land wieder ausreisen. Dank der chemischen Industrie des Westens waren die Chemiecodes der Stempelfarben entschlüsselt und nachgebaut worden. Und wie sollte etwa ein rumänischer Grenzer bei oberflächlicher Kontrolle feststellen, daß der DDR-Stempel eine Fälschung war?

Durch einen IM in einer Menschenhändlerzentrale wurde dem MfS bekannt, daß eine Aktion unter Verwendung falscher BRD-Reisepässe über die Volksrepublik Polen geplant war. Der Zeitpunkt war bekannt. Weiter wußten wir, daß der Kurier über Schweden nach Warschau mit dem Flugzeug einreisen würde. Mit einem Mitarbeiter, der die operativen Probleme mit den polnischen Genossen beraten sollte, flog ich nach Warschau. Von den polnischen Genossen wurden wir umfassend unterstützt. Mehrere polnische Beobachtungsgruppen wurden in Bereitschaft versetzt.

Wir warteten zwei Tage auf dem Warschauer Flugplatz auf den Kurier. Täglich flog nur ein Flugzeug von Stockholm nach Warschau und wieder zurück. Am zweiten Tag kamen mit dem Flugzeug nur zwei Frauen und ein Mann aus Stockholm, die sich mit BRD-Reisepässen auswiesen. Beide Frauen wurden von polnischen Bürgern vom Flugplatz abgeholt. Demnach mußte J. der Kurier sein. Er wurde unter operative Kontrolle genommen. Er mietete sich in ein Hotel ein, suchte die Gaststätte eines anderen Hotels auf und wartete. Innerhalb von drei Stunden nahmen dort nacheinander drei Ehepaare, ein Mann und eine Frau Kontakt zu ihm auf.

Danach suchten diese acht Personen das Büro der polnischen Fluggesellschaft Lot auf und buchten einen Flug für den nächsten Tag von Warschau nach Sofia. Dadurch wurden uns auch die Personalien der acht Personen bekannt. Es waren sechs Berliner und zwei Potsdamer.

Mein Mitstreiter und ich buchten Tickets für den selben Flug.

Von Berlin aus wurde Sofia auf unser Kommen und den Ablauf der Aktion vorbereitet. Die Überprüfungen ergaben, daß wir zehn und J. die einzigen Deutschen an Bord sein würden, die nach Sofia flogen.

Die DDR-Bürger bildeten zwei Gruppen zu je vier Personen. Alle acht besaßen eine staatliche Reisegenehmigung der DDR-Organe für eine Touristenreise nach Bulgarien. Diese Genehmigung war notwendig, sonst hätten sie das Flugzeug nach Sofia nicht benutzen dürfen. Alle Beteiligten nahmen in der IL 18 Platz, die nur zu zwei Drittel besetzt war.

Nach dem Start steuerte J. jeden einzelnen DDR-Bürger an. Ohne jegliche Vorsichtsmaßnahme entnahm er seiner Handgelenktasche einen grünen BRD-Reisepaß, verglich das Foto und übergab das Dokument. Dann flüsterte er noch jedem etwas zu. Sie sollten in der Toilette ihre DDR-Papiere entsorgen.

Nach der Landung in Sofia hatte es J. sehr eilig. Per Taxi begab er sich zum Hotel »Pliska« und informierte von dort telefonisch seinen Auftraggeber in Westberlin.

Die am Himmel geborenen Bundesbürger wurden jedoch aus der Schlange gewunken und zum Warten aufgefordert. Ein Bulgare saß dabei, der gut deutsch sprach, dies aber nicht erkennen ließ.

Zwanzig Minuten herrschte absolute Funkstille, keiner sagte etwas. Nach vierzig Minuten verlangte einer der Männer Auskunft, warum sie nicht einreisen dürften. Es kam die lapidare Antwort, eine Rückfrage in Warschau sei nötig. Es entstand sichtbar Unruhe. Nach zweieinhalb Stunden wurden die Männer in einen gesonderten Raum gebeten. Auf meine Empfehlung hin baten die bulgarischen Genossen die drei, ihre und die Personalien ihrer Ehefrauen auf die Einreisekarten für Ausländer nichtsozialistischer Staaten einzutragen. Ich war überzeugt davon, daß kaum einer im Flugzeug die im Reisepaß vermerkten Angaben seines Partners auswendig gelernt hatte.

Die drei Männer verhielten sich sehr zurückhaltend und taten so, als hätten sie die Aufgabe nicht verstanden. Schließlich sagte einer: »Ich mache nicht mehr mit. Ich gebe auf.« Auch die anderen kapitulierten schließlich.

Die Aktion war geplatzt. Die acht Personen wurden festgenommen und in das Untersuchungsgefängnis Sofia eingeliefert. Wenig später erfolgte auch die Festnahme von J. im Stadtgebiet von Sofia. Einige Wochen später sprach ich vor Ort mit jedem einzelnen. Sie konnten sich nicht erinnern, daß ich Mitflieger von Warschau nach Sofia gewesen war. Ich habe sie auch nicht weiter aufgeklärt.

In Berlin wurden vier Kuriere und Organisatoren von Menschenhändlerbanden inhaftiert, je einer in Sofia, in Budapest, Prag und Warschau. Es wuchs der Gedanke, in einem Prozeß der internationalen Öffentlichkeit zu zeigen, mit welchen Methoden Westberliner Menschenhändler die Territorien anderer Staaten mißbrauchten und dabei von staatlichen Dienststellen in Westberlin und in der BRD unterstützt wurden.

Der Generalstaatsanwalt der DDR griff die Idee auf, entschloß sich zur Anklageerhebung vor dem Stadtgericht Berlin und beauftragte seine Staatsanwälte mit der Vorbereitung eines Prozesses. Die DDR-Staatsanwälte ersuchten in Sofia, Budapest, Prag und Warschau um zeitweilige Überstellung der dort inhaftierten Menschenhändler für die Dauer des Prozesses, damit sie als Zeugen aussagen konnten.

Die Justizorgane dieser Staaten taten sich schwer mit ihrer Zustimmung. Es war bisher nicht vorgekommen, daß inhaftierte BRD-Bürger zeitweise an einen anderen Staat zur Teilname an einem Prozeß als Zeugen übergeben wurden. Unser Ansinnen rief juristische Bedenken hervor, obwohl die bestehenden Rechtshilfeverträge eine solche Unterstützung zuließen und vertraglich festgelegt waren.

Zu jener Zeit hielt sich Minister Mielke zu einem Erholungsurlaub in Bulgarien auf und plante ein Treffen mit dem bulgarischen Innenminister, der gleichzeitig auch für Staatssicherheitsfragen zuständig war. Bei dieser Begegnung wollte er auch die zeitweilige Überstellung von J. in die DDR erörtern, damit dieser als Zeuge vor dem Stadtgericht Berlin auftreten konnte. Aus diesem Grunde wurde ich nach Varna beordert, um Mielke die notwendigen Informationen für das Gespräch mit seinem Amtskollegen zu überbringen.

Ich hatte noch nie persönlich mit Mielke zu tun gehabt und fragte einige, die sich mit ihm auskannten. Wichtigste Verhaltensregel: unter keinen Umständen ihm widersprechen!

Im grauen Anzug, mit weißem Hemd und Binder meldete ich mich pünktlich am bewachten Eingang des Erholungsheimes für bulgarische Politbüromitglieder am Goldenen Strand. Ich wurde bereits erwartet und zum Minister geführt. Der lag mit Badehose am Strand und sonnte sich, neben im lag seine Frau. Ich meldete mich mit Dienstgrad und Name zum Rapport. Er schob den Strohhut in den Nacken, musterte mich von oben bis unten und befahl, ich solle mich im Duschraum strandmäßig herrichten.

Als ich mit Turnhose und Aktentasche wieder neben ihm stand, schickte er seine Frau weg. »Du siehst, Genosse, der Minister hält sich auch daran. Dienstliche Dinge sollen nur diejenigen erfahren, die damit etwas zu tun haben. Ehefrauen hat das nicht zu interessieren.«

Er forderte mich auf, mich neben ihn zu hocken. Im Unterschied zu ihm war ich käseweiß. Überdies war mein Körper mit Beulen und Eiterpusteln übersät. »Was hast du für eine Krankheit?« Er wirkte sichtlich irritiert.

»Keine Krankheit, Genosse Minister. Ich bin allergisch gegen Flohstiche.«

»Flohstiche?«

»Seit ich in Bulgarien bin, werde ich in jedem Bus, jedem Taxi, in jedem Restaurant und Hotel von ihnen überfallen.«

Mielke warf mir einen mißbilligenden Blick zu, als wäre ich selbst daran schuld. »Bloß gut, daß meine Frau das nicht gehört hat, sonst würde sie auf sofortige Abreise bestehen ...«

Er fragte mich, wer den Bericht über J. verfaßt habe. Der sei streckenweise falsch. Ich konnte die Frage nicht beantworten.

Mielke begann über das geplante Gespräch mit dem bulgarischen Innenminister zu sprechen und erwähnte, daß der ihm bekannte Untersuchungsführer N. als Dolmetscher fungieren würde.

Ich sagte, daß N. das Ermittlungsverfahren gegen J. bearbeitet habe und den Sachverhalt kenne.

Er wollte mit dem Bulgaren über den Mißbrauch des Territoriums der DDR sprechen, über die Kurierfahrten von J. und seine Treffs an der Transitstrecke BRD-Westberlin.

Trotz Warnung widersprach ich.

Wir hätten keine Hinweise auf einen Mißbrauch des DDR-Transits. Auch die Bulgaren hätten dazu nichts ermittelt.

Mielke knurrte. Ich merkte, daß ihm mein Widerspruch mißfiel.

Er fuhr jedoch mit seinen Ausführungen fort.

Er behandelte jetzt das Thema: J. in der DDR-Hauptstadt.

»Genosse Minister, es tut mir leid: Unsere Überprüfungen und die Feststellungen von J. gegenüber den Bulgaren, die ich von N. erfahren hatte, bestätigen diese Feststellungen nicht.«

Jetzt wurde Mielke heftiger und wollte wissen, *wer* die Überprüfungen durchgeführt habe und wie zuverlässig der Genosse sei.

Die Spannung zwischen uns war zu greifen.

Er insistierte, wechselte dann das Thema. Da es keine Flugverbindung zwischen Westberlin und Warschau gab, mußte nach seiner Überzeugung J. entweder per Bahn oder Auto, also über DDR-Gebiet, in die polinische Hauptstadt gelangt sein.

Ich mußte ihm zum dritten Male widersprechen.

»Dann erklär du mir, wie er angeblich dorthin gekommen ist.«

Er war sauer.

»Der ist von Tegel nach Frankfurt am Main geflogen, von dort nach Stockholm und von da weiter nach Warschau. Ich habe ihn dort selbst aus der schwedischen Maschine steigen sehen.«

Mielke sah mich mit seinem strengen Blick sekundenlang wortlos an. Dann sagte er: »Bloß gut, daß ich dich herbestellt habe. So erfahre ich, wie es wirklich war.« Nunmehr richtete sich sein Unmut gegen den Verfasser des ihm vorliegenden Berichtes.

Als er sich beruhigt hatte, fragte er, nun schon ein wenig milder im Ton, was ich sonst so mache.

Ihm sei zu Ohren gekommen, daß vor einigen Tagen die Hauptabteilung Untersuchung einige Personen inklusive 92 Goldmünzen an die polnischen Organe übergeben habe. Das sei völlig falsch gewesen, wetterte er, dem Zuständigen werde er die Löffel langziehen, wenn er nach Berlin zurückkäme.

Ich habe die die Münzen übergeben, sagte ich, weil das so zwischen den sozialistischen Staaten vereinbart ist. Wenn wir straffällig gewordene DDR-Bürger im Ausland abholten, bekämen wir ebenfalls alle in ihrem Besitz befindlichen Währungen und Sachwerte als Beweismittel ausgehändigt. In diesem Falle handelte es sich um eine zehnköpfige Zigeunerfamilie aus Polen, die von uns bei einer versuchten Ausschleusung nach Westberlin gestellt worden waren. Wir haben die Personen und die Münzen, südafrikanische Krügerrand, völlig korrekt den Polen ausgehändigt.

»Und es gab keine Möglichkeit ...?«

Ich schüttelte den Kopf.

»Gut, dann nehme ich meine Kritik zurück.«

Das Gespräch dehnte sich und wurde immer länger. Er habe selten Gelegenheit, mit Genossen aus der Praxis zu sprechen, sagte Mielke zur Begründung seiner Fragen, die sehr ins Detail gingen. Nach dreieinhalb Stunden wurde ich entlassen.

Mit einem ordentlichen Sonnenbrand.

Anfang der 80er Jahre ließ ich mir in Budapest von der dortigen Untersuchungsabteilung der Staatssicherheit die Akten von in U-Haft befindlichen DDR-Bürgern erläutern, als mich die Nachricht erreichte, eine 18jährige Dresdnerin sei beim Versuch, die ungarische Staatsgrenze illegal nach Österreich zu passieren, ums Leben gekommen. Mich interessierten die Umstände, die zu ihrem Tod führten. Für die Tote selbst war der Konsul bei der Botschaft der DDR zuständig. Dieser hatte die Leiche zu übernehmen und die Hauptabteilung Konsularische Angelegenheiten des MfAA in Berlin zu informieren. Die wiederum benachrichtigte den Rat des Kreises, der die Angehörigen der Toten in Kenntnis setzen mußte. Die Familie mußte dann entscheiden, was mit der Leiche geschehen sollte: Beisetzung in Ungarn oder Rückführung in die DDR. Die Realisierung war wiederum Aufgabe des Konsuls.

Die junge Frau war in Begleitung ihrer 19jährigen Freundin gewesen. Beide waren Friseurlehrlinge, hatten Urlaub in Budapest gemacht und offenkundig spontan entschieden, sich via Österreich in die Bundesrepublik durchzuschlagen. Am Stadtrand von Budapest hatten sie etliche Brummi-Fahrer angesprochen, ob sie sie nicht mitnehmen könnten. Sie würden, nun ja, mit Naturalien zahlen.

Die meisten Männer winkten ab, das Risiko war ihnen zu groß. Für eine schnelle Nummer den LKW und die berufliche Zukunft zu riskieren, schien ihnen nicht akzeptabel. Ein junger

Österreicher jedoch stimmte zu. Er fuhr einen Tankwagen, in dem noch 15 cm Rohöl schwappten. 15 Kilometer vorm Grenzübergang ließ er die beiden Sächsinnen mit Gummistiefeln in den Tank steigen.

Es kam, wie es kommen mußte. Die Luft wurde knapp. Eine wurde bald bewußtlos, die andere klopfte mit dem Armreif gegen die Tankwand, bis die ungarischen Grenzer die Luke öffneten. Unmittelbar danach verstarb das eine Mädchen, das andere kam ins Hospital. Von dort wurde es nach drei Tagen in die U-Haft überstellt. Dort sprach ich nun mit der jungen Frau.

Der österreichische Kraftfahrer wurde in Budapest wegen fahrlässiger Tötung zu zweieinhalb Jahren Freiheitsentzug verurteilt, sein Tankwagen beschlagnahmt. Die 19jährige überführte ich später in die DDR. Das Ermittlungsverfahren gegen sie wurde in Dresden weiterbearbeitet.

Zwei Prostituierte aus Berlin waren in den Jahren 1972 bis 1977 im Sommer in Budapest und am Balaton tätig. In der DDR waren Westberliner und BRD-Bürger ihre Kunden und in Ungarn Ausländer aus westlichen Staaten. Sie wechselten in Ungarn nach einer Woche die Hotels und die Orte, um nicht ins Visier der Milizorgane zu gelangen. Jeweils am letzten Abend bestahlen sie überdies ihre Kunden und verschwanden am nächsten Tag an einen anderen Ort. Fette Beute machten sie bei ihren Aufenthalten im Kurort Heves, als Scheichs aus den Emiraten zur Kur dort weilten. Sie raubten ihnen Gold und große Geldsummen. Nicht alle Geschädigten zeigten den Diebstahl an.

Schließlich wurden beide festgenommen und ihre Straftaten aufgeklärt. Der ungarische Generalstaatsanwalt bat um Übernahme des Ermittlungsverfahrens. Ich sprach mit den beiden Frauen in den Dreißigern, nachdem sie wie üblich ihre Straftaten niedergeschrieben hatten. Auch ungarische Vernehmungsprotokolle lagen uns vor. Sie wurden mit dem Flugzeug nach Berlin gebracht und an die Kriminalpolizei zur weiteren Bearbeitung übergeben.

Die Sache war, ich räume es ein, ziemlich pikant und erklärt den Wunsch der Ungarn, daß wir die Sache diskret behandeln sollten.

Im VEB Carl Zeiss Jena wurden bekanntlich auch elektronische Komponenten für Militärtechnik entwickelt. Die berühmte Multispektralkamera, die in der Weltraumforschung eingesetzt wurde, war vielleicht nur die Spitze des Eisberges. In sowjetischen Atomraketen und Marschflugkörpern steckte auch viel Elektronik aus Thüringen.

Drei junge Physiker aus Jena, die sich ihres Wertes bewußt waren und mit ihrem Können im Westen eine steilere Karriere zu machen glaubten, beschlossen der DDR den Rücken zu kehren.

Über Ungarn wollten sie nach Jugoslawien, weil sie glaubten, daß dort die Grenze weniger gesichert sei als die nach Österreich. Von Zalaegerszeg fuhren sie per Anhalter nach Lenti, etwa zehn Kilometer von der ungarisch-jugoslawischen Staatsgrenze entfernt. Dort wurden sie den ungarischen Grenzorganen als Verdächtige gemeldet. Am Tage versteckten sie sich in Getreide- und Maisfeldern, nachts liefen sie weiter. Obwohl sie sehr vorsichtig waren, standen die drei unter ständiger Kontrolle. Kurz vor der Staatsgrenze gerieten sie in einem Maisfeld an einen Stolperdraht und eine Leuchtrakete ging hoch. Ganz in der Nähe befanden sich die Grenzposten und nahmen sie fest. Von zwei ungarischen Grenzposten begleitet wurden die Festgenommenen in eine etwa 3 km entfernte Kaserne der Grenztruppen gebracht. Danach erfolgte ihre Weiterleitung nach Budapest in die Untersuchungshaftanstalt. Wenige Tage später führte ich mit jedem ein Übernahmegespräch, ließ ein Geständnis niederschreiben und brachte sie mit dem Flugzeug nach Berlin. In der Untersuchungshaftanstalt Magdalenenstraße wurden sie zum Weitertransport nach Gera übergeben, wo das Ermittlungsverfahren bearbeitet wurde.

Nach etwa 14 Tagen erhielt ich von dort einen Anruf. Man beabsichtige, das Ermittlungsverfahren auf Spionage zu erweitern. In einer Socke hätten sie streng geheime Forschungsunterlagen auf Film bei sich gehabt. Leider brauche man Socke und Film: Die müsse in Ungarn irgendwo im Straßengraben liegen, denn auf dem Weg zur Kaserne habe sich der eine, um seine Nordurft zu verrichten, seitwärts in die Büsche geschlagen und die Socke nebst Film entsorgt.

Ich ließ mir eine Wegeskizze und Beschreibungen schicken und flog damit nach Budapest. Meine ungarischen Partner waren sofort zur Hilfe bereit. Mit dem PKW fuhren wir zum Gebäude der ungarischen Grenzorgane bei Lenti. Die beiden Grenzposten, die die Physiker nach der Festnahme zur Grenzstation gebracht hatten, erwarteten uns bereits. Gemeinsam liefen wir den Weg bis zur Unterkunft ab. Wir fanden schließlich die Socke mit dem Film.

Auf meine Bitte vernahm der mich begleitende ungarische Untersuchungsführer die Grenzposten als Zeugen und gab mir die Protokolle.

Ich schlug vor, die Grenzposten, die beim Auffinden der Socke beteiligt waren, mit einer Armbanduhr auszuzeichnen. Ich fuhr also noch einmal nach Lenti, um ihnen das Geschenk der DDR zu übergeben und ihnen zu danken.

Ende der 70er Jahre wurde in der CSSR, in der Nähe der Staatsgrenze zu Österreich, ein junges Ehepaar aus der DDR festgenommen. Bei der 28jährigen Frau wurden über 30.000 Mark der DDR, einige tausend D-Mark sowie Dollar und reichlich Goldschmuck sichergestellt: mehrere Brillantringe, Kettenanhänger und ein Brillantcollier sowie etwa 15 Goldringe und Armreifen. Dieses Vermögen schien zunächst unerklärlich. Auch der Ehemann konnte über die Herkunft des Geldes und des Schmuckes keine plausible Erklärung abgeben. Die tschechischen Genossen hatten wenig Interesse an der Klärung der Herkunft der Wertgegenstände. Beim Übernahmegespräch wurde dem auch keine besondere Aufmerksamkeit gewidmet. Der Sachverhalt zum Grenzdurchbruch war eindeutig geklärt, alles andere sollte in der DDR, in der Abteilung IX der Bezirksverwaltung Berlin, untersucht werden.

Als die Frau auf dem Hof der Haftanstalt in Prag in einen Omnibus geführt wurde, der sie zum Flugzeug fahren sollte, wollte sie ihrem Ehemann eine Papierkugel übergeben. Der Kassiber, etwa 8 mal 12 cm groß, enthielt Angaben, die der Ehemann bei Vernehmungen in der DDR machen sollte.

Sie hatten in Berlin eine vermögende Frau getötet, wie wir schließlich ermittelten. Der Raubmord war geplant. Um sich ein Alibi zu verschaffen, reisten sie in die CSSR, kehrten illegal über die Grüne Grenze in die DDR zurück, erschlugen die Witwe und gingen bei Oberwiesenthal wieder in die CSSR.

Der Kassiber hatte sie schließlich verraten.

Eine kriminelle Menschenhändlerbande aus Frankfurt am Main entwickelte um 1980 eine Schleusungsmethode unter Verwendung von BRD-Reisepässen. Die Route führte über den Flughafen in Prag, und man benutzt Lufthansa-Maschinen. Diese flogen aus Frankfurt am Main Prag am Morgen und am Abend an und kehrten nach einer Stunde wieder zurück.

Mit der Morgenmaschine kam A. und reiste offiziell ein. Vor dem Flugplatz übergab A. an B. seinen Reisepaß mit dem aktuellen Einreisestempel mit den Sicherungsmerkmalen.

B. war bereits am Vortag aus der BRD gekommen.

Er flog als A. mit der Morgenmaschine nach Frankfurt zurück. Dort untersuchten die Spezialisten den Einreisestempel im Reisepaß von A. Sie analysierten die aktuellen Sicherungsmerkmale und kopierten sie. Damit wurde rasch ein für einen DDR-Bürger bestimmter BRD-Reisepaß gefertigt. Es wurde das Paßbild eingearbeitet und gesiegelt, Personalien eingetragen und der tschechische Einreisestempel angebracht.

Am Abend des selben Tages flog C. mit seinem Reisepaß um 18 Uhr nach Prag, in der Tasche den Reisepaß von A. und den gefälschten BRD-Reisepaß für den Ostdeutschen. In Prag gab C. den Paß an A. zurück, der nun wieder aus der CSSR ausreisen konnte. Der DDR-Bürger erhielt seinen BRD-Reisepaß und wurde instruiert.

Bei dieser Schleusungsmethode war es sehr schwierig, die Fälschung festzustellen.

Dennoch blieb es den Tschechen nicht verborgen, daß mehrere Personen als BRD-Bürger ausgeflogen waren, die vorher nicht in die CSSR eingereist waren. Mehrere Bandenmitglieder wurden festgenommen und verurteilt. Bei der Bearbeitung der Ermittlungsverfahren kam heraus, daß auf die gleiche Weise auch Bürger der CSSR, Polens und der UdSSR ausgeschleust worden waren. Und daß diese aufwendige Praxis nicht ohne Hilfe von BRD-Beamten möglich gewesen wäre.

1986 sollte ich aus Moskau einen 35jährigen Erfurter abholen, der wegen illegalen Aufenthaltes in der Sowjetunion inhaftiert worden war. Angaben zu einer Straftat wurden nicht gemacht. Ich machte mich kundig. Der gelernte Autoschlosser R. hatte ein Maschinenbaustudium aufgenommen und war 1972 wegen Faulheit exmatrikuliert worden. Danach vagabundierte er durch die DDR, verübte Einbrüche und wurde wegen Wehrdienstverweigerung und mehrfachen Einbruchdiebstahls mit Haftbefehl gesucht. 1974 verlor sich seine Spur, und es wurde angenommen, daß er die DDR illegal verlassen hatte. Allerdings dachten wir nur in Richtung Westen.

Ich flog zwei Tage vor dem geplanten Rücktransport mit einer Dolmetscherin nach Moskau. Nach unserer Ankunft begaben wir uns sofort zur Untersuchungshaftanstalt in Moskau-Lefortowo. Bei dem Gespräch mit den sowjetischen Genossen entdeckte ich auf ihren Gesichtern ein gewisses Lächeln. Sie erklärten uns, daß R. sich über zwölf Jahre illegal in der Sowjetunion aufgehalten habe, was man für unvorstellbar hielt. Dieser Fall habe, als er bekannt wurde, in der Sowjetunion für Aufregung gesorgt. Was ich verstand.

Am zweiten Tag studierte ich die umfangreiche Akte und sprach mehrere Stunden mit R. Mehrere Einbruchdiebstähle und der Einberufungsbefehl zum Wehrdienst hatten ihn zur Flucht veranlaßt. Aufgrund seiner russischen Sprachkenntnisse entschloß er sich, in die Sowjetunion zu gehen. Zunächst durchwatete er die Neiße, durchquerte Polen auf Güterzügen und per Anhalter in Richtung Osten. Südlich von Lwów drang er illegal in die Ukraine ein.

R. hatte einen Personalausweis der DDR bei sich, in dem sich mehrere Ein- und Ausreisestempel der Volksrepublik Bulgarien befanden. Wenn auch unleserlich, so konnte man die kyrillischen Buchstaben erkennen. Damit täuschte er die sowjetischen Milizorgane, wenn er kontrolliert wurde. Er behauptete, das seien sowjetische Einreisestempel, das notwendige Visum habe er verloren.

Während seines Studiums hatte er Freundschaften zu sechs Sowjetbürgerinnen geschlossen. Deren Adressen wies er bei Kontrollen vor und erklärte, die Frauen besuchen zu wollen. Die sechs Adressen waren über den gesamten europäischen Teil der Sowjetunion verteilt. Überprüfungen bestätigten seine Angaben – die Frauen gab es tatsächlich.

Besonders in ländlichen Gebieten fand er schnell Kontakt zu Familien und besonders zu Frauen. Man bot ihm Unterkunft und Verpflegung an. Er half in der Landwirtschaft und bei der Reparatur von Maschinen in Sowchosen und Kolchosen. Verschiedentlich hatte er reguläre Arbeitsverhältnisse und wurde dafür auch gut bezahlt. So kam es in den ersten Jahren vor, daß er sich monatelang an einem Ort aufhielt. Auf diese Weise kam er bis zum Kaspischen Meer und überquerte es auf einem Schiff. Danach hielt er sich drei oder vier Jahre in Turkmenistan, Usbekistan und schließlich in Kasachstan auf, wo viel deutschstämmige Sowjetbürger wohnten. Nach und nach verbesserte er seine russischen Sprachkenntnisse. Er wurde Spezialist für sowjetische Autos und Maschinen und durch seine deutschen Tugenden ein sehr beliebter und anerkannter Arbeiter.

Ihn trieb es aber immer weiter nach Osten, und so gelangte er nach zwölf Jahren mit Güterzügen der Transsibirischen Eisenbahn bis in die Nähe von Skoworodino, jener Stelle, wo die Transsibirische Eisenbahn nach Süden geht. In dieser Gegend gibt es riesige Holzverladestationen. Dieses Gebiet ist für Kriminelle reizvoll: Von dort kann man in die Taiga entschwinden und wird niemals mehr gefunden. Auch R. wollte dort für immer untertauchen.

Das war den Milizorganen bekannt. Die Stationen wurden ständig observiert. So geriet auch R. zufällig ins Netz. Den erfahrenen Milizionären konnte er nicht weismachen, daß die bulgarischen Ein- und Ausreisestempel in seinem DDR-Personalausweis angeblich sowjetische Stempel seien.

Er kam zunächst nach Chabarowsk und später nach Moskau.

Auf dem Rückflug von Moskau nach Berlin erzählte mir R., daß er sich so an das Leben in der Sowjetunion gewöhnt habe und vermutlich freiwillig nie wieder in die DDR zurückgekehrt wäre. Er bekam einige wenige Monate Haft, dann ließen wir ihn laufen.

Nur die Sowjets interessierten sich brennend für seine Berichte. Sie wollten schließlich wissen, wie einer zwölf Jahre unbemerkt in ihrem Riesenreich leben konnte – um Wiederholung zu verhindern.

Wie erreichten wir Geständnisbereitschaft?

Bei den Diplomatenbesuchen in der Magadalenstraße waren die Vorgespräche wichtig. Wir legten großen Wert darauf, daß der oder die Inhaftierte gegenüber dem Vertreter seines Staates selber erklärte, daß er bzw. sie gegen die Gesetze der DDR verstoßen und dies auch eingeräumt habe. Nicht einer sollte unter dem Verdacht stehen, er sei grundlos oder gar willkürlich festgenommen worden.

Nicht alle gestanden alles. Das war normal: Wer belastete sich freiwillig mehr, als ihm nachgewiesen werden kann. Aber der Tatvorwurf wurde stets zugegeben und im Vernehmungsprotokoll bestätigt bzw. in eigenhändigen Niederschriften dokumentiert.

In den Gesprächen vor und nach den Besuchen mit den Inhaftierten brachten die StäV-Mitarbeiter oft ihre Verwunderung über diese Tatsache zum Ausdruck. Sie wußten, daß die Geständnisse ohne Anwendung oder Androhung von Repressalien oder Gewalt erzielt worden waren. Die StäV-Mitarbeiter, vor allem die studierten Juristen, zeigten großes Interesse daran, *wie* die Untersuchungsführer des MfS diese hundertprozentige Geständnisrate erreichten.

Auch von meinen Partnern bei den anderen Justizorganen und im Außenministerium sowie im sozialistischen Ausland wurde ich damals zuweilen gefragt, worauf die Erfolge der Untersuchungsarbeit des MfS zurückzuführen wären.

Dafür gab es völlig normale Erklärungen – die aber nach 1990 nicht mehr galten. Stattdessen wurden Legenden kolportiert, die zwar nicht der Realität, wohl aber dem Wunschdenken jener entsprachen, für die der »Unrechtsstaat DDR« ein kriminelles Gemeinwesen war, wo weder Recht noch Gesetz existierten. Also so etwas wie Guantanamo heute.

Das ist alles Unsinn. Mißhandlungen, Schläge, Folter oder Androhung von Gewalt gehörten nicht zum Repertoire der MfS-

Untersuchungsarbeit. Das wußte man damals auch im Westen. Die Diplomaten der Ständigen Vertretung der BRD haben bei ihren Häftlingsbesuchen in der Magdalenenstraße den Inhaftierten regelmäßig versichert, daß sie körperliche Mißhandlungen nicht zu befürchten haben.

Seit Auflösung des MfS wurde meines Wissens nicht ein einziger Untersuchungsführer wegen Anwendung von Gewalt oder Folter bei der Durchführung einer Vernehmung strafrechtlich zur Verantwortung gezogen. Und zwar nicht deshalb, weil man keinen fand, sondern weil es keinen gab.

So gesehen sind die Untersuchungsabteilungen des MfS durch die deutsche Justiz vom Foltervorwurf entlastet.

Wenn aber die Geständnisse nicht erpreßt oder herausgeprügelt worden sind: Warum gab es sie dann?

Ein übergreifendes Problem unserer Vernehmungsstrategie und -taktik ergab sich aus dem Gegenstand unserer Tätigkeit. In der Strafprozeßordnung der DDR war der Verantwortungsbereich der Untersuchungsorgane des MfS fixiert. Das waren Ermittlungen bei Staatsschutzdelikten, wie man heute sagt. Und diese Verbrechen und benachbarten Straftaten richteten sich naturgemäß gegen den sozialistischen Staat. Die Täter handelten häufig aus einer verfestigten, stark ausgeprägten DDR-feindlichen Einstellung.

Diese äußerte sich in den Vernehmungen in offenem Haß und Vorurteilen gegenüber dem MfS. Darauf mußte sich jeder Untersuchungsführer einstellen. Grundregel Nr. 1 einer erfolgreichen Vernehmungstaktik lautete also: das Vorurteil und die daraus resultierende Erwartungshaltung des Beschuldigten nicht bedienen. Das eigene Verhalten und die Gesprächsführung so gestalten, daß die Vorurteile des Vernommenen unterlaufen werden. Also die Klischees nicht bedienen, sondern zertrümmern. Die Diskrepanz zwischen Erwartetem und Tatsächlichem sorgt nicht nur für Verunsicherung, sondern auch für Vertrauen.

Einem DDR-Bürger, der die nicht kalkulierbare Gefahr einer illegalen Grenzpassage in Bulgarien auf sich genommen hatte, um in den Westen zu gelangen, konnte und wollte ich in der Vernehmung nicht davon überzeugen, daß die DDR der bessere deutsche Staat sei, weshalb es ein Fehler sei, ihr den Rücken zu kehren. Ich wollte weder Vorhaltungen machen noch missionieren, das war nicht meine Aufgabe. Ich hatte Fakten zusammenzutragen. Nur diese zählten bei der Feststellung, in welcher Weise Gesetze übertreten worden waren. Und ich hatte die mögliche Angst zu nehmen, daß die Konsequenzen grausam und ohne jedes Maß sein würden. Insofern war jedes Gespräch eine vertrauensbildende Maßnahme.

Regel Nr. 2: Entscheidend ist die Kontaktphase. Der erste Eindruck war wesentlich für den weiteren Umgang. Fiel man mit der Tür ins Haus, konnte man bereits alles verspielen. Die Staatsmacht trat dem Inhaftierten in der Gestalt des Vernehmers erstmals entgegen. So wie er sich präsentierte, wie er sich benahm, wie er auf den Inhaftierten einging, hatte das auch Folgen für dessen Verhalten.

Der Vernommene sollte sich auf die ungewohnte Situation einstellen können, er sollte »warm« werden und seine Hemmungen abbauen, die ihn noch von einem Geständnis abhielten. Der Untersuchungsführer mußte bestrebt sein, vom ersten Moment der Begegnung an das Gespräch aufrecht zu erhalten. Er mußte sich auf das Niveau des Gesprächspartners einstellen, ihn nicht über-, aber auch nicht unterfordern. Das Gesprächsthema spielte dabei eine untergeordnete Rolle. Smalltalk zum »Auftauen« – Beruf, Hobby, Familie, Fußball, Wetter etc.

War Kommunikationsbereitschaft da, haben wir erst einmal erzählen lassen. Er sollte über alles reden, was er für wichtig hielt. Ich habe geduldig zugehört, höchstens hin und wieder die Stirn gerunzelt oder mit den Augen gerollt. Er sollte merken, daß ich zuhörte, auch wenn ich ihn nicht unterbrach oder gar widersprach. Ich hörte zu, ermunterte mit knappen Worten oder Gesten zur Fortsetzung des Berichtes, vermied aber alles, was von ihm als Identifizierung oder Zustimmung aufgefaßt werden konnte. Eine kritische Distanz zum Vernommenen mußte gewahrt bleiben. In jeder Situation mußte klar sein, wer das Gespräch und dessen Verlauf bestimmte. Fragen stellte ich und der Festgenommene sollte antworten, aber bitte wahrheitsgemäß: ich wollte wissen, wie es wirklich war, nicht mehr aber auch nicht weniger.

Als Ziel der Vernehmung wird in der kriminalistischen Theorie und Praxis oft das Geständnis des Vernommenen angesehen. Das galt natürlich auch für die Untersuchungsorgane des MfS. Das zu erwähnen halte ich angesichts des Vorurteils für wichtig, bei uns habe ein »Gesinnungsstrafrecht« geherrscht. Ein Geständnis, die Offenbarung von strafbaren Handlungen, definierten einen Straftatbestand. Damit war eine gesetzte Strafrechtsnorm erfüllt. Aussagen über die politische Einstellung der Beschuldigten, über ihre Ablehnung der DDR oder des Sozialismus, waren kein Geständnis. Sie waren auch nicht justitiabel. Das beeindruckte uns nicht. Für die Aufklärung des vorliegenden Straftatverdachts war es auch nichts wert. Ein Geständnis muß überprüfbare Fakten zu den ausgesagten, belastenden, strafrechtlich relevanten Handlungsumständen enthalten. Ein Geständnis war nur etwas wert, wenn es wahr war.

In der Praxis kam es aber zuweilen auch zu falschen Geständnissen, und auch ich blieb davon nicht verschont. Die Ursachen eines falschen Geständnisses waren vielfältig. Der erfahrene Vernehmer erkennt das falsche Geständnis daran, daß es sich oft im Schuldeingeständnis erschöpft und die Schilderungen zu den objektiven Umständen der Straftat meist konturlos und nicht überprüfbar sind. Ob ich – in Vorbereitung auf die Erstvernehmung eines Beschuldigten – mir eine Vernehmungsstrategie zurechtlegte, die auf die Erzielung eines Geständnisses gerichtet war oder nicht, hing von den vorliegenden Beweisen ab. War das vorhandene Beweismaterial im Hinblick auf den Straftatvorwurf eindeutig – beispielsweise die Mitteilung eines zuverlässigen IM über einen Aufenthalt des Verdächtigen in einer Westberliner Spionagedienststelle –, dann habe ich mein Vorgehen im Regelfall auf die Erlangung eines Geständnisses ausgerichtet. Das bedeutete, daß ich dem Vernommenen in allgemeiner Form deutlich zu erkennen gab, daß »wir« alles über ihn wüßten, sein Leugnen völlig sinnlos sei und er seine Lage nur verbessern könne, wenn er reinen Tisch mache.

Ein Geständnis fällt jedem Straftäter schwer; ein Spion liefert sich damit seinem Feind aus.

Das Ziel meiner Vernehmungstaktik bestand darin, beim Beschuldigten Motive dafür zu entwickeln oder zu stärken, daß er sich bewußt zu einem wahrheitsgemäßen Geständnis entschloß. Das konnten sehr unterschiedliche Motive sein. Naheliegend war, ihm bewußt zu machen, daß er auf jeden Fall verurteilt werden würde, weil es die Beweislage hergab. Es ging also nicht mehr um das *Ob*, sondern um das *Wie lange*.

Er solle an sich und seine Zukunft denken, sagte ich. Ein freimütiges Schuldeingeständnis wäre ein erster Schritt zur Reue und zur Distanzierung von seinen Auftraggebern. Das honoriere jeder Richter.

Bei jenen, die in den Westen wollten und die davon wußten, daß die Ausreise am schnellsten über den Knast lief, machten wir deutlich, daß Voraussetzung für eine Abschiebung in die Bundesrepublik die rechtskräftige Verurteilung durch ein DDR-Gericht sei. Je eindeutiger und klarer in der Beweisaufnahme alles war, um so rascher könne das Verfahren abgeschlossen werden.

Anhand verschiedener Episoden habe ich dokumentiert, daß die Zielstellung der Erstvernehmung nicht in jedem Fall ein Geständnis war und auch nicht sein konnte. Reichte das vorliegende Beweismaterial – bezogen auf den Straftatvorwurf – nicht aus, konnte es nur die Klärung des Sachverhalts sein, so das Beispiel des Bäckers mit den Hakenkreuzbrötchen oder die Verbindung einer jungen Frau zu einem Arzt in Westberlin, von dem sie Präparate zur Förderung des Brustwachstums bezog.

Voraussetzung jeder erfolgreichen Vernehmungstaktik war auch in solchen Fällen vor allem Sachlichkeit und kriminalistische Beweisführung. Der Untersuchungsführer mußte während der Vernehmung hellwach, er durfte keinen Moment unaufmerksam sein. Stets mußte er die Aussage des Beschuldigten mit den Fakten aus anderen Beweisquellen sowie mit früheren Aussagen des Beschuldigten abgleichen, Widersprüche und Ungereimtheiten erkennen und einer Klärung zuführen, entweder gleich oder später.

Vernehmungspsychologisch von besonderer Bedeutung ist für jeden Vernehmungsbeamten die Befragung des Beschuldigten zur Person, wenn er diese nicht als vom Gesetz vorgeschriebenes notwendiges Übel, sondern als Quelle zur Vervollkommnung seiner Vernehmungstaktik gestaltet und begreift. Die Herkunft und Erziehung, das Elternhaus, die Umstände der Schul- und Berufsausbildung, Erfolge und Rückschläge im Beruf und im Privatleben, die Beziehungen zu Freunden, Lebenspartnern und Feinden prägen die Persönlichkeit jedes Menschen. Der Vernehmer erfährt dabei fast alles, was für das Verhalten des Betreffenden maßgeblich ist. Für die Vernehmung zur Person habe ich sehr viel Zeit aufgewandt. Oft habe ich mich mehrere Tage mit dem Beschuldigten über seinen Lebenslauf, seine Einstellungen, seine Interessengebiete, seine Erfolge und seine Enttäuschungen im Leben unterhalten.

Solche relativ entspannten Unterhaltungen, die mit der Straftat nicht unmittelbar zu tun hatten, waren auch für den Beschuldigten wichtig, da er dadurch sich ein Bild vom Vernehmer machen konnte. Meinen Fragen und Bemerkungen konnte er entnehmen, ob ich ihm zuhörte, ob ich mich in seine Lage hineinversetzen, ob ich ihn verstehen konnte oder wollte usw. Zuspruch und Verständnis tut jedem gut, zumal in kritischer Lage. Und Haft ist nun einmal eine komplizierte Lebenssituation.

Der Untersuchungsführer war für den Beschuldigten während mehrmonatiger Untersuchungshaft der einzige Mensch, mit dem er über alles ausführlich reden konnte.

Ich erinnere mich an einen Fall, in dem mir das offenkundig gut gelungen war, was schon fast peinlich war. Eine junge Frau äußerte sich in einem Brief an ihre Eltern: »Mit meinem Vernehmer habe ich großes Glück gehabt. Er ist trotz seiner Tätigkeit Mensch und ich kann mich mit ihm über alles unterhalten.«

Mitunter schlug das Zutrauen also gar in Zuneigung um.

Naturgemäß gehörte zu jeder Vernehmungstätigkeit auch die gründliche Vorbereitung und Planung der Untersuchung. Eine sorgfältige Planung zwang zur ständigen Analyse des vorliegenden Beweismaterials und war vor allem für die Festlegung von Vorhalten in der Vernehmung unverzichtbar. Nach der DDR-Strafprozeßordnung mußten den Beschuldigten im Verlauf der Ermittlungsverfahren die vorhandenen Beweismittel vorgelegt werden, damit er sich dazu äußern konnte. Auch dies wollte überlegt sein und mußte sich in die Vernehmungsstrategie einordnen. Es machte einen Unterschied, ob ein Beschuldigter mit einem Vorhalt der Lüge überführt werden sollte oder ob die Vorlage eines Beweismittels lediglich die Richtigkeit der bisherigen Aussagen bestätigte. Im ersten Fall mußte man vor der Vernehmung sehr genau überlegen, wie der Vorhalt vorbereitet werden sollte. Hartnäckigem Leugnen konnte man hier erfolgreich begegnen, wenn man den Beschuldigten zunächst in Sicherheit wiegte, ihn sich auf die Unwahrheit festlegen ließ, um ihn dann in Form des Vorhalts mit der Wahrheit zu konfrontieren.

Gut vorbereitet und situationsbezogen vernehmungstaktisch

geschickt umgesetzt, kann und soll ein solcher Vorhalt zu einer nachhaltigen Verunsicherung des bisher (in Teilbereichen) leugnenden Beschuldigten führen und Grundlage für ein kooperatives Aussageverhalten schaffen. In der Vorbereitung auf die Vernehmung machte man sich auch Gedanken über die Art und Weise der Fragestellung, mögliche Reaktionen des Beschuldigten darauf und wie diesen begegnet werden sollten.

Rückblickend muß ich allerdings feststellen, daß man eine Vernehmung nicht vorausschauend simulieren kann. Die Vernehmung lebte vom Frage- und Antwortgeschehen und den damit verbundenen Nuancen menschlicher Kommunikation. Und das ließ sich nicht vorausdenken wie in einem Schachspiel. Es kam auf die situationsgebundene, aktuell richtige Fragestellung und Reaktion an.

Selbstverständlich gehörte zu meiner Kriminalistik-Ausbildung, die verschiedenen Fragearten (offene Fragen, geschlossene Fragen, Lenkungsfragen) voneinander zu unterscheiden und richtig einzusetzen. Dabei warnte man uns vor der Gefahr von Suggestivfragen und vor Bluff, und wir lernten, auf welche Lügensymptome beim Beschuldigten zu achten war und wie man darauf reagierte. Das alles war außerordentlich wichtig. Aber entscheidend war die Fähigkeit des Untersuchungsführers, dies alles in der Vernehmung erfolgreich anzuwenden und umzusetzen. Voraussetzung dafür waren in erster Linie Menschenkenntnis und die Fähigkeit, mit dem Beschuldigten möglichst schnell ein gutes Verhältnis zu entwickeln und eine lockere Kommunikation aufzubauen.

Ich glaube, darin lag das »Geheimnis« erfolgreicher Vernehmungstaktik der Untersuchungsorgane des MfS.

Sinti und Roma und die DDR-Justiz

In der DDR gab es nach 1945 keine Ansiedlungen von größeren Roma-Gruppen, wie dies bis heute in Ost-, West- und Südeuropa üblich ist. Diese ethnischen Gruppen waren auch in der Untersuchungsarbeit des MfS kein Thema, da sie nur selten Gegenstand von Untersuchungshandlungen waren. Von der Vernehmungstaktik her stellten Zigeuner jedoch jedes Mal eine besondere Herausforderung dar, denn sie legten grundsätzlich kein Geständnis ab und offenbarten sich uns gegenüber nie.

Die Untersuchungsorgane des MfS wurden hin und wieder mit solchen Personen konfrontiert, weil das Territorium der DDR von den verschiedenen Clans aus Ost- und Südeuropa, vornehmlich aus Polen, zur Schleusung nach West- und Nordeuropa genutzt wurde. Es wurden jeweils ganze Familien (Ehepaare mit mehreren Kindern) geschleust.

Bei der Sitzenbleibermethode reiste eine Zigeunerfamilie aus der BRD oder Westeuropa in die DDR ein und übergab die Einreisedokumente an die osteuropäische Zigeunerfamilie, die damit in die BRD oder nach Westberlin ausreiste. Die nunmehr ausweislose Zigeunerfamilie meldete danach ihre Papiere als verloren oder gestohlen.

Oder sie statteten die Campingwagen mit doppeltem Fußboden und doppelten Seitenwänden aus. In den Hohlräumen versteckte man ganze Familien.

In den Jahren nach 1970 nahm diese Art von Schleusungsversuchen zu. Die erwachsenen Zigeuner wurden inhaftiert, die Kinder in Kinderheimen der Volksbildung untergebracht. Ich erinnere mich an einen Fall, an dem auch ein einjähriges Mädchen mit aufgegriffen wurde, das die Mutter noch stillte. Es wurde sichergestellt, daß die Mitarbeiterinnen des Haftkrankenhauses dafür sorgten, daß der Säugling dreimal täglich mit der Milch seiner Mutter versorgt wurde.

Die auszuschleusenden Zigeunerfamilien gelangten oft schon in den Personenverstecken illegal in die DDR und wurden erst bei der versuchten illegalen Ausreise nach Westberlin oder die BRD, mit der Fähre nach Dänemark bzw. Schweden auf frischer Tat gestellt. Die Sinti und Roma, die durch Paßtausch versuchten, illegal auszureisen, hatten meist Pässe für Staatenlose oder Fremdenpässe. Sie sprachen nicht deutsch und verstanden auch hinzugezogene Dolmetscher nicht. Erst wenn sie etwas vom Haftanstaltspersonal oder vom Untersuchungsführer wollten, etwa Zigaretten, fanden sie die deutsche Sprache wieder. Die deutsche Schrift beherrschten nur die wenigsten und auch nicht einmal diejenigen, die sich ständig in der BRD aufhielten. Sie provozierten nicht, verhielten sich vorwiegend diszipliniert und waren bestrebt, immer als freundliche Personen zu erscheinen.

Das MfS war daran interessiert zu erfahren, welche Hintermänner mit welchen Methoden die Schleusungen von Zigeunern von Ost nach West organisierten. Wir wollten wissen, wer die Aktionen organisierte, bezahlte, die Beteiligten anwarb und die internationalen Verbindungen knüpfte. Um die eingeleiteten Ermittlungsverfahren abschließen zu können, mußte der konkrete Tatbeitrag jedes einzelnen dokumentiert werden.

Ein unmögliches Verlangen.

Es mußte zum Beispiel geklärt werden, wer den PKW mit dem Campingwagen gefahren hatte. Zu diesem Zweck wurden die drei Festgenommenen zum PKW gebracht mit dem Hinweis, die Plätze so einzunehmen wie bei ihrer Festnahme. Sie setzten sich so, daß der Fahrerplatz frei blieb. Aber einer der drei mußte ja der Fahrer gewesen sein, einen vierten hatte es nicht gegeben!

Wir haben Stunden verbracht, um das zu klären.

Alles vergeblich, keiner war dazu zu bewegen, den Platz hinterm Lenkrad einzunehmen.

So verhielten sie sich bei allen Detailfragen. Der Tatbeitrag des einzelnen war darum nicht feststellbar. Es dauerte eine Weile, bis uns bekannt wurde, daß innerhalb der Clans strenge Regeln des Zusammenlebens herrschten. Jeder Zigeuner, der mit staatlichen Organen kooperierte, Aussagen machte oder andere belastete, wurde aus der Sippe ausgestoßen und von keinem anderen Clan wieder aufgenommen. Das bedeutete für den einzelnen den Untergang, manche sprachen von Tod.

Ich erhielt von meinem Vorgesetzten den Auftrag, bei meinen Dienstreisen in die sozialistischen Staaten Erkundigungen einzuholen, wie man dort damit umgehe. Sie hatten auch keine Rezepte, aber die gleichen Probleme wie wir.

Die Zahl der inhaftierten Zigeuner nahm zu. Zur Verwunderung aller meldete sich der renommierteste und bekannteste Rechtsanwalt der DDR, Prof. Dr. Friedrich Karl Kaul, als Verteidiger. Er konsultierte sich mit dem Generalstaatsanwalt der DDR, und es wurden Lösungen gesucht. Das MfS meldete ebenfalls seine Interessen an, insbesondere hinsichtlich der Organisatoren und Hintergründe der Schleusungen. Es wurde entschieden, daß die aus Polen eingereisten und zur Schleusung nach Westberlin vorgesehenen Zigeunerfamilien an die polnischen Sicherheitsorgane übergeben wurden einschließlich des mitgeführten Familienbesitzes, meist in Form von Goldmünzen.

Überraschend erschienen eines Tages der Zigeunerkönig mit Gefolge und sein »Bürgermeister« jener Zigeunersippe, die damals im Raum Moers am Niederrhein seßhaft war, in der Dienststelle des Generalstaatsanwaltes der DDR und sorgten für Unruhe.

Ein Beauftragter des Generalstaatsanwaltes empfing Zigeunerkönig und »Bürgermeister«, wie der Verhandlungspartner zwischen Zigeunerclan und örtlichen Organen hieß. Das Oberhaupt verlangte die Freilassung aller inhaftierten männlichen und weiblichen Zigeuner und die Übergabe ihrer Kinder.

Es wurde erläutert, daß die Zigeuner seiner Sippe und andere Clans aus Belgien und Schweden das Territorium der DDR mißbrauchten und nicht bereit seien, an der Aufklärung von Straftaten mitzuwirken.

Der Zigeunerkönig erklärte, daß er bereit sei, »seine« Familienmitglieder zu wahrheitsgemäßen Aussagen zu veranlassen, wenn die DDR-Organe auch ihm entgegenkämen.

Nach Rücksprache mit dem Generalstaatsanwalt wurde dem Angebot zugestimmt.

Wenig später trafen der Zigeunerkönig und sein »Bürgermeister« in der Magdalenenstraße 14 ein. Sie sprachen mit jedem inhaftierten männlichen Zigeuner. Dabei unterhielten sie sich in einer Sprache, die niemand verstand. Ein Dolmetscher stand nicht zur Verfügung. Für uns war es äußerst interessant zu sehen, wie man miteinander umging. Dem Zigeunerkönig wurden die Hände geküßt, einige Inhaftierte knieten vor ihm nieder und warfen sich fast in den Staub. Das Oberhaupt forderte sie offensichtlich auf, künftig über die Straftat auszusagen. Die Zigeuner nickten nur, und es hatte den Anschein, als wollten sie so handeln, wie es von ihnen verlangt wurde. – Und tatsächlich: Die inhaftierten Personen waren nunmehr aussagebereit.

Als wir den Zigeunerkönig baten, auch mit den inhaftierten Zigeunerfrauen zu sprechen, lehnten er und der »Bürgermeister« dies ab mit dem Hinweis, daß die Frauen ihrer Ansicht nach sowieso keine Aussagen machen könnten, da sie von nichts wüßten.

Am nächsten Tag übergaben wir sieben Kinder und Jugendliche und den Säugling samt Mutter an den Zigeunerkönig. Auf Vermittlung von Prof. Dr. Kaul wurden die drei Zigeunerfrauen vier Tage danach aus der Haft entlassen und an den Zigeunerkönig übergeben. Bei dieser Begegnung wurde nochmals auf den Mißbrauch des Territoriums der DDR auch durch andere Zigeunerclans aus Belgien und Schweden hingewiesen und gebeten, Einfluß darauf zu nehmen. Der Zigeunerkönig sicherte zu, daß Angehörige seiner Sippe in Zukunft keine Schleusungen mehr über die DDR durchführen werden. Eine solche Zusage für Angehörige anderer Clans könne er allerdings nicht geben.

Die weitere Aufklärung der einzelnen Schleusungsaktionen war nunmehr nicht mehr schwierig. Der Generalstaatsanwalt der DDR wies in diesem Zusammenhang an, nur die Organisatoren der Schleusungen zu verurteilen. Die Mitläufer wurden nach und nach entlassen und das Ermittlungsverfahren gegen sie eingestellt. Etwa acht Zigeuner wurden verurteilt und nach der Hälfte der verbüßten Strafe, etwa 18 Monate, vorzeitig aus der Strafhaft entlassen. Vier davon wurden nach Schweden ausgewiesen.

Während der Strafhaft haben sich die Zigeuner diszipliniert verhalten, haben gut gearbeitet und die Arbeitsnorm erfüllt. Einer der Entlassenen bat mich bei der Verabschiedung, ich möchte bitte keinem Zigeuner erzählen, wie gut er in der Haft gearbeitet habe, denn künftig wird er nie wieder arbeiten. Ich habe ihm seine Bitte erfüllt.

In den folgenden Jahren nahm die Zahl der Schleusungsversuche über die DDR immer mehr ab. In den 80er Jahren gab es nur noch ganz wenige. Offenbar hatte der Zigeunerkönig auch Einfluß auf andere Clans genommen.

Gedanken nach 15 Jahren

Die DDR wollte eine andere Gesellschaftsordnung aufbauen, und dazu benötigte sie auch spezifische Grundlagen. Ihre Gesetze unterschieden sich teilweise von denen der BRD und anderen westlichen Staaten. Diese gesellschaftliche Notwendigkeit wird heute gern übersehen und negiert. Im Kern jedoch waren wir wie sie.

Die Mitarbeiter der Sicherheits- und Justizorgane waren nach meinen Erfahrungen allesamt bemüht, die Gesetze der DDR konsequent einzuhalten, anzuwenden und entsprechend zu handeln.

Alle mir bekannt gewordenen Mitarbeiter der Untersuchungsorgane des MfS, der anderen Sicherheitsorgane, der Justizorgane und ich selbst fühlten uns der Durchsetzung der sozialistischen Gesetzlichkeit verpflichtet.

Nicht nur in der Ständigen Vertretung war bekannt, daß in den Haftanstalten der DDR nicht mißhandelt, vergewaltigt oder Gewalt gegen Menschen verübt wurde. Wäre es anders gewesen, hätte die Bundesrepublik die Sache nicht nur öffentlich gemacht, sondern wäre dagegen auch politisch und wirtschaftlich vorgegangen.

Trotzdem ordnete die Kohl-Regierung nach dem 3. Oktober 1990 die Schaffung der *Zentralen Ermittlungsstelle Regierungs- und Vereinigungskriminalität* (ZERV) an und schickte mehrere hundert Vernehmer der Kriminalpolizei aus den alten Bundesländern in den Osten, um gegen ehemalige Mitarbeiter des MfS, der Deutschen Volkspolizei, der Nationalen Volksarmee und der Justizorgane der DDR zu ermitteln.

Bis zum Ablauf der völlig unbegründet verlängerten Verjährungsfrist wurden gegen 100.000 Personen Ermittlungsverfahren eingeleitet.

Oftmals haben die Betreffenden erst nach Monaten oder gar nicht davon erfahren. Ich kenne ehemalige Mitarbeiter der Untersuchungsabteilung des MfS, gegen die allein über 25 Ermittlungsverfahren eingeleitet worden waren, wobei sich die Vorwürfe als völlig unbegründet erwiesen haben.

Die BRD-Justiz wollte unbedingt nachweisen, daß das MfS die von einigen Personen behaupteten und gern kolportierten Greueltaten auch wirklich begangen habe. Welche Folgen die Hetzjagd hatte, ist kaum zu beschreiben, einzelne trieb sie zum Suizid.

Im Jahre 1991 erlitt meine Mutter, eine anerkannte Widerstandskämpferin gegen den Faschismus, einen seelischen Zusammenbruch.

Die BRD-Justiz hatte ihren Sohn wegen »Beihilfe an der Erschießung von DDR-Bürgern an den Grenzen Bulgariens« und wegen »Entführung eines Westberliner Bürgers aus Ungarn in die DDR« an den öffentlichen Pranger gestellt.

Den Aufforderungen zur Vernehmung bin ich nachgekommen und habe dort die gegen mich erhobenen Vorwürfe widerlegt. Anhand der Rechtshilfeverträge DDR-UVR konnte ich nachweisen, daß die von mir geleitete Überführung eines amerikanischen Spions, eines Westberliners, von Budapest nach Berlin völkerrechtlich korrekt und der Vorwurf der Entführung absurd war.

Mehrere Anrufe beim Staatsanwalt waren jedoch notwendig, ehe ich eine schriftliche Mitteilung erhielt, daß das Ermittlungsverfahren gegen mich eingestellt worden sei.

Der größte Teil der mir bekannten Beschuldigten hat über die Einstellung des gegen sie eingeleiteten Ermittlungsverfahrens nie etwas erfahren. Mancher ist inzwischen verstorben und hat mit dem Gefühl diese Erde verlassen, es werde noch immer über ihn zu Gericht gesessen.

In DDR-Zeiten gab es solche Rechtsunsicherheit nicht. Jeder wurde sowohl über die Einleitung als auch über die Einstellung eines Ermittlungsverfahrens informiert.

In den 90er Jahren habe ich zahlreiche Prozesse gegen ehemalige Untersuchungsführer besucht. In allen Fällen erfolgte Freispruch, oder das Strafverfahren wurde eingestellt. Trotz größter Bemühungen auf seiten der Staatsanwaltschaft wurden keine Verbrechen festgestellt, die Mitarbeiter des MfS, speziell Untersuchungsführer, begangen haben sollten.

Die BRD-Justiz hat damit unbeabsichtigt den Nachweis

erbracht, daß das, was wir immer behauptet haben, zutrifft: Wir waren eine legale Institution eines souveränen Staates, der sich nationale Gesetze gab, welche sich an internationalen Normen orientierten. Was wir taten, war rechtens.

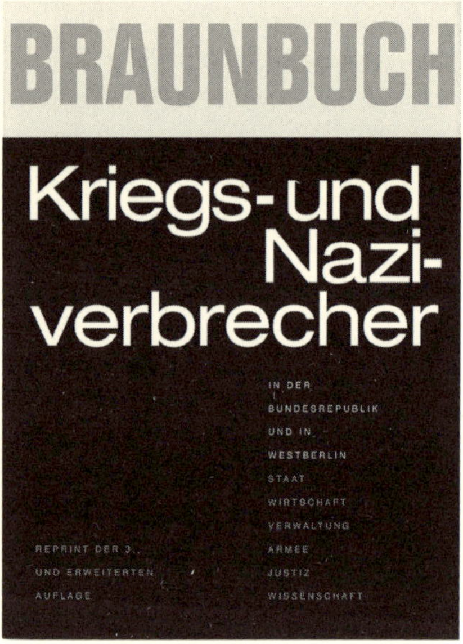
BRAUNBUCH
Kriegs- und Nazi-verbrecher
IN DER BUNDESREPUBLIK UND IN WESTBERLIN
STAAT
WIRTSCHAFT
VERWALTUNG
ARMEE
JUSTIZ
WISSENSCHAFT
REPRINT DER 3. UND ERWEITERTEN AUFLAGE